L'HOMME, CE ROSEAU PENSANT...

DU MÊME AUTEUR

Société et révolution biologique : pour une éthique de la responsabilité, INRA éditions, 1996.

La médecine du XXIe siècle : des gènes et des hommes, avec Dominique Rousset, Bayard, 1996.

Copies conformes, le clonage en question, avec Fabrice Papillon, NiL éditions, 1998.

Et l'homme dans tout ça ? Plaidoyer pour un humanisme moderne, NiL éditions, 2000.

L'avenir n'est pas écrit, avec Albert Jacquard, Bayard, 2001.

Raisonnable et humain ?, NiL éditions, 2004.

Bioéthique et liberté, avec Dominique Lecourt, PUF, 2004.

Le secret de la salamandre, la médecine en quête d'immortalité, avec Fabrice Papillon, NiL éditions, 2005.

Comme deux frères, avec Jean-François Kahn, Stock, 2006.

AXEL KAHN

L'HOMME, CE ROSEAU PENSANT…

Essai sur les racines de la nature humaine

NiL éditions

Ouvrage édité par Dominique Missika

ISBN 978-2-84111-342-6

Avertissement

références et documentation à l'heure d'Internet

La tradition est de donner les références des auteurs, des œuvres ou des citations evoqués dans un ouvrage sous la forme de notes en bas de page ou de bibliographie en fin de chapitre ou d'ouvrage.

J'y ai toujours souscrit et continue de le faire en ce qui concerne les écrits « académiques », livres ou articles scientifiques.

Les revues et ouvrages cités sont le plus souvent très spécialisés et peu accessibles aux lecteurs habituels d'un essai destiné à un public généraliste peu enclin à se précipiter dans les grandes bibliothèques universitaires. En revanche, plus de la moitié des citoyens des pays développés ont aujourd'hui accès à Internet, et je suppose que cette proportion peut même être plus élevée chez les lecteurs d'un livre tel celui-ci. Par cet intermédiaire, le plus grand nombre peut aujourd'hui facilement disposer d'informations sur tous les écrivains et les textes appelés, y compris, s'ils veulent aller à la source, les différentes éditions de leurs écrits. Aussi ai-je pris la décision de donner dans le corps du texte de ce livre toutes les indications permettant sans aucune difficulté de consulter la documentation disponible sur Internet, mais de supprimer radicalement toute autre forme de notes et de références. Cela me semble de nature à économiser le papier et à rendre la lecture plus agréable tout en s'adaptant aux techniques modernes de documentation.

À Juliette, Capucine, Antoine,
Sacha et Noah

Introduction

Un roman anthropologique

Nous sommes, en tant qu'*Homo sapiens*, d'une affligeante banalité biologique et génétique. Sur le plan génétique, notre proximité avec les grands singes est considérable ; elle atteint 98,7 % avec le chimpanzé, elle est encore de 80 % avec la souris et de 50 % avec la levure. Les caractéristiques génétiques de l'homme sont ainsi proches de celles d'une grande diversité d'êtres vivants. De plus, les primates catarhiniens du genre *Homo* et de l'espèce *sapiens* – nous, en d'autres termes – ne comptent pas même parmi les mammifères qui ont évolué le plus vite. Un travail statistique réalisé en 2004 à partir de séquences d'ADN de plusieurs espèces a inféré ce que pouvait être le génome de l'ancêtre commun des mammifères actuels à l'exception des éléphants, des fourmiliers et des musaraignes. L'évolution humaine apparaît, dans cette étude, avoir été plus lente que pour d'autres espèces. En effet, les primates et *Homo sapiens* ne divergent que de 8,5 % par rapport à l'ancêtre commun qui a vécu il y a entre soixante-quinze et cent millions d'années. Les vaches en diffèrent de 13 % et les souris de 12 %. Nous sommes non seulement d'une grande banalité mais, d'un point de vue génétique, n'avons pas même été particulièrement innovants.

Pourtant, nous sommes sans aucun doute les seuls à nous étonner de cette étrangeté, à connaître cette proximité et cette différence génétique, à nous interroger sur sa signification et à tenter d'analyser les mécanismes de notre spécificité et de nos capacités mentales. D'où nous vient cette aptitude à nous poser la question de notre origine, de notre nature, de nos pouvoirs, de notre responsabilité ? En bref, comment peut-on expliquer l'émergence évolutive du roseau pensant dont parle Blaise Pascal (*Pensées*, fragments 339, 346, 347 et 348) ?

« Je puis bien concevoir un homme sans mains, pieds, tête (car ce n'est que l'expérience qui nous apprend que la tête est plus nécessaire que les pieds). Mais je ne puis concevoir l'homme sans pensée : ce serait une pierre ou une brute.

« Pensée fait la grandeur de l'homme.

« L'homme n'est qu'un roseau, le plus faible de la nature ; mais c'est un roseau pensant. Il ne faut pas que l'univers entier s'arme pour l'écraser : une vapeur, une goutte d'eau, suffit pour le tuer. Mais quand l'univers l'écraserait, l'homme serait encore plus noble que ce qui le tue, puisqu'il sait qu'il meurt, et l'avantage que l'univers a sur lui, l'univers n'en sait rien.

« Toute notre dignité consiste donc en la pensée. C'est de là qu'il faut nous relever et non de l'espace et de la durée, que nous ne saurions remplir. Travaillons donc à bien penser : voilà le principe de la morale.

« Roseau pensant – ce n'est point de l'espace que je dois chercher ma dignité, mais c'est du règlement de ma pensée. Je n'aurai pas davantage en possédant des terres : par l'espace, l'univers me comprend et m'engloutit comme un point ; par la pensée, je le comprends. »

Le propos de ce livre est d'explorer cet entre-deux, d'un côté un être biologique ordinaire et faible qu'un rien peut détruire, point englouti dans l'univers, d'un autre côté une pensée humaine prenant conscience d'elle-même, pensée connaissante donnant à l'homme accès aux causes de sa fragilité et aux lois de la nature, y compris de sa nature propre.

J'admets sans difficulté qu'existent des bases matérielles (chimiques, génétiques, cellulaires) à la pensée, qu'elle a une histoire évolutive, mais suis persuadé qu'elle ne saurait être réductible à cette matérialité qui en permet l'émergence. À ce titre, les plus poussées, les plus savantes des recherches portant sur les conditions biologiques du fonctionnement de la pensée ne sauraient rendre compte de celle-ci dans sa diversité et sa richesse. Il convient de ne pas confondre l'étude des « corrélats » matériels de la conscience, c'est-à-dire des systèmes et processus mobilisés par les activités conscientes (par exemple, activité électrique et chimique des cellules, signaux en imagerie cérébrale) avec l'analyse de la pensée et de la conscience elles-mêmes. En d'autres termes, ma réflexion s'intégrera à une vision matérialiste, évolutionniste darwinienne et moniste, mais non réductionniste.

La question du « propre de l'homme » est posée depuis des millénaires ; on sait aujourd'hui qu'elle est sans doute biaisée car elle implique que nous serions d'une essence particulière nous différenciant de façon radicale du monde animal auquel nous aurions cessé d'appartenir, selon une conception évolutionniste, voire n'aurions jamais appartenu, selon une conception créationniste.

En réalité, il n'existe pas d'aptitude élémentaire dont on puisse affirmer qu'elle différencie certainement les animaux humains et non humains. L'animalité de l'homme est indéniable. L'espèce de mammifère que nous sommes est pourtant dotée d'un ensemble d'aptitudes dont la combinaison aboutit à un niveau de conscience et à des capacités mentales sans pareils. Quelles sont-elles et comment en avons-nous été dotés ? Telles sont les interrogations auxquelles ce livre tentera de proposer des solutions plausibles.

Quelques principes d'évolution

Le principe de l'évolution veut que des mécanismes engendrant la diversité biologique sur laquelle opère la sélection naturelle aient existé dès l'origine. La première cellule, apparue il y a sans doute trois milliards cinq cent mille ans, avait déjà un programme génétique capable de stabiliser ses propriétés biologiques et de permettre leur transmission de génération en génération.

Ce programme, cependant, ne se répliquait pas sous la forme de copies strictement conformes, créant ainsi la diversité génétique, substratum de l'évolution. Le principe de cette dernière est d'éliminer toutes les modifications entraînant un désavantage reproductif. Les êtres les mieux à même de se reproduire dans un écosystème donné eurent un lignage abondant alors que les autres disparurent. C'est ainsi que furent occupées, peu à peu, toutes les niches écologiques de notre Terre.

Trois sortes de stratégies sont susceptibles de conférer un avantage reproductif. La première, privilégiée par les bactéries, est la prolificité. Ces êtres sont d'une grande fragilité, ils meurent en masse mais prolifèrent si efficacement que peu importent leurs défaillances individuelles. La deuxième stratégie est fondée sur la possession de structures protectrices permettant de faire face aux mauvais coups du sort. Le chêne orgueilleux résiste aux aquilons et, souvent, aux tempêtes. La tortue des îles Galápagos a les moyens de se prémunir des prédateurs. La troisième stratégie, sélectionnée dans le règne animal, est l'aptitude à percevoir les signaux et périls de l'environnement et à y répondre par un comportement adapté. Les bêtes identifient le danger et détectent les sources de nourriture ; elles modifient leurs comportements de manière à optimiser leur accès aux nutriments et à se prémunir des prédateurs. La première condition pour se reproduire étant de n'être point auparavant détruit, c'est là le moyen d'un réel avantage pour assurer la pérennité et le développement des lignages animaux.

Félix le chat, animal quasi parfait

Après quelques milliards d'années d'évolution, émerge de la sorte un être presque parfait, Félix le chat. Le dimanche, il est mollement allongé lorsqu'une souris sans méfiance passe à proximité. Il l'attrape d'un coup de patte, s'amuse un peu avec elle, la croque et se rendort. Le lundi, il fait subir le même sort à un petit oiseau. Le mardi, l'environnement lui est moins favorable et un chien furieux le pourchasse, mais Félix monte à l'arbre. Le chien se lasse et s'en va. Un coup de vent déstabilise Félix qui retombe sur ses pattes. Félix est un animal bien doté. Il perçoit son environnement et s'y adapte avec un à-propos et une efficacité à peu d'autres pareils. Cependant, il n'est pas nécessaire pour qu'il agisse ainsi qu'il ait conscience que l'animal ayant croqué une souris le dimanche, déjeuné d'un oiseau le lundi, échappé au chien dans des conditions périlleuses le mardi, est le même, c'est-à-dire lui, Félix. La conscience de l'unicité de l'être n'est d'aucun avantage pour le chat. Rien, a priori, ne peut expliquer, d'un point de vue évolutionniste, l'émergence de la conscience. Félix s'en passe très bien.

Un roman anthropologique : projection dans le futur

Mon récit est jusqu'à présent sans doute vrai. Au-delà, je vais m'essayer à un roman anthropologique, c'est-à-dire proposer un scénario plausible – que je n'ai aucune possibilité de confirmer – des processus évolutionnistes présidant à l'émergence de la conscience et à l'action d'un être qui se revendique libre et peut se dire responsable.

Une certaine capacité d'anticipation est apparue il y a sans doute déjà des dizaines de millions d'années dans des lignages animaux. Tous les grands singes, y compris les orangs-outangs, dont la branche a divergé de celle des autres hominidés il y a quatorze millions d'années, sont capables, lorsqu'ils ont été entraînés, de sélectionner un outil adapté à la récupération escomptée d'un aliment prisé. Certaines corneilles mettent même de côté des dispositifs à usage futur en les masquant à leurs congénères pour les protéger de leur convoitise. Ces talents dans la préparation d'un acte décalé restent cependant limités et n'équivalent pas à la démonstration de la part de ces bêtes d'une vision intégrée cohérente de l'avenir.

Imaginons maintenant qu'un primate jouissant déjà de capacités adaptatives remarquables, vivant peut-être à l'époque de *Sahelanthropus tchadensis* (Toumaï), il y a six millions d'années, ou un hominidé plus récent, ait diversifié et amplifié ses aptitudes mentales. De manière aléatoire, il est l'objet d'une innovation biologique, résultat de mutations géniques ou de légères modifications chromosomiques perturbant le fonctionnement de gènes voisins. En conséquence, la sécrétion d'un facteur de croissance neuronal s'en trouve changée en quantité et dans sa chronologie. Il s'ensuit un allongement de la durée de prolifération de certaines populations de cellules cérébrales.

Cet animal et ses descendants passent ainsi de dix à trente milliards de neurones ; l'homme aujourd'hui en possède cent à cent cinquante milliards. Sachant que chacune de ces cellules nerveuses est capable d'échanger des informations avec dix mille autres, une telle multiplication est de nature à accroître la diversité possible des circuits neuronaux dans des proportions incroyables.

Faisons l'hypothèse que cet enrichissement des connexions cérébrales permette l'émergence d'une aptitude nouvelle. Les ancêtres savaient à la perfection s'adapter à l'instant présent et certains avaient quelques dons limités d'anticipation ; leur descendance peut désormais utiliser l'expérience instantanée et la mémoire des épisodes du passé pour modifier ses comportements dans le futur. Appréhendant l'évolution de leur environnement, ces primates élaborent des scénarios sur les conditions qu'ils rencontreront demain et se préparent à y répondre. Imaginer ce que peut être l'avenir en fonction de situations perçues et dresser des plans pour se tirer des pièges qu'il recèle confèrent sans aucun doute un avantage sélectif. Dans une optique darwinienne, cette nouvelle propriété mentale a toutes les raisons d'être préservée. Elle conduira par conséquent à la sélection de cet être qui dispose maintenant de cette capacité inouïe de se projeter dans l'avenir. Les conséquences de cet événement seront considérables.

Conscience

Autant la conscience de soi n'avait guère d'intérêt pour optimiser l'action immédiate de Félix, autant elle est indispensable à l'efficience de la nouvelle stratégie de notre primate prévoyant. En effet, pour préjuger d'un scénario d'avenir, se préparer à y répondre et mettre le plan à exécution, il est nécessaire d'être conscient de l'identité entre l'individu qui a pensé et projeté l'action, puis qui devra l'accomplir. Une forme élémentaire de conscience est la conséquence inéluctable d'une innovation biologique conférant l'avantage sélectif de pouvoir s'adapter, non seulement aux conditions présentes, mais aussi à celles prévues demain.

On sait que, dans le monde animal, des signes tangibles et incontestables de conscience de soi sont difficiles à démontrer expérimentalement. Ils n'ont été identifiés que chez certains chimpanzés et, peut-être, les dauphins et les éléphants. Le test consiste à tracer une marque sur le front de l'animal, puis à placer ce dernier devant un miroir. Parfois, le chimpanzé porte la main à la tache sur son front, l'éléphant la désigne avec sa trompe alors que le dauphin s'oriente de manière à en voir plus nettement le reflet. Ces comportements suggèrent que l'animal comprend que c'est son image qu'il voit dans le miroir et qu'il a accès à une certaine conscience de lui-même.

On ne sait si les corbeaux et corneilles, dont certaines espèces témoignent de dispositions cognitives phénoménales déjà évoquées, peuvent se comporter ainsi. De même l'incertitude persiste quant au niveau de la complexité mentale des opérations dont sont capables, outre les dauphins, les autres grands mammifères marins de la famille des cétacés. Des résultats publiés à la fin de l'année 2006 décrivent la présence de *spindle cells* chez les cétacés. Ces neurones en fuseau ne sont sinon détectés que chez les humains et les chimpanzés. On pense qu'il s'agit d'une population de cellules participant à des fonctions mentales « associatives », liées aux capacités cognitives.

Symboles et mythes

Lorsqu'un être conscient considère l'avenir, il y détecte un péril redoutable. La première chose qu'il y voit est en effet sa finitude, sa mort certaine. Cela est intolérable. Il s'agit là d'une épreuve structurante pour le processus d'humanisation. Il est probable que seuls les primates du genre *Homo* ont eu cette conscience aiguë, omniprésente de la mort même si d'autres mammifères ont peut-être une perception assez vague de leur fin prochaine.

Avoir toute sa vie la conscience de sa mort inéluctable est, me semble-t-il, le mécanisme le plus crédible pour expliquer la généralité du sentiment symbolique qui s'est dans doute exprimé chez nos ancêtres par des croyances et des rites relevant du chamanisme. On ne peut vivre avec le sentiment de sa fin qu'en trouvant le moyen de l'exorciser, en imaginant un monde mythique auquel la mort donne accès, cessant d'être une fin pour se trouver transformée en rite symbolique de passage.

Il n'existe aucune exception à l'existence d'une certaine forme de religiosité (chamanisme, croyance en des puissances magiques, supranaturelles) à un moment ou à un autre de l'évolution des peuples, et en tout cas à ses origines. Les premières évidences de rites funéraires datent d'au moins cent mille ans, sans doute plus. On les trouve aussi bien chez les ancêtres de Cro-Magnon que chez les néandertaliens. Le sentiment religieux, au moins sous la forme d'un symbolisme mythique, m'apparaît être un phénomène important, peut-être essentiel, dans le processus d'humanisation d'un primate du genre *Homo*.

Choix et liberté

Un être qui fait des projets et se prépare à les mettre en application doit dépasser le déterminisme qui pousse l'écureuil à amasser des glands pour l'hiver. Si les hivers disparaissaient d'un seul coup, et donc le besoin de faire des provisions, l'écureuil persisterait dans son comportement jusqu'à ce que la sélection privilégie des animaux mieux adaptés au nouveau climat.

Faire un projet pour l'avenir et se disposer à y

répondre introduisent un élément fondamental : le choix. En l'absence de ce dernier, nulle possibilité de construire un scénario et de se préparer à le réaliser. Par conséquent, notre primate hypothétique sait maintenant qu'il lui revient de choisir, ce qui implique l'émergence de l'idée de liberté. Nous sommes libres parce que nous pouvons trancher entre au moins deux possibilités, l'une et l'autre plausibles. Si nous ne faisons que suivre notre nature, il nous est difficile de nous penser libres.

Conscience, religiosité, évidence du choix et naissance du sentiment ou de l'illusion de l'action libre apparaissent être des conséquences secondaires et logiques de cet avantage que confère la vision de l'avenir.

Sens moral

Les conditions nécessaires à l'émergence du sens moral se mettent en place chez un être capable de faire des choix et, par conséquent, apte à juger de son action. Pour qu'un choix apparaisse bon, ou mauvais, il y faut un sentiment de liberté. Sans liberté, ou du moins sans son illusion, il n'est pas de sens moral possible.

La norme morale peut aussi s'intégrer à l'univers symbolique construit par nos ancêtres dans le but d'exorciser le fantasme de la mort. L'homme crée l'idée de forces divines ou magiques qui imposent des standards de bien et de mal, reflets en réalité de la tradition du groupe.

Morale altruiste

Une autre origine du sens moral est probable. L'évoquer nous amène en même temps à discuter d'un paradoxe évident. Toutes les innovations biologiques qui sous-tendent les nouvelles aptitudes mentales de l'homme, l'explosion des capacités cognitives, exigent de se déployer au sein d'une communauté humaine et humanisée. Les déterminants biologiques de l'accroissement des dons intellectuels ne peuvent agir que dans l'économie d'un dialogue argumenté entre des individus acculturés. Tous les exemples des enfants sauvages, élevés par des animaux hors de toute présence humaine, en témoignent.

La notion d'homme seul est une absurdité. Pour qu'un *Homo* génétiquement humanisable soit humanisé, il lui faut interagir avec au moins un autre semblable. Si je ne peux accéder à la plénitude de mes capacités mentales que dans ce dialogue avec cet autre qui m'est proche, ne suis-je pas amené à lui conférer une valeur singulière ? Cette évidence de la valeur conférée à celui grâce auquel je suis humanisé – et que je contribue à édifier – est sans doute la base ethnocentriste de la morale altruiste. Dès lors, le choix qui me donne accès à une connotation morale positive ou négative de mes actions prend un nouveau tour. Tout ce qui contribue à manifester le souci et la considération que j'ai pour un être singulier sans lequel je ne serais pas moi-même s'intégrera au Bien. À l'inverse, ce qui lui nuit et est de nature à compromettre mon interaction avec lui constituera le Mal. Le sens moral germe sur le terreau du sentiment de liberté auquel conduit l'évidence d'un choix au sein d'une société humaine.

Il nous reste à résoudre une difficulté. Dans mon scénario anthropologique, des innovations biologiques aléatoires confèrent un avantage sélectif dont les conséquences cognitives ne peuvent émerger que dans l'échange entre les membres d'un groupe humanisé. Cependant, avant que les sociétés ne soient humanisées, elles ne sont pas en principe humanisantes. Comment tout cela s'enclenche-t-il ?

Le processus civilisationnel

Les données paléontologiques sont compatibles avec un scénario de « masse critique » et de « réaction en chaîne de civilisation ». Il y a très longtemps, l'homme commence à créer de la culture technique, lithique. Son évolution est fort lente mais s'accélère peu à peu. Il faut cinq à six millions d'années pour passer des outils élémentaires des grands singes aux premiers objets en pierre taillée d'*Homo ergaster*, il y a environ deux millions d'années. Il va falloir deux millions d'années supplémentaires pour voir apparaître les arcs et les flèches. Il faudra ensuite cinq mille ans pour inventer le fusil et seulement quelques centaines d'années de plus pour envoyer une fusée sur Mars avec un robot capable d'échantillonner les roches de cette planète.

L'aptitude à la création d'une culture de l'outil est sans doute un avantage sélectif : le primate outillé se trouve avantagé dans la « lutte pour la vie ». En même temps, l'univers technique créé par les premiers hommes est acculturant. En effet, la capacité d'innovation proprement humaine se double d'une extraordinaire sensibilité à l'acculturation au contact des symboles et des artéfacts produits.

Il est vraisemblable que, durant une longue période, les modifications biologiques nécessaires à la créativité humaine aient évolué en parallèle avec celles permettant l'enrichissement des interactions sociales, condition *sine qua non* du développement cognitif au contact de la culture créée.

Vient le moment où l'accroissement culturel aboutit à une « masse critique » apte à enclencher une réaction en chaîne, la civilisation évolutive. Alors que l'*Homo sapiens* est apparu il y a deux cent mille ans, les traces d'une remarquable créativité se multiplient il y a de soixante-dix à trente mille ans. La culture créée devient alors suffisante pour augmenter rapidement la capacité créatrice de l'esprit acculturé au contact de ce corpus culturel. Ce phénomène de réaction en chaîne accroît la capacité cognitive et la production intellectuelle et technique. Le processus devient ainsi typiquement civilisationnel.

Le propre de l'homme

Le phénomène d'autoamplification des capacités cognitives et culturelles est sans doute le seul point qui permette de marquer le propre de l'homme. Ce n'est pas le cas de l'outil. Les corneilles, les chimpanzés, les orangs-outangs savent se servir d'outils rudimentaires, voire les façonner grossièrement.

Nous sommes les seuls à disposer d'un langage symbolique, combinatoire, récurrent et de capacités de calcul nous permettant d'engendrer une masse infinie de signifiants à l'aide d'une quantité finie de symboles. Chez les singes, le langage est fort rudimentaire. D'autres bêtes ont peut-être des performances supérieures. Des expériences passionnantes menées chez les cétacés sont, à ce titre, prometteuses, même si leur interprétation n'est pas encore admise par tous. Pour qu'un échange véhicule un langage riche, il faut qu'il ne soit ni monotone ni aléatoire. L'étude des fréquences des ultrasons qu'échangent deux dauphins prouve que ce langage pourrait véhiculer des informations diversifiées.

L'aptitude humaine au langage va de pair avec l'hypertrophie de l'aire de Broca. Une telle hypertrophie est déjà perceptible chez les chimpanzés et les gorilles. La possession du langage est, de même, associée au prolongement en arrière de l'aire postérieure de Wernicke. On la décèle sur les empreintes cérébrales des fossiles préhumains et chez les chimpanzés. Par conséquent, les propriétés anatomiques du cerveau nécessaires à l'émergence du langage précèdent celui-ci. Par ailleurs, nous avons vu avec les dauphins que la diversité des messages transmis par le langage n'est peut-être pas une propriété exclusivement humaine. Certaines des propriétés syntaxiques de notre langage, en particulier son emboîtement et sa combinatoire, ont même été identifiées, à l'état d'ébauche, chez les moineaux communs.

L'illusion, non dénuée d'une connotation idéologique, selon laquelle la comparaison avec le génome humain déboucherait sur l'identification des gènes de l'« humanitude » a été battue en brèche. Les différences observées entre *Homo sapiens* et les chimpanzés sont pour la plupart banales. Elles se situent, par exemple, au niveau des gènes qui codent les enzymes alimentaires ou les caractéristiques des muscles de la mâchoire. Ce dernier point a peut-être une incidence sur le port de la tête ou sur le langage, sans qu'on puisse l'affirmer. Les gènes exprimés dans le cerveau ont globalement moins divergé entre l'homme et le chimpanzé que ceux qui sont actifs, par exemple, dans le foie. Les variations à ce niveau apparaissent davantage quantitatives que qualitatives.

En réalité, le propre de l'homme est d'avoir pu parvenir à cette masse critique de culture à partir de laquelle se produit une réaction en chaîne de progrès créatifs et cognitifs. Dès lors, l'évolution comportementale des hommes, de leurs us et coutumes va cesser d'être d'abord biologique pour devenir avant tout culturelle et civilisationnelle.

Responsabilité et humanisme

Puisque *Homo sapiens* se revendique libre et appréhende l'unicité de son être, il prend conscience de l'identité entre celui qui pense et celui qui agit. Il est en conséquence responsable de ce qu'il accomplit librement puisqu'il avait la possibilité – du moins le croit-il – d'agir différemment. Cette notion de responsabilité est centrale car elle constitue le moyen, le seul selon moi, de refonder un humanisme non essentialiste dans une perspective agnostique. La notion de singularité humaine est aisée à concevoir pour ceux qui considèrent l'âme comme une étincelle de codivinité. En revanche, pour les autres qui appréhendent l'homme en tant qu'avatar de l'évolution, la question devient plus complexe. Au point que des courants philosophiques nombreux et puissants posent aujourd'hui la question de la légitimité des droits de l'homme.

Selon certaines de ces écoles, on ne peut pas fonder de tels droits sur la seule raison, car cela amènerait à en exclure les êtres déraisonnables. Ne serait-on pas alors conduits à justifier l'euthanasie des malades mentaux telle qu'elle a été mise en œuvre entre 1939 et 1941 dans le Reich nazi ? Le seul droit véritable des êtres serait, selon ce courant de pensée, le respect de leurs intérêts. L'intérêt partagé par tous les êtres sensibles est de ne pas souffrir. Par conséquent, les droits de l'homme devraient ne s'appuyer que sur la prise en compte de l'intérêt, sur l'évitement de la souffrance. À ce titre, l'intérêt du monde animal sensible est du même ordre que celui du monde humain. Cette manière de raisonner se répand dans le monde entier comme l'illustre bien le mouvement de la libération animale de Peter Singer.

Il s'agit là d'un discours fort cohérent en apparence. Il est difficile de le contester sans faire appel à la responsabilité et à l'asymétrie du monde vivant auquel elle conduit. S'il fallait établir une barrière à partir des seuls critères biologiques, pourquoi la faire passer entre l'homme et le chimpanzé alors que ce dernier est, de ce point de vue, beaucoup plus proche de l'homme que, par exemple, de la souris ?

Pourtant, il existe une asymétrie fondamentale dans le monde vivant entre ceux qui ont la responsabilité de s'imposer un devoir, et les autres. Il s'agit, en particulier, de prendre en compte la souffrance animale, de respecter la diversité biologique et, plus généralement, de préserver la planète que nous léguerons à nos descendants. Quelles qu'en soient les raisons, processus évolutif ou volonté divine, l'homme est le seul en mesure de se fixer un tel devoir et, le cas échéant, de s'y conformer. Le reste du vivant, même celui qui nous est biologiquement le plus proche, n'est responsable ni de lui ni de nous.

1

L'autre, l'étranger, l'ennemi

L'homme est un être social, disposition qu'il partage avec un très grand nombre d'espèces animales. La vie en communautés interactives est même un phénomène général dont on observe des exemples chez les microorganismes unicellulaires aussi bien que chez les végétaux et chez les champignons. Les films bactériens, les réseaux de mycélium, certaines populations d'amibes ainsi que de nombreuses plantes sont composés d'individus capables d'interagir les uns avec les autres, physiquement ou par échange de molécules médiatrices. Les comportements individuels sont ainsi modulés en fonction de la situation et des besoins de la communauté dont le comportement global, même lorsqu'il est composé de bactéries, de levures ou de protozoaires, rappelle celui d'un organisme pluricellulaire. Un végétal ou un animal peut, de façon symétrique, être considéré comme une étape supplémentaire dans l'organisation d'une société cellulaire. Au niveau élémentaire, les éléments constitutifs de ces organismes virtuels ou réels (assemblées de microorganismes ou organismes pluricellulaires) montrent des signes de coopération ou de compétition qui sont des standards de toute vie sociale. De tels phénomènes ne reflètent bien sûr aucune intentionnalité cellulaire, mais seulement la sélection de propriétés biologiques favorisant la vie en communauté lorsque cette dernière est, en définitive, avantageuse pour tous.

Ces mêmes principes président à la constitution des sociétés d'insectes telles que celles des abeilles, des fourmis ou des termites. Là encore, il est possible d'assimiler la termitière, la ruche ou la fourmilière à un superorganisme dont les insectes sont les éléments constituants, le corps de chaque animal étant lui-même regardé comme une société cellulaire. Les relations complexes entre les reines, les soldats, les travailleurs, la place des mâles et les caractéristiques de la reproduction dans ces superorganismes que constituent les communautés d'insectes sociaux sont autant de variations autour du thème du contrôle génétique des comportements collectifs et individuels propice à la transmission des gènes partagés par les membres du groupe.

Des insectes sociaux aux animaux vivant en groupe ou en troupeaux, on peut noter maintes règles d'organisation conservées. Au cours de l'évolution, les relations interindividuelles se sont diversifiées, favorisant ici de grands regroupements d'individus et, là, des échanges plus limités entre des cercles familiaux constitués de femelles et de leur progéniture, de jeunes adultes mâles et de grands reproducteurs solitaires. L'une et l'autre de ces organisations sont observées chez les primates. Les grands singes hominoïdes, nos plus proches cousins, préfèrent les interactions assez lâches et occasionnelles entre de petits clans. Ce qui se développe alors que s'accroissent les capacités mentales des animaux, ce sont les capacités de communication, d'échange d'informations entre les membres des sociétés. Certains oiseaux de la famille des corneilles, les cétacés et, bien sûr, les singes sont ainsi capables de transmettre à d'autres individus des messages d'une certaine diversité.

Les primates, surtout mais pas uniquement les hominidés, témoignent de certaines particularités culturelles : les méthodes utilisées pour attraper une proie, casser des noix ou interagir les uns avec les autres diffèrent selon les habitats. De plus, ces animaux ont la possibilité de transmettre aux membres de leur groupe des innovations techniques. Des chimpanzés entraînés à faire un usage original de certains outils ont démontré leur aptitude à communiquer ce savoir-faire à d'autres individus initialement naïfs.

Chez ces hominidés, on constate même l'existence de comportements sociaux guerriers. Chez les autres animaux, pour l'essentiel, la violence et les combats entre mâles sont liés à la rivalité amoureuse et à la défense du territoire qui lui est souvent associée. Des situations de famine peuvent aussi entraîner une compétition féroce pour l'accès à une nourriture insuffisante. Mais rien qui ressemble, en première analyse, aux actions guerrières d'*Homo sapiens*. Tel n'est pas le cas des chimpanzés capables de se coaliser contre un ennemi. Lorsqu'un petit nombre de chimpanzés mâles tombent sur un individu du même sexe appartenant à un groupe différent, ils évaluent tout d'abord le rapport des forces. À deux contre un, chacun demeure prudemment dans l'expectative. Un mauvais coup est si vite arrivé ! Mais à partir d'une supériorité numérique de trois contre un, malheur à l'isolé qui est pris à partie et, souvent, tué. Les combats, qui peuvent être brutaux, ne sont pas si rares que cela chez nos cousins primates qui ont également développé des stratégies de réconciliation conduisant à atténuer la tension et à rétablir la paix.

Se tenant par une main, les adversaires d'il y a un instant manifestent maintenant un grand intérêt l'un pour l'autre, s'épouillent mutuellement... Les comportements d'entraide interindividuels, de nature à renforcer les liens sociaux, ne sont d'ailleurs pas du tout limités aux singes. Il n'est que d'observer deux chevaux dans un pré, tête-bêche, se protégeant l'un l'autre des mouches à grand renfort de coups de queue. Quant aux rituels de la séduction et de l'accouplement, profondément enracinés dans l'instinct de reproduction, ils sont aussi anciens que le monde animal lui-même. La propension de l'homme à vivre en société ne constitue pas, par conséquent, une exception. Pourtant, il est juste d'affirmer, avec Karl Marx, que l'homme, c'est le monde de l'homme, formule qui appliquée à d'autres espèces que la nôtre perdrait une grande partie de sa force.

La société humanisante

L'expérience a été réalisée maintes fois. Un petit chaton est élevé parmi des chiots, ou l'inverse. Un chevreau, un poulain ou un petit singe ayant perdu leur mère sont recueillis par une jeune femme compatissante qui les nourrit au biberon et entoure leur développement d'une attention humaine bienveillante. Bien entendu, le comportement individuel et social de ces animaux en sera profondément modifié. Dans le cas où ils ont été recueillis et élevés par des personnes, ils garderont l'empreinte de ce premier contact remplaçant les soins maternels habituels et en demeureront imprégnés. Le chevreau, le poulain, comme le petit singe, auront alors une fâcheuse tendance à considérer la maison des hommes comme leur environnement familier et se trouveront même plus à l'aise en notre compagnie qu'en celle de leurs congénères. Leur réhabilitation à une existence au sein d'une société animale composée des leurs pourra être délicate. Cependant, nonobstant les conséquences comportementales de ce phénomène d'imprégnation, ce sera à des chèvres, à des chevaux ou à des singes apprivoisés que nous aurons affaire.

La situation est tout autre si nous inversons la proposition. Ce sont maintenant des petits d'hommes qui sont élevés par des sociétés animales. Cette situation s'est produite plusieurs fois dans l'histoire et ses conséquences ont été rapportées dans le détail. Non seulement ces « enfants sauvages », lorsqu'ils sont recueillis au bout de quelques années par une famille humaine, ont des comportements animaux, sont souvent effrayés par la lumière, se tiennent accroupis ou à quatre pattes, mordent dans la viande crue à pleines dents lorsque telles étaient les coutumes des bêtes au milieu desquelles ils ont été élevés, mais de plus leur vie relationnelle est extrêmement pauvre. Dépourvus de langage, ils semblent incapables d'émettre ou de recevoir une grande variété de messages et d'informations, qu'ils soient sonores ou visuels. Ces caractéristiques sont aussi, pour l'essentiel, irréversibles.

À partir d'un certain âge, ces garçons et filles n'apprendront jamais à parler, à développer des capacités mentales et une intelligence typiquement humaines. C'est que le petit homme, comme l'animal nouveau-né, est sensible au phénomène d'empreinte à une période de sensibilité élective de son cerveau durant laquelle la plasticité des circuits neuronaux est maximale, atteignant un niveau dont l'équivalent ne sera jamais trouvé plus tard dans la vie. On connaît aujourd'hui certains des mécanismes responsables de ce phénomène. D'une part, l'établissement des connections entre cellules nerveuses est plus efficace aux premiers âges de la vie qu'ultérieurement. D'autre part, des neurones particuliers destinés à assurer telle ou telle fonction ne survivent qu'à la condition d'être stimulés à temps par des signaux spécifiques : lumineux s'il s'agit de la vision, sonores de l'ouïe, etc. Ce phénomène n'est certes pas propre à l'homme : un souriceau maintenu dans l'obscurité dès sa naissance et pendant plusieurs semaines restera aveugle car certains neurones essentiels à la perception visuelle n'auront pas survécu.

Cependant, les conséquences d'une telle disparition définitive des cellules nerveuses et des réseaux auxquels elles participent en l'absence de stimulation adéquate sont bien plus dramatiques chez l'homme que chez toute autre espèce. C'est toute la circuiterie nécessaire au développement des capacités cognitives et linguistiques d'*Homo sapiens* qui s'en trouve désorganisée de façon irrémédiable. En ce sens, la société humaine est la condition *sine qua non* de l'humanisation possible d'un être ayant les propriétés biologiques caractéristiques de notre espèce. Certes, la vie en société précède l'apparition de l'homme de plusieurs centaines de millions, voire de milliards d'années, et le monde animal a témoigné, au cours de l'évolution, d'une sensibilité croissante à l'empreinte comportementale que les interactions interindividuelles inscrivent dans les êtres.

En ce qui concerne l'homme, c'est la totalité des caractéristiques le différenciant le mieux des êtres préhumains – le langage et le niveau d'intelligence – qui exigent pour s'épanouir des relations intersubjectives riches au sein d'une société humaine collectivement dépositaire d'une culture évolutive. L'évolution culturelle, la civilisation, l'accroissement permanent des connaissances et des techniques, qui représentent une autre différence avec les ébauches de culture décelées chez les grands singes, sont la conséquence de ce phénomène : les membres d'une société développent leur créativité mentale à son contact et participent ensuite à l'enrichissement de la culture collective. S'ensuit que le concept d'un homme seul est absurde car il ne sait être humain que dans sa relation à l'autre.

Nécessité et évidence de l'autre

Sans l'autre, sans son influence édificatrice de mon esprit, je ne suis presque rien et n'ai sans doute pas accès à la conscience de moi. Sans moi, l'autre est tel que je serais sans lui. L'humanisation d'*Homo sapiens* passe par cette autoconstruction de soi qui exige le contact avec l'autre, la reconnaissance de sa singularité. Puisque je n'ai pu me construire et me connaître que grâce à lui, j'en déduis qu'il en est de même dans son cas, que je lui suis nécessaire autant qu'il l'est pour moi. Ainsi, les conditions d'exercice par l'homme de la plénitude de ses moyens mentaux le conduisent de façon inéluctable à la perception de l'énigme de l'altérité.

Énigme puisque cet autre grâce auquel je me suis édifié et qui a eu besoin de moi pour faire de même n'est clairement pas moi. D'ailleurs, eût-il été possible que j'accède à la conscience de moi en ne commerçant qu'avec moi-même, avec mon image ou mon double de chair, en imaginant que je puisse me reproduire par clonage ? Sans doute pas, car toute relation enrichissante exige la différence, l'apport mutuel permettant aux deux protagonistes du dialogue d'enrichir l'un et l'autre leur entendement singulier et de franchir ainsi les étapes d'une progression continue.

Il est bien sûr possible de progresser par un exercice de pensée solitaire, mais seulement lorsqu'on en a acquis la capacité. Un homme façonné par son contact avec ses semblables dans une société de culture est capable, en une certaine mesure, de dialoguer avec une image mentale de l'autre, c'est-à-dire de soupeser des points de vue divers. Si jamais n'a pu se développer l'hypothèse d'une pensée différente, l'échange et le dialogue avec autrui (ou l'idée qu'on en a) sont impossibles et l'esprit se réduit à une enceinte close où ne peut résonner, s'atténuant peu à peu, que l'écho de soi-même.

Ainsi n'ai-je pu émerger de moi pour m'observer et me connaître que grâce au feu d'un esprit autre que j'ai contribué moi-même à développer et à entretenir. Il en va comme dans un âtre où une bûche isolée, même incandescente, engendre quelques fumées mais pas de flammes, à moins qu'elle ne se trouve soumise à la chaleur d'autres bûches à son contact, qui s'enflamment elles aussi.

L'ambivalence du rapport à autrui demeure irréductible. En effet, considérons deux êtres, ou plus. Leur interaction les a faits ce qu'ils sont, et leur a permis tout à la fois d'en prendre conscience et de reconnaître les influences humaines qui les ont révélés à eux-mêmes. Pour autant, l'altérité de l'autre, condition nécessaire à l'édification mutuelle des personnes, est absolue et définitive. Ceux dont je dépends tant, dont je suis conduit à reconnaître le rôle essentiel dans mon avènement à la qualité de sujet, je ne puis néanmoins les connaître réellement. Parce qu'ils sont extérieurs à moi, je n'aurai jamais la capacité de les appréhender dans leur authenticité et dans leur totalité. Eux-mêmes sont bien sûr dans la même situation d'impuissance en ce qui me concerne.

Toute notre vie, nous ressentirons néanmoins la nécessité d'observer le reflet de nous-mêmes dans ce miroir déformant aux propriétés étranges que constitue autrui. Son indifférence à notre égard nous rendra fous et nous nous perdrons en supputations quant à ce qu'il pense de nous, ce qu'il imagine que nous pensons nous-mêmes. Une grande partie de nos pensées, de nos efforts auront pour but d'influencer, de manipuler cette appréhension par l'autre de notre réalité, sans jamais aucune certitude d'y parvenir. Nous sommes vis-à-vis de l'autre comme un être cherchant la confirmation de son existence à travers l'observation de son reflet dans les yeux et l'esprit de l'entourage, miroir infidèle mais irremplaçable. Nous nous épuisons à tenter de remodeler notre image réfléchie selon l'idéal de ce que nous aimerions être, sans jamais maîtriser complètement les propriétés bizarres de l'esprit d'autrui qui nous reflète.

La morale et l'autre

Il faut se méfier de l'eau et du chat qui dorment, cela est connu. La petite souris n'avait pas été informée de ce précepte bien humain. Observant le matou assoupi depuis un bon moment déjà, allongé de tout son long dans la flaque de soleil entre le cellier et la grange, elle décide d'en profiter pour aller de l'un à l'autre, et ainsi diversifier ses menus. Elle n'est, hélas, pas assez rapide pour échapper au coup de patte nerveux du petit félin qui, n'attendant que cela, la happe au passage. Il est debout, maintenant, le rongeur terrorisé entre ses pattes. Il fait mine de s'en désintéresser et la petite proie voit là le moyen de s'en tirer. Ce n'est qu'un jeu, bien sûr, et des plus cruels. Après s'être joué plusieurs fois de la sorte de sa captive, le chat finit par l'achever et s'en régale sans aucun état d'âme. Le chien du voisin a profité du portail entrouvert pour se précipiter sur un jeune garçon de passage, et le mordre cruellement. Quelle différence avec ma brave chienne qui laisse ma petite-fille lui tirer la queue et se coucher sur elle sans jamais protester, sans même ébaucher ne serait-ce qu'un geste de menace !

Nous autres, qui observons ces scènes, trouverons bien gentille la chienne se prêtant avec patience au jeu de la fillette et bien méchant le chat tourmentant la souris, le chien de garde agressant le garçonnet dans la rue. Et pourtant, il n'est pas ici question de morale. Aucune de ces bêtes ne fait le Bien, aucune ne se « complaît dans le péché ». Elles agissent selon leur nature, plus ou moins modifiée par l'empreinte qu'ont laissée en elles les procédures de dressage. Le berger allemand s'est vu encouragé à chasser l'intrus, et cela peut dériver. Tout a été mis en œuvre pour faciliter la tolérance de la stoïque chienne d'appartement aux entreprises de la petite fille. Ces animaux ne peuvent pas, selon toute évidence, être accessibles à l'appréciation morale de leur action, mais seulement l'associer aux récompenses ou aux punitions qui ont été utilisées pour les apprivoiser et les conditionner à telle ou telle tâche ou tel comportement. Le sens moral exige un retour sur soi, la conscience de ce que l'action incriminée a bien été accomplie par soi-même, et l'aptitude à en évaluer la qualité aux regards de critères moraux, quelle qu'en soit l'origine.

De ces deux conditions de la perception des notions de Bien et de Mal – la conscience de soi et la capacité d'apprécier la valeur de l'action –, la première plus que la seconde constitue une vraie spécificité humaine. En effet, nombreuses sont les règles morales auxquelles les hommes déferent et qui leur sont imposées de l'extérieur par une autorité censée avoir accès à une vérité révélée ou, au moins, transcendante. Dans ce cas, la conduite « morale » aura quelque parenté avec le conditionnement de l'animal domestique à l'action que son maître a décrétée bonne, mordre l'étranger ou rechercher les skieurs ensevelis dans une avalanche. Nombre de crimes abominables ou d'actions admirables accomplis au nom de Dieu procèdent d'un mécanisme de même nature. En revanche, la conscience de soi semble bien être une caractéristique d'*Homo sapiens* et, peut-être, au moins à l'état d'ébauche, de nos cousins chimpanzés. Un doute existe quant à l'existence d'une semblable trace de conscience chez des animaux tels les cétacés, les éléphants et les corneilles. Or, nous venons de le voir, c'est avec le concours des autres, par leur intermédiaire, que les hommes ont pu acquérir progressivement une conscience claire de leur qualité de « sujet » indissociable de ses pensées et de ses actes. En ce sens, la conscience de soi et la reconnaissance de l'autre sont conjointement nécessaires à l'éveil d'une vraie pensée morale.

Se convoquer au tribunal de sa conscience afin de juger de sa conduite, procédure morale par excellence, exige de recourir à cette singulière capacité de duplication mentale de soi. Nous sommes des êtres agissants, mais aussi susceptibles d'être les observateurs de nos propres actions et d'en juger la valeur et la conformité à des normes. Or cette opération psychique, qu'on l'appelle examen de conscience ou introspection, découle sans doute du développement psychologique de l'homme au sein d'une société humaine. L'interrogation sur ce que les autres pensent de nous, élément essentiel du caractère humanisant des interactions sociales, ouvre la porte à la question de ce que le sujet pense de lui-même. Cette transition est aisée à comprendre puisque deux personnes interagissant l'une avec l'autre tentent de se mettre à la place de l'autre et d'en déduire ses pensées et ses projets, sans être jamais assurée d'y parvenir. Dès lors, le regard sur soi-même est la conséquence logique des pensées prêtées à l'autre qui nous regarde.

À ce stade de mon raisonnement, il apparaît évident que, pour moi, la conscience et la raison qui lui est liée sont des aptitudes construites dans l'intersubjectivité au cœur d'une communauté composée d'êtres dont les propriétés biologiques, largement déterminées par le patrimoine génétique, sont compatibles avec une telle construction. La richesse croissante des circuits neuronaux de nos ancêtres leur a permis d'améliorer la qualité des échanges humanisants au sein des sociétés humaines, et d'être d'une sensibilité élective à l'empreinte laissée par ces échanges. Dans le débat classique entre le dualisme de l'âme et du corps et le monisme pour lequel la première est une construction immatérielle du second, je suis moniste. Entre l'analyse d'Emmanuel Kant pour qui la raison humaine fait partie de l'essence de notre être, existe en soi, indépendamment de toute expérience et de tout apprentissage, et l'affirmation par le philosophe écossais David Hume selon laquelle elle est un artifice construit par un homme en quête de la satisfaction de ses besoins et de ses plaisirs, je me sens plus proche de la position de Hume. Pour autant, les conditions nécessaires à l'édification de la raison humaine, à la perception qu'elle nous permet des injonctions morales, conduisent sans échappatoire possible à la reconnaissance de la valeur de l'autre, puisqu'il est la condition *sine qua non* du développement mental de toute personne.

Il s'ensuit qu'au-delà de la diversité des références morales, liées à l'histoire, aux croyances et à la culture, un principe commun peut être identifié, celui de la valeur d'autrui, et des règles de comportement à son égard qui en découlent. Limité à la famille, au groupe, à la tribu, à la cité, à la nation, bien avant que d'être vu comme universel, ce principe est à l'évidence au centre de toutes les normes morales dont il a permis l'avènement. Les attentions envers les proches au sein du groupe ont, de plus, eu une très probable valeur évolutive puisqu'elles favorisaient cette construction mentale réciproque permettant de profiter des potentialités génétiquement déterminées et d'enclencher le processus civilisationnel caractéristique de notre espèce. Le passage de la solidarité ethnocentrique, limitée aux membres du groupe, à l'idéal de droits universels s'appliquant à toute l'humanité est, bien sûr, un processus culturel largement inachevé.

La tendance à accorder peu de prix à la vie des « étrangers », voire à valoriser le massacre des barbares et des infidèles, a constitué depuis les origines des sociétés humaines une règle qui est bien loin d'avoir été partout abandonnée.

L'étranger

Lorsque la distance s'accroît avec l'autre, il devient étrange. Extérieur au groupe qui m'a forgé, à sa culture, il ne s'est pas édifié à mon contact, ni moi au sien. Nous ne nous sommes pas apprivoisés l'un l'autre. Notre différence excède à ce point ce qui me sépare des miens que j'ai peine à me reconnaître en lui, et cela est sans doute réciproque. Son visage, parfois, ses vêtements et ses habitudes, les mets et les boissons qu'il affectionne, les pensées qui l'habitent, les symboles auxquels il se réfère constituent autant d'obstacles à ce que nous soyons le miroir, même déformant, l'un de l'autre, à ce que s'enchevêtrent nos idées et que communient nos émotions. C'est un étranger, il m'est indifférent ou m'apparaît menaçant, ce qui engendre dans l'un et l'autre cas une sourde hostilité entre nous. Le mépris, le sentiment de son insignifiance au regard d'autrui constituent des agressions psychologiques d'une incroyable violence ; chacun reposant sur l'autre pour s'instituer dans son humanité, je suis l'ennemi de qui je méprise ou néglige. S'il m'apparaît constituer une menace pour ce qui m'importe, moi, les miens ou mes valeurs, c'est lui qui devient mon ennemi. De l'étrangeté à l'indifférence et à l'hostilité, ce sont tous les ressorts psychologiques des exclusions et des racismes que nous venons de passer en revue. Il suffira qu'ils entrent en résonance avec un mal-être social, un fanatisme nationaliste, idéologique ou religieux pour qu'ils débouchent sur de sanglants conflits ou l'immolation des boucs émissaires.

Et pourtant, quelle richesse dans l'étranger, d'autant plus précieuse qu'elle nous est inconnue et difficile d'accès ! Il est impossible de douter qu'il s'est construit lui aussi, dans sa culture propre, selon les principes universels de la coédification intersubjective au sein d'une société humaine. Il a gravi, comme nous, les niveaux de conscience et d'entendement le menant à un univers symbolique cohérent, avec ses concepts et ses références, mais plus ou moins différent du nôtre. Il a, en d'autres termes, exploré une autre contrée du monde des idées que nous, contrée à laquelle nous n'aurions jamais eu accès, dont peut-être nous n'aurions jamais pris connaissance. Rien ne permet de supposer que l'univers psychique de l'étranger soit moins performant, moins créatif, moins bouleversant que celui qui fonde la culture des miens, celle qui, en interaction avec mes propres particularités, m'a fait ce que je suis et ce que je pense.

En d'autres termes, un continent inconnu de l'esprit m'est dévoilé, que je pourrais connaître, dont l'exploration élargira mon horizon intellectuel, me fera faire l'expérience d'émotions insoupçonnées, m'enrichira toujours en tant que maître responsable et conscient de ma vie. L'étranger me tend la main, il me propose de découvrir ses trésors, je l'initierai aux nôtres. Nous ferons tous deux, si nous avons pu nous ouvrir l'un à l'autre, curieux de notre différence, des progrès inouïs dans l'appréhension de nous-mêmes et du monde.

L'histoire témoigne de la fécondité de l'hybridation et des dangers de l'endogamie culturelles. Cependant, ce processus apparaît aujourd'hui menacé par un phénomène de globalisation symbolique aussi bien qu'économique. Ramener toutes les valeurs à leur dimension marchande à l'échelle de la planète possède, en effet, un puissant pouvoir d'homogénéisation nuisant à la fécondité des échanges puisque c'est de la confrontation des différences que naissent l'idée et l'enfant nouveaux. La réaction à une telle évolution vers un schéma standard de pensée à l'échelle de la planète prend souvent la forme d'un repli communautaire en deçà de frontières psychiques que l'on s'ingénie à rendre aussi protectrices, c'est-à-dire aussi étanches que possible. L'étranger redevient alors inconnaissable, indifférent ou menaçant... Le racisme est de retour.

La différence radicale

Il existe un continuum allant de l'altérité identitaire à la différence radicale : nos frères, les nôtres, les étrangers, et ceux que nous ressentons de la gêne à dénommer tant ils s'écartent des canons de l'humanité affichés par notre société. Le héros des temps modernes, celui auquel il convient de s'identifier, est jeune, beau et performant. Or il existe des personnes qui apparaissent bien vite vieilles et usées, qui nous agressent par leurs difformités et se révèlent, en général, improductives.

Ce sont différentes formes de retards mentaux sévères, ou bien des désordres du corps confinant à la monstruosité, l'*Elephant Man* du film de David Lynch, les monstres de cirque du film *Freaks* de Tod Browning. Dans cette œuvre cinématographique exceptionnelle, les êtres de « La Monstrueuse Parade » – pour reprendre son titre français – se vengent de la plus cruelle manière du mépris dont l'un d'entre eux a été la victime. Ils s'en prennent à la normalité et à la beauté du couple qui a refusé de les voir comme des membres de la communauté humaine. Ce n'est qu'un film, cependant, et tous ceux que notre regard exclut n'ont le plus souvent aucun moyen de nous en demander raison.

Quelle place pour le nain, le géant, l'homme tronc ou l'homme-éléphant de Lynch dont on ne cesse de tirer profit en les exhibant dans des foires ? Et, pis encore, pour cet enfant apeuré et douloureux, au visage marqué, figé, dépourvu de tout moyen de s'imposer ? Incapable de produire et de rapporter, il ne vaut que par la valeur qu'on lui reconnaît. Il existe, certes, mais pour personne, pas même pour lui, à moins qu'on ne l'accueille.

Ce petit d'homme dépend de nous pour accéder au bien-être, ressentir du plaisir, connaître des joies. Nous ne pouvons douter qu'il le peut, ni, hélas, qu'il est aussi vulnérable à la douleur et à la terreur, toutes émotions dont la valeur positive ou négative nous est familière. Comment, en conscience, se savoir responsable du sort de cet enfant qui procède de la communauté humaine, de cette personne, et lui imposer des douleurs et des malheurs dont nous avons éprouvé la rudesse ? Le devoir sans satisfaction est cependant bien fragile mais la menace en est-elle si grande ? Écoutons ceux qui se sont affrontés à ce type de situation, par vocation ou parce que la vie l'a commandé. À la condition expresse que l'aide nécessaire soit apportée, que la contrainte matérielle de tous les instants et l'angoisse du lendemain n'aboutissent pas à une totale insensibilité émotionnelle, au rejet d'une épreuve insupportable, quel prodige que le sourire confiant de l'enfant apaisé, que ce regard qui s'éclaire de l'amour donné et des merveilles qu'il peut accomplir !

L'effort consenti librement pour donner tout le bonheur possible à qui ne peut ni le demander ni le conquérir est parfois source d'ineffable joie. En l'absence du soutien indispensable, matériel et psychologique, des institutions médico-sociales adaptées, en particulier aux cas les plus sévères, ce peut être là, à l'inverse, le facteur déclenchant d'un malheur terrifiant auquel personne ne résistera, ni le sujet affecté, ni sa famille, ni son entourage.

C'est donc bien de responsabilité qu'il s'agit : celle de créer les conditions pour que, malgré tout, puisse se produire le prodige du regard aimant libéré par lequel une mère, un père manifestent toute la dignité du lien à leur enfant.

L'autre au sortir de la vie

Plus encore que le mythe de l'immortalité, c'est celui de l'éternelle jeunesse qui fait rêver. À défaut d'éternité, la plupart des humains se satisferaient de vivre jeunes tout au long de leur existence, même si celle-ci devait être de durée limitée. À l'inverse, un vieillissement continu que rien n'interromprait jamais serait une malédiction qu'illustre le mythe de Tithonos dans la mythologie grecque.

Eôs, déesse de l'aurore, était à ce point amoureuse de ce jeune et beau mortel qu'elle pria Zeus de lui accorder l'immortalité. Hélas, elle omit de préciser qu'elle désirait que celle-ci fût accompagnée de la jeunesse éternelle. Facétieux, Zeus exauça la déesse un brin nymphomane, mais n'alla pas au-delà. Le malheureux amant connut donc un vieillissement sans fin, devint impuissant, ridé, incontinent. Il fallut le langer. Lassée de s'en occuper, l'amoureuse l'abandonna dans un coin où, totalement desséché, il fut changé en cigale. Si nous étions confrontés à un tel destin, la mort nous apparaîtrait alors des plus désirables. De tout temps les poètes ont chanté la beauté et les plaisirs de la jeunesse, les misères de la vieillesse. Encore celles-ci étaient-elles jadis en partie atténuées par l'intégration des anciens au tissu familial, la réputation de sagesse dont ils jouissaient, le respect qu'on leur portait. Ce sont ces « lots de consolation » que semblent avoir perdus nos vieux d'aujourd'hui. Le monde appartient, je l'ai déjà rappelé, aux personnes jeunes, belles, actives et productives. Les sujets âgés, déjà dépourvus d'avenir, sont aussi de plus en plus dépossédés d'une raison d'être au présent.

Si la mort est un échec, la vieillesse est vécue comme un désastre, qu'il faut masquer, lui aussi. D'abord, tout mettre en œuvre pour en cacher les stigmates sur le corps : l'hygiène de vie, les onguents, les teintures, les soins, les implants, les prothèses, la chirurgie sont successivement mis en œuvre pour y pourvoir. Puis, lorsque la peau parcheminée, les cheveux rares, les chairs flasques, la démarche hésitante, la vue basse, l'audition dégradée, les mains tremblantes et la voix chevrotante ne peuvent plus être dissimulés, c'est le vieillard que l'on retranche de la cité, que l'on enferme dans sa chambre, à l'hospice ou à la maison de retraite : il s'agit d'épargner ce spectacle déprimant aux citoyens actifs, et donc pleinement vivants.

Il se dit même de plus en plus que la vieillesse est une déchéance qu'il serait légitime d'éviter en reconnaissant à chacun le droit de mourir « dans la dignité », c'est-à-dire avant que d'être vieux. Notre société aspire à la fois à l'immortalité des êtres jeunes et à l'euthanasie des grands vieillards, deux manières d'exorciser les défaillances de la médecine triomphante, la sénescence et la mort.

Des moyens considérables ont de ce fait été mobilisés pour des ans « réparer l'irréparable outrage ». Grâce à l'hygiène, aux cosmétiques et à la médecine, de grands succès ont déjà été remportés contre le vieillissement ; les sexagénaires, jadis ancêtres cacochymes, sont souvent de nos jours des citoyens actifs et fringants. Grâce à l'ingéniosité des biologistes de la reproduction, les femmes peuvent mettre des enfants au monde à cet âge. Il n'empêche, vieillir plus lentement que jadis, et mourir, en moyenne, de plus en plus vieux, restent des invariants de la condition humaine. L'augmentation de la longévité et la réduction concomitante de la natalité aboutissent même à l'accroissement de la proportion des personnes âgées : la collectivité, hantée par l'image de la jeunesse, vieillit, cela contribuant à ceci. Le déni de cette réalité la conduit à privilégier un modèle de plus en plus inadapté à ce qu'elle sera. L'assise des bénéficiaires risque donc d'en être de plus en plus réduite, malgré les promesses alléguées de la génétique, des cellules souches et autres procédés vantés par l'utopie moderne d'une victoire possible, à terme, contre la sénescence et la mort. La médecine et la biologie ne seront en fait pas à elles seules suffisantes pour surmonter ce problème : il y faudra aussi de la lucidité, celle d'accepter l'humanité telle qu'elle devient, riche de la coexistence entre souvent quatre générations solidaires.

Si chacune d'entre elles, en particulier celle des aînés, perçoit dans le regard des autres la justification de son existence, de la considération pour le rôle qu'elle joue dans la cohérence du tissu humain, alors l'essentiel sera préservé. Chaque âge se verra reconnu son espace électif d'épanouissement, chacun entrelacé comme les anneaux du symbole olympique, plus près du début ou plus près de la fin.

L'ennemi

L'homme est, sans conteste, un loup pour l'homme. Diffère-t-il, en cela, des autres animaux, les loups sont-ils bien des loups pour eux-mêmes ? En d'autres termes, l'homme ne fait-il que reproduire, à son échelle et avec ses moyens, l'agressivité animale ou bien innove-t-il en cette matière ?

Nous avons déjà vu que les chimpanzés, l'espèce animale dont l'homme est le plus proche, ont une vie fort agressive et violente, qu'ils savent même se liguer pour tuer un intrus. Un tel comportement relève d'un phénomène dont on trouve des équivalents dans tout le règne animal, des sociétés d'insectes aux différentes familles de vertébrés. L'introduction d'un individu étranger dans un groupe constitué, petite assemblée familiale, colonie d'insectes sociaux, hardes ou troupeaux, aboutit souvent à son rejet, parfois véhément, voire à sa mise à mort, par exemple chez les fourmis. Chez ces dernières, on assiste à de véritables razzias organisées et structurées impliquant des milliers de « légionnaires » qui se déploient sur un large front et détruisent tout sur leur passage de ce qui est consommable, ou bien s'en vont piller d'autres colonies.

D'autres fois, c'est la défense du territoire, du nid, du terrier ou de la tanière qui engendre le conflit. Selon les cas, nos amies les bêtes sont prêtes aussi à monter au créneau pour défendre leur nourriture, leurs femelles et leurs petits. Gare à celui qui veut arracher son os à un chien ou à d'autres carnivores, qui menace la portée d'une femelle ou les compagnes d'un mâle, un étalon aussi bien qu'un jars !

La compétition sexuelle entre les mâles est, bien sûr, une source intarissable de combats qui peuvent, là encore, être d'une extrême brutalité. De tels affrontements se confondent avec la lutte pour le rang hiérarchique puisque la victoire confère aux mâles le droit de féconder les femelles. Cependant, une rivalité hiérarchique existe également chez ces dernières lorsqu'il s'agit de désigner les femelles dominantes, par exemple dans un groupe de juments en liberté ou au pré. Leurs compagnes s'effaceront devant elles, elles seront les premières à boire et à manger.

Les animaux apparaissent sensibles au stress et à ses conséquences comportementales. Les biologistes travaillant avec des rongeurs de laboratoire savent que la perturbation de leur milieu – travaux dans les animaleries, mauvaise climatisation, bruits incongrus – entraînent diverses manifestations au rang desquelles l'agressivité et l'infanticide des petits par les mères qui les dévorent. Un même phénomène est évoqué pour rendre compte, dans la savane africaine, d'une inquiétante évolution des comportements des éléphants, de plus en plus agressifs les uns envers les autres et hostiles à l'homme. La responsabilité de la perturbation du cadre familial habituel et la vie en groupe est évoquée. La norme chez ces pachydermes est la persistance prolongée de liens entre les petits, y compris mâles, et leur mère, au sein d'une troupe dirigée par une femelle dominante. Le massacre des adultes et le grand nombre d'orphelins que cela a entraîné auraient conduit à une déstabilisation des jeunes se manifestant par une violence non maîtrisée exacerbée à l'âge adulte.

Enfin, l'état de nécessité, la famine, peut amener nombre d'animaux à s'entre-tuer. Je me rappelle avoir réalisé ainsi une expérience sur les conséquences d'un jeûne prolongé chez trois rats enfermés dans une même cage. Après soixante-douze heures de ce traitement, il ne restait plus qu'un seul animal… qui avait apparemment fort bien dîné. Tous ces ressorts de l'agressivité naturelle peuvent être, dans une certaine mesure, remplacés par le dressage des animaux de combat, vaches, chiens ou coqs.

En résumé, la violence animale peut avoir comme origine la compétition sexuelle, la rivalité hiérarchique, la préservation d'un bien ou la défense de la famille ; elle est exacerbée par la famine, le stress, et peut être conditionnée par un dressage adéquat. Tous ces ressorts des conflits sont bien sûr observés aussi chez les primates humains qui les accommodent à leur manière sans en modifier la signification de manière fondamentale : rivalité amoureuse, combat de préséance, lutte pour la terre, pour l'eau, pour la nourriture, pour les richesses, conséquences de la désocialisation et de la déstructuration familiale dans les quartiers défavorisés des villes, fureur d'une foule affamée, brutes patentées programmées à tuer, rien de très original, hélas, dans tout cela.

Et pourtant, l'homme innove aussi en ce domaine ; il a inventé le mal gratuit, la violence idéologique, le bouc émissaire et, en une certaine mesure, l'intolérance au mépris.

Il existe certes des exemples de prédateurs compulsifs, chiens errants, ours, parfois loups, tigres mangeurs d'hommes au Bengale qui tuent leurs victimes, poussés par une pulsion que n'explique plus la nécessité alimentaire. Les bergers retrouvent parfois des dizaines de leurs animaux égorgés et abandonnés sans même avoir été dévorés, ne serait-ce qu'en partie. J'ai connu moi-même cette désagréable mésaventure lorsque j'étais médecin-chef de la préfecture de Haute-Kotto, en République centrafricaine. Je possédais un petit troupeau de cabris et de moutons qui fut, une nuit, aux trois quarts massacré par des chiens de brousse. On pourrait sans doute retrouver dans les ressorts de ces attaques apparemment gratuites des pulsions instinctives, des conditionnements et des phénomènes d'autoamplification du désir – parfois devenu besoin – de tuer à la suite d'un souvenir délectable de l'excitation et du plaisir ressentis lors de massacres antérieurs. Ces processus apparaissent de même nature que certains des ressorts des bourreaux humains. Chez eux, cependant, se surajoute parfois les conséquences d'une altérité perverse.

Contrairement au tueur animal, le tortionnaire humain est de plus capable de se mettre à la place de sa victime, d'en appréhender l'angoisse, l'épouvante, la souffrance. Et c'est cela qui lui est délectable. L'animal cruel ne martyrise guère les siens alors que le bourreau inhumain, jouissant de l'image qu'il se fait de la détresse et de la terreur d'autrui, en fera l'objet préféré de sa barbarie. L'épouvante de la victime est même si prisée qu'elle constitue le ressort du *happy slapping*, spectacle fort à la mode dans les quartiers difficiles des grandes villes. Des agressions, allant parfois jusqu'au viol et au meurtre, sont perpétrées par des jeunes qui s'arrangent pour être filmés sur leurs téléphones portables. La séquence sera diffusée sur Internet, authentifiant les exploits de l'agresseur, être remarquable aux yeux des siens puisqu'il est susceptible d'inspirer une telle peur panique. Les pires barbares peuvent par ailleurs se révéler fort compatissants envers le monde animal. Nombre de nazis sanguinaires sévissant dans les camps vouaient par ailleurs un véritable culte à la nature et aux bêtes.

L'invention de l'inhumanité proprement humaine apparaît être une conséquence supplémentaire du desserrement de l'étreinte des déterminismes naturels et de la diversification des sources de plaisir. Le premier processus est sans doute essentiel à l'idée de liberté : l'homme a l'impression de ne pas faire uniquement ce que la nature lui commande, mais aussi de réaliser ce qu'il désire, confronté le cas échéant aux interdits sociaux et moraux et à l'objectif du devoir. Ce dernier terme ne saurait être tout à fait indépendant du désir et du plaisir en ce qu'il n'apparaît pas réaliste d'imaginer que quiconque, un saint ou un héros, se décrète un devoir dont l'accomplissement lui ferait durablement horreur. Un homme (ou une femme) de devoir persistera d'autant plus dans la voie qu'il s'est tracée que celle-ci lui apportera finalement une satisfaction morale génératrice de plaisir. Il n'empêche, l'équilibre variable entre les ressorts du désir, du devoir et des contraintes sociales explique qu'un être qui se pense libre puisse faire du malheur d'autrui, savouré en pensée, observé ou infligé, l'objet de son plaisir. Il s'ensuit que dans le domaine de la cruauté et de l'inhumanité aussi, l'homme est d'une inventivité inégalable.

Notre espèce est, bien entendu, la seule capable de tuer et de se faire tuer pour des idées, au nom d'un schéma mental, en général collectif, redéfinissant sur des bases non ethniques les siens et les autres. Le rejet de l'intrus, voire l'hostilité systématique envers les individus extérieurs au groupe, est, nous l'avons vu, un ressort de la violence qui n'est pas propre à l'homme. En revanche, ce dernier est le seul à pouvoir donner une définition religieuse, philosophique, politique ou idéologique au groupe ou à la famille pour la défense ou la prééminence desquels il convient de lutter, de risquer sa vie et de prendre celle des autres.

De plus, les possibilités psychologiques propres à l'homme l'amènent à étoffer les motivations de son hostilité aux étrangers, aux infidèles, aux barbares, etc. La sensibilité élective de l'esprit humain à l'imprégnation idéologique et religieuse facilite tous les conditionnements psychiques et comportementaux qui constituent l'un des mécanismes les plus évidents de la barbarie de masse. L'autorité religieuse ou celle du chef, référence suprême, conforte sans peine l'évidence de la supériorité morale, spirituelle ou naturelle de la cause défendue. Les fidèles de cette loi, les serviteurs de ce chef, les membres de cette communauté élue ne peuvent douter de la légitimité et de la supériorité de leur manière d'être et de penser, de la singularité qu'elle induit par rapport à tous ceux qui ne procèdent pas de cette fraternité de groupe.

La certitude de représenter la société des êtres

aboutis empruntant la voie bonne a comme corollaire une suspicion vite teintée d'agressivité envers tous les autres. Puisque la qualité morale de l'engagement des miens va de soi, l'attitude des autres est, au mieux, amorale, au pire immorale. Les forces de la lumière et du bien peuvent aisément se convaincre qu'il est de leur devoir de diffuser, voire d'imposer la splendeur de la vérité au monde entier. Si au sein de ce dernier persistent des îlots de résistance, voire émergent des velléités de reconquête, s'enchaîne le mécanisme infernal qui conduit à ce que l'histoire de l'humanité a tant de fois illustré : les massacres en chantant, certitude contre certitude, héroïsme contre héroïsme, fanatisme contre fanatisme. Nous sommes alors de plain-pied au cœur des guerres humaines, des croisades, des luttes millénaires des forces du bien contre les forces du mal, chacun tenant le même discours en se contentant d'en inverser les destinataires.

Il s'avère, en définitive, que le penchant de chaque homme à attribuer des pensées et une valeur morale à tout autre peut constituer le catalyseur d'une violence décuplée envers autrui soupçonné ou accusé de mettre en péril, par ses idées, le corpus culturel et intellectuel de la communauté, corpus dont la qualité et la supériorité ne sauraient faire de doute. C'est la certitude qui se révèle ici criminogène et non l'interrogation sur les états mentaux d'autrui. Un tel mécanisme illustre le trait le plus spécifique de notre espèce, celui d'humaniser, pour le meilleur comme pour le pire, des comportements instinctifs sélectionnés par l'évolution, il y a des centaines de millions d'années.

L'agressivité fréquente envers l'étranger, qui peut en effet constituer une menace, se trouvera, selon les cas, exacerbée ou, au contraire, surmontée par le jeu psychologique de l'altérité. La certitude de la menace que les pensées perverses des barbares font peser sur l'harmonie spirituelle et morale des élus d'une famille religieuse ou idéologique déchaînera la violence. À l'inverse, le doute systématique quant au bien-fondé des concepts et des valeurs dans lesquels se reconnaissent les nôtres et les autres, la curiosité qui en découle des modes de raisonnement et des solutions venus d'ailleurs, c'est-à-dire l'attente et l'espoir nés de l'étrangeté d'autrui, sont de nature à ôter toute légitimité aux confrontations autres qu'intellectuelles pour les idées et les croyances. Un tel état d'esprit ne débouche pas sur la tolérance, souvent méprisante, envers les errements d'autrui, mais sur le sentiment qu'en bien des domaines l'étranger peut avoir raison.

L'homme est un animal de vérité. Il ne peut manquer de vouloir donner sens aux phénomènes et aux événements, sinon chaotiques, auxquels il est confronté. Ses capacités psychologiques lui permettent également de transférer sur d'autres des tensions et des pulsions auxquelles il ne semble plus lui-même en mesure d'échapper. Tels constituent les fondements de la désignation par une collectivité d'un bouc émissaire, processus exploré en détail par René Girard. Pour lui, l'altérité devient toujours mimétique, aboutissant à ce que chacun désire de toutes ses forces avoir ce que l'autre a, être ce que l'autre est. La conséquence en est la répétition inéluctable des tensions sociales qui, malgré les dispositifs politiques d'organisation de la communauté conçus à des fins d'apaisement des conflits, atteint un niveau tel qu'elle menace gravement la survie du groupe et de chacun de ses membres. Ne pas succomber à l'effarement et au découragement que provoque le chaos ambiant, celui des structures et des esprits, passe par l'identification d'une logique maléfique à l'origine de la situation. Le plus simple, et en conséquence la solution à laquelle l'homme a eu recours depuis ses origines, est de personnaliser cette logique, c'est-à-dire d'en assigner la source à l'être du bouc émissaire.

Il est certes possible d'invoquer les forces du mal, le pouvoir des démons. Ceux-ci étant cependant peu accessibles au courroux des hommes, ces derniers ont comme unique solution de s'en attirer les bonnes grâces par le biais de sacrifices susceptibles de leur plaire. Le résultat apparaît donc similaire dans l'un et l'autre cas : le groupe, par un processus collectif passant ou non par l'autorité à laquelle il défère, désigne ceux qui ont déchaîné les esprits malfaisants et, de la sorte, sont responsables de la crise mimétique à laquelle la société risque de succomber. C'est sur eux que seront momentanément transférées les tensions qui déchirent le groupe, tensions que l'on tentera d'éliminer par la mise à mort des victimes expiatoires dont le sacrifice permettra de renouer, pour un temps, les liens sociaux. Les premiers chrétiens dans l'Empire romain, les juifs dans la chrétienté, les Arméniens en Turquie, autant d'exemples historiques témoignant des méfaits réitérés de cette expression particulière des dispositions symboliques de l'homme.

L'agressivité animale des chiens, par exemple, peut être exacerbée ou apaisée par le regard humain. Des animaux dominants le ressentiront sans doute comme un défi et une menace alors que d'autres le percevront comme un signe de leur infériorité hiérarchique et manifesteront tous les signes de la soumission. Cette observation vaut aussi, pour l'essentiel, chez les humains. En revanche, l'homme diffère des autres animaux quant à sa réaction à l'indifférence. Je n'avance pas que les animaux soient en général insensibles à la négligence de la part de leur maître. Je me rappelle ma mésaventure avec l'une de mes juments, Uline-des-prés dont, pendant la période des vacances, je m'occupais quotidiennement, ce à quoi elle paraissait prendre un réel plaisir. Cet animal n'avait jamais manifesté aucun signe d'agressivité envers moi. Elle me témoignait même quelque tendresse. Puis la jument rejoignit un club hippique que mon épouse et moi avions créé. Pris alors par les soins et l'entraînement de tous les autres chevaux du club, je fus amené à la délaisser quelque peu. Un jour, alors que je passais devant son box sans lui jeter un regard pour me diriger vers d'autres montures, Uline-des-prés me saisit par l'épaule, bouche grande ouverte, et me mordit avec force. Difficile de ne pas évoquer pour expliquer sa réaction l'hypothèse de la jalousie, ou alors de la colère provoquée par la frustration d'être privée de l'attention de son maître, source de plaisir.

Chez l'homme, un tout autre phénomène se surajoute aux conséquences émotionnelles du délaissement. *Homo sapiens* ne trouve pas uniquement du plaisir à son commerce avec autrui, ce dernier lui est à l'évidence indispensable pour s'humaniser. Aucun d'entre nous n'est capable de s'édifier, de se connaître lui-même, c'est-à-dire d'exister en tant qu'être conscient sans le concours des autres. J'ai déjà discuté en détail de cet échange humanisant entre des êtres constituant les uns pour les autres des miroirs déformants où chacun apprend à s'approprier son image à travers le regard d'autrui. De quelque manière qu'on le ressente et qu'on l'exprime, nous ne vivons que par les autres et pour les autres, deux termes qui sont complémentaires et non pas contradictoires. Aussi, le sentiment d'une absence de réciprocité, la sensation de son insignifiance au regard d'autrui, l'idée que l'autre nous dénie toute capacité de l'influencer, c'est-à-dire, pour lui, toute utilité, constituent une agression psychologique d'une incroyable violence. Plutôt que le mépris, plutôt que de ne pas être, on est prêt à tuer, et à ne plus être, c'est-à-dire à mourir. Le mépris rend fous ceux qui en sont l'objet, puisqu'on leur conteste par ce biais la possibilité d'exister en tant qu'êtres raisonnables en échange permanent avec leur entourage. Seul le regard de l'autre peut achever de nous instituer dans notre humanité. Son refus ou sa vacuité nous maintient dans une situation de frustration et de quête désespérée susceptibles de conduire à des réactions d'une violence extrême.

Innombrables sont les émeutes de minorités ethniques, de communautés pauvres justifiées par le sentiment de mépris ; les actes individuels de violence perpétrés par qui s'est senti dédaigné, humilié. De grands criminels n'avaient pour motivation que d'exister enfin, d'appeler l'attention sur eux et de capter l'intérêt, de compter pour la société, au moins une fois dans leur vie d'être à la une des journaux. L'exemple de Richard Durn, le tueur de Nanterre, est à ce titre exemplaire. Cet homme médiocre, volant d'échec en échec, ou du moins le ressentant comme tel, n'imagina pas d'autre moyen d'être enfin en pleine lumière que de tuer, par un geste gratuit, huit membres du conseil municipal, le 28 mars 2002. « Ils ne me regardent pas, ils ne me voient pas, et donc je les tue, on sera alors bien obligé de faire attention à moi, j'aurai prouvé que j'existe... »

Au total, l'homme utilise le desserrement des contraintes biologiques auxquelles il est soumis pour diversifier les ressorts de son recours à la violence, parfois pour l'exorciser. L'humanisation partiellement libératrice des comportements instinctifs repose sur l'échange intersubjectif. La dépendance absolue vis-à-vis de l'autre qui en découle engendre une nouvelle racine de l'agressivité humaine au moins autant qu'elle donne le moyen de la maîtriser.

Domestication et ensauvagement des sociétés humaines

La domestication de l'homme par lui-même, c'est-à-dire sa transition d'un état sauvage caractérisé par la lutte de chacun contre chacun à un système de règles et de normes définissant la coexistence entre des individus et la vie en société, est la caractéristique du processus civilisationnel. Les figures emblématiques en sont :

- le *Léviathan* de Thomas Hobbes, c'est-à-dire le souverain auquel le peuple délègue le pouvoir d'établir et de faire respecter les règles de la vie commune, le prince ou la république, successeurs des chefs tribaux dans les sociétés originelles ;
- le prêtre, représentant d'une autorité transcendante, symbolique et mythique ;
- le maître, dépositaire des savoirs, des valeurs et des règles de la société et chargé de les transmettre aux nouvelles générations.

Ces piliers de la société civilisée par autodomestication ont pour fonction de favoriser l'épanouissement des aspirations et des potentialités de chacun en contribuant à libérer les individus des entraves de l'ignorance et de la violence.

Cela dit, ce principe de domestication-civilisation connaît de nombreux avatars antihumanistes qui s'incarnent dans les images du tyran et des idéologies à l'influence desquelles nos semblables sont fort sensibles. La cause en est la disposition constitutionnelle de l'homme à apprendre par imitation, l'un des fondements de l'enseignement. Il s'ensuit que l'esprit humain est aisément impressionné par toute idée ou information, qu'il s'agisse d'un savoir, d'un mythe, d'une foi ou d'une idéologie structurée, qu'il est alors prompt à reproduire et à disséminer.

À partir du XVIIIe et surtout du XIXe siècle, la science et les techniques ont été convoquées pour parachever le dessin multimillénaire de domestication civilisationnelle humaine.

Il y a huit à neuf mille ans que les hommes ont commencé de domestiquer des animaux jadis sauvages, chiens, chèvres, porcs puis bovins, et d'en améliorer les caractéristiques désirées. Le principe en est l'application de règles eugéniques favorisant, génération après génération, la reproduction des meilleurs géniteurs et évitant celle de ceux des animaux de qualité inférieure. Avec les progrès réalisés en biologie et en génétique, les traits privilégiés ont pu faire l'objet d'une description moléculaire, voire être modifiés, débouchant sur une véritable zootechnie. L'amélioration traditionnelle des races animales a été une source d'inspiration importante pour Darwin lorsqu'il édifia sa théorie de l'évolution. En contrepartie, l'application du darwinisme aux sociétés humaines aboutit, à partir de la fin du XIXe siècle, à des projets de nature anthropotechnique se fixant explicitement comme but d'éviter la dégénérescence et de promouvoir l'amélioration des lignages humains.

Avec la révolution du génie génétique, l'étude du génome et l'élucidation des bases des maladies génétiques, les visées eugéniques chez l'homme prirent une autre dimension passant par la sélection des *conceptus*, voire la perspective de leur amélioration par transfert de gènes. À partir de 1996, la mise au point de techniques permettant la reproduction asexuée de certains mammifères par clonage a même fait naître l'illusion d'une approche combinée : création de copies génétiques d'êtres exceptionnels, aux potentialités encore démultipliées par manipulation génétique.

Bien sûr, la large mise en œuvre de politiques eugénistes à partir de 1907 et, dans l'Allemagne nazie, leur convergence avec des préjugés racistes aboutirent à des catastrophes collectives et éthiques qui laissent une empreinte douloureuse sur le XXe siècle. En revanche, pas plus les politiques de stérilisation forcée que les accouplements racialement orientés du régime hitlérien et, plus près de nous, la sélection génétique des embryons n'obtinrent le moindre résultat significatif en termes d'action sur le pool génétique des sociétés humaines.

Eugénisme, anthropotechnie et amélioration dirigée restent aujourd'hui des fantasmes bien vivaces susceptibles d'aboutir encore à des drames. Ils n'ont en revanche aucunement les moyens de leur ambition, qui est de parfaire la domestication de l'homme par lui-même.

Tout au contraire, le progrès du processus de

domestication-civilisation est loin d'être linéaire et apparaît, au tournant des XXe et XXIe siècles, en crise patente. En témoignent, dans le monde, l'accroissement de l'insécurité, les manifestations de la violence individuelle et collective, les crispations et l'incommunicabilité entre les communautés. Les ressorts de cet état de choses ont été maintes fois analysés : ce sont le ressentiment engendré par des inégalités croissantes ; l'affaiblissement du lien à toute autorité souveraine ; la perte d'influence du prêtre et des projets et idéologies fondés sur l'action collective tels que démocratie républicaine, socialisme et communisme ; la contestation du maître et de l'enseignement dénoncés comme reflétant une relation dominant/dominé, et dont l'efficacité à promouvoir l'ascension sociale est de plus en plus mise en doute.

Le paradoxe de cette situation est que progressent, en parallèle, la mondialisation économique et culturelle avec sa référence à un modèle unique de civilisation, et des phénomènes locaux de « marronnage » pris dans le sens que l'on donne au retour à la vie sauvage d'animaux domestiques ou d'esclaves.

Encore convient-il d'observer que ces situations d'ensauvagement sont toutes relatives puisque violences et incivilités diverses et rejet de toute autorité n'impliquent certes pas le refus de la modernité, et ne peuvent ainsi être assimilés à un simple retour à la sauvagerie fantasmée des temps anciens. Photos et vidéos numériques, téléphones portables et véhicules divers sont même fort appréciés dans des zones difficiles dont les membres aiment à populariser leurs exploits sur le Net, comme nous l'avons déjà noté à propos de l'épouvantable pratique du *happy slapping*. Cet aspect donne en quelque sorte le coup de grâce à l'illusion naïve, constitutrice de l'optimisme progressiste, selon laquelle le progrès de la raison, des sciences et des techniques, facteur de prospérité et de pouvoir, constituerait comme l'espérait Condorcet, « une marche de l'humanité d'un pas ferme et sûr sur la route de la vérité, du bonheur et de la vertu ».

De fait, la fin du XIXe et le XXe siècle ont témoigné de la redoutable efficacité du progrès pour accroître les moyens et la puissance des nations : la science aboutit au développement technique qui est lui-même à la base de l'accroissement des moyens de production et de l'accumulation des biens à consommer. Tout cela engendre de la puissance et des richesses qui sont en partie mises au service de la science et de la technologie. Cependant, en l'absence du projet d'utiliser les outils et les richesses ainsi créés au profit d'un projet humaniste, le système dans son ensemble peut aussi être facteur de l'aggravation des inégalités ; il est susceptible de stimuler les frustrations et la violence, tout à rebours de l'espoir progressiste. L'asservissement à la technique dont l'homme ne saurait conserver la maîtrise, redouté par Martin Heidegger, n'est pas même une garantie contre les nouvelles formes d'ensauvagement marquant notre époque.

Ainsi, à l'encontre des espoirs d'une grande partie des hommes des Lumières, sciences et techniques ont été impuissants à affermir un progrès civilisationnel incontestable ; elles sont aujourd'hui mobilisées pour expliquer ces échecs et s'efforcer de les surmonter.

L'étude de plus en plus détaillée des bases génétiques et neurobiologiques des conduites humaines normales et déviantes, ainsi que des maladies psychiatriques, a conduit non seulement à en définir les corrélats cellulaires et moléculaires, mais aussi à en déduire les déterminants biologiques. La focalisation sur ces derniers a abouti à en faire les causes essentielles, et non simplement des conditions permissives, des pensées et des actions humaines.

De la notion selon laquelle les caractéristiques matérielles du système nerveux influent sans doute sur les réactions à un environnement, notamment psychique, qui n'est point génétiquement déterminé, on est passé au concept de gène de la sociabilité, de la violence, des différentes névroses et psychoses, etc. Ainsi s'est-on convaincu du caractère constitutionnel des conduites de l'enfant avec déficit d'attention et hyperactivité. Des recherches sur la génétique de ces manifestations, assimilées à une maladie univoque, sont activement menées. La fréquence du tableau dans la société moderne est importante. L'efficacité symptomatique d'un dérivé des amphétamines, appelé la Ritaline, a conduit au traitement massif des enfants chez lesquels ce diagnostic est porté, d'abord aux États-Unis, puis dans toute l'Amérique du Nord et, maintenant, dans bien d'autres pays. Dans certaines classes, jusqu'à 30 % des écoliers sont soumis à ce traitement qui est devenu à ce point une norme qu'il est souvent réclamé par les enseignants eux-mêmes confrontés à des élèves turbulents. À se demander comment s'y prenaient les maîtres de l'ancien temps pour faire face à leurs classes. Les instituteurs de nos parents et grands-parents savaient que les enfants et adolescents diffèrent quant à leur capacité d'attention, sont plus ou moins agités. Ils intégraient cette donnée à leurs pratiques pédagogiques. Mais s'il existe une origine organique à ces défauts d'autodomestication, pourquoi ne pas les corriger ?

L'influence de cette approche biologisante de la

diversité des comportements humains se fait aujourd'hui sentir, avec retard, dans les pays d'Europe. En France, les experts psychiatres mandatés par un établissement public de recherche, l'Institut national de la santé et de la recherche médicale (Inserm), ont attiré l'attention, en 2005, sur une série de caractéristiques détectables dès l'âge de trois ans, qui seraient les indices d'un risque accru d'évolution vers des attitudes déviantes, voire la délinquance. Parallèlement, le ministère de l'Intérieur a proposé, la même année, un fichage très précoce, dès le stade de l'école, d'enfants chez lesquels sont repérés des signes du même ordre.

Tout se passe comme si l'incapacité de la civilisation moderne, développée et technicisée, à éradiquer toutes les formes d'asocialité était mise sur le compte de leur origine neurogénétique, débouchant sur l'illusion d'une possible correction thérapeutique de cette résistance à la domestication. Plutôt que d'analyser l'ensauvagement moderne en tant que désordres d'édification de la personnalité et de reconnaissance de la valeur de l'autre, deux phénomènes liés en rapport avec les frustrations et l'indifférence du prochain qui défigurent le monde actuel, c'est-à-dire plutôt que de remettre en cause la logique qui le provoque, il est plus confortable d'en imputer la responsabilité à des anomalies génétiques susceptibles d'un traitement médicamenteux.

L'enfer, c'est les autres, nous dit Jean-Paul Sartre dans *Huis clos*, ce qui apparaît en contradiction avec le statut de l'altérité dans les œuvres de Paul Ricœur ou d'Emmanuel Levinas (voir *Soi-même comme un autre* du premier, *Autrement qu'être...* du second). En fait, une telle interprétation constituerait un contresens, dénoncé par Sartre lui-même. Au-delà des différences notables entre les trois philosophes, en particulier en ce qui concerne la primauté de la liberté et la position du sujet, ils convergent tous trois pour énoncer cette évidence que le soi est à la fois consubstantiel de l'autre et lui reste irréductible. De fait, ni la liberté, ni l'éthique n'ont de sens hors de ce « huis clos » de l'altérité qui peut être l'enfer ou la félicité

2

L'ami, l'amant, les siens

Plus encore que ses cousins animaux, l'homme repose sur ses congénères pour exprimer sa nature, c'est-à-dire développer toutes les capacités auxquelles ses propriétés biologiques et leur programme génétique lui permettent d'accéder, à la condition d'être fécondées par la vie relationnelle au sein d'une communauté humaine. L'autre est ainsi toujours la condition de soi. Il lui arrive d'être bien plus encore, comme une partie de mon être, indispensable non seulement à mon édification mais aussi à ma vie heureuse, un complément indispensable de moi, voire une raison de continuer à exister.

Sans l'ami dont les succès nous réjouissent, le confident avec lequel on aime tant rire et pleurer; sans l'amant(e) dont l'absence est ressentie comme une déchirure, que l'on attend en tremblant; sans nos parents auxquels nous rêverions de rendre tout ce qu'ils nous ont apporté, que nous ne nous résignons pas à perdre; sans nos enfants dans les yeux rieurs desquels se dévoile un avenir que nous savons devoir préserver, que nous ne connaîtrons pas, qui nous dépasse et nous transcende, pas de bonheur possible.

Une telle observation ne vaut-elle que pour les animaux de notre espèce ?

L'ami(e)

Les affinités électives entre individus sont sans doute apparues très tôt dans l'évolution du monde animal. On en observe les manifestations dans différentes classes d'animaux, tels les poissons, les oiseaux et les mammifères. Observons un groupe de chevaux laissés libres dans les prairies pendant la période d'estive, des juments ou une troupe de jeunes mâles. Outre la stratification hiérarchique, notée dans toutes les sociétés, des manifestations d'attachement et d'hostilité entre individus existent toujours. Dans un coin du pré sont réunies quelques bêtes, à l'écart d'autres équidés.

En particulier, des couples de juments inséparables se forment, l'une suivant l'autre comme son ombre, s'efforçant de brouter la même zone herbeuse. Lorsque du grain leur sera apporté dans deux mangeoires différentes, elles s'attaqueront souvent ensemble à l'une, puis à l'autre, plongeant alternativement le nez et la bouche dans le récipient pour se saisir d'une bouchée de la pitance. Parfois, elles seront dérangées par une rivale hostile, à laquelle elles céderont l'une et l'autre la place en signe de soumission hiérarchique. C'est toujours unies que nos deux bêtes inséparables iront se reposer, flanc contre flanc, dans l'abri ou à l'ombre des arbres. En été, elles se placeront tête-bêche afin de profiter de l'effet chasse-mouches assuré par la queue de la compagne. En promenade, il n'y aura jamais de difficulté entre ces deux-là, elles ne se mordront, ni ne se botteront. En revanche, la balade risque d'être plus mouvementée avec d'autres montures. Gare, alors, aux coups de dents ou de sabots !

Est-ce le tableau d'une amitié équine que je viens de décrire ? La question est sans doute encore plus troublante lorsqu'elle porte sur des sociétés de grands singes hominidés. Les chimpanzés et les bonobos passent un temps considérable à s'épouiller mutuellement, se gratter, se frotter. Très caractéristique est la scène où deux adultes, face à face, se tapent mutuellement dans la paume des mains en un rituel évoquant tout à la fois un jeu, une marque d'attachement et la conclusion d'un pacte. Nous avons vu aussi que dans des circonstances plus guerrières, les chimpanzés savaient se liguer pour en agresser un autre issu d'un groupe étranger. L'amitié représente-t-elle une forme de relation entre individus bien antérieure à l'émergence de l'homme ? La coopération entre les membres d'un groupe, pour le plus grand bénéfice de chacun, aboutit-elle à des processus de renforcement des liens intersubjectifs entre individus particuliers, ne faisant alors de l'amitié qu'une forme exacerbée de la sociabilité ? Mais s'agit-il là du même sentiment que celui chanté par les philosophes et les poètes, décrit par les romanciers, auteurs de théâtre et cinéastes et magnifié par les lignes que Montaigne consacre à son ami La Boétie après sa mort due à la peste, en 1563 : « Au demeurant, ce que nous appelons ordinairement amis et amitiés, ce ne sont qu'accointances et familiarités nouées par quelque occasion ou commodité, par le moyen de laquelle nos âmes s'entretiennent. En l'amitié de quoi je parle, elles se mêlent et se confondent l'une en l'autre, d'un mélange si universel qu'elles effacent et ne retrouvent plus la couture qui les a jointes. Si on me presse de dire pourquoi je l'aimais, je sens que cela ne se peut exprimer qu'en répondant : "Parce que c'était lui, parce que c'était moi." »

Montaigne, dans sa célèbre citation des *Essais* (livre 1) semble nous suggérer un élément de réponse aux questions posées. « Ce que nous appelons ordinairement amis et amitiés, ce ne sont qu'accointances et familiarités nouées par quelque occasion ou commodité. » À s'en tenir à cette remarque, l'amitié ordinaire, banale, serait chez l'homme de même nature que les relations interindividuelles privilégiées dans les espèces animales, une accointance et une familiarité que créent des occasions ou des commodités. De fait, pour que les liens se nouent, il faut que l'occasion en soit donnée, que les animaux se trouvent dans le même pré, soient membres du même groupe. Il importe aussi que leurs rapports soient source de quelques commodités, c'est-à-dire mutuellement avantageux. Les juments observées tout à l'heure dans leur parc se protégeaient l'une l'autre des mouches et des taons, se tenaient chaud l'hiver et se faisaient de l'ombre l'été. Les singes s'épouillent, les bonobos et les chimpanzés évitent par leurs attentions réciproques que n'éclatent des conflits souvent violents et dangereux. Parfois, ils trouvent là le moyen de les apaiser et de se réconcilier.

Ces ressorts existent aussi à la base des relations humaines. Des rapports plaisants, avantageux pour chacun des partenaires, avec qui on ne peut manquer de se trouver, fondent selon toute évidence l'amitié commune dont parle Montaigne, simple transposition apparente d'un type de relations existant dans presque toutes les espèces animales. Mais, entre Michel de Montaigne et Étienne de La Boétie, c'est tout autre chose. Les âmes ne font pas que s'entretenir, nous dit Montaigne, « elles se mêlent et se confondent » sans qu'il soit possible de les dissocier. Il s'ensuit que l'absence de l'autre est ressentie comme un manque, comme une anomalie, une incomplétude. Il manque à l'ami esseulé une partie de lui-même que représente son ami.

Puisque les richesses intellectuelles, ou matérielles, des amis se mêlent pour n'en faire plus qu'une bien plus étendue que celles qui la constituent, la réciprocité cesse d'être un fondement nécessaire de l'amitié. Tout ce que je ferai en faveur de l'ami bénéficiera à l'être fusionnel que nous constituons, même si mon ami n'est pas en mesure de me payer de retour. De ce fait, l'amitié est l'une des circonstances où s'illustre l'altruisme gratuit dont sont capables les membres de notre espèce.

Par altruisme gratuit il faut entendre celui dont ne bénéficient pas directement les membres de notre lignage, qui pourrait alors être expliqué par des mécanismes sociobiologiques ; qui s'accommode d'une absence de tout espoir de réciprocité. Lorsque l'un d'entre nous, au cours d'une promenade solitaire, tombe sur une personne dans un besoin extrême, ayant soif ou faim, blessée, il lui portera souvent aide même si personne n'en doit rien savoir, et par conséquent si ce n'est pas là le moyen d'accroître sa réputation. À dire vrai, la gratuité absolue du geste, c'est-à-dire sa neutralité émotionnelle, n'existe sans doute pas. Le bienfaiteur sera ému de sa propre bonté, s'autovalorisera du fait de sa générosité, en ressentira un réel plaisir qui vaut récompense.

Chez l'animal non dressé, semble-t-il, rien de tel. Une expérience testant l'aptitude de chimpanz manifester des sentiments altruistes gratuits a été publiée à la fin de l'année 2005. Des primates pouvaient utiliser un dispositif délivrant des aliments appréciés de deux manières. Soit ils étaient les seuls bénéficiaires de cette opération ; soit la même portion était mise à la disposition d'un individu tiers. Des expériences, semble-t-il bien contrôlées, démontraient que la fréquence du choix de l'un ou l'autre de ces dispositifs n'était nullement influencée par la présence d'un autre singe, que ce soit un familier ou un étranger. L'expérience est d'autant plus significative que le cadeau fait au tiers ne coûtait ici strictement rien au chimpanzé décideur qui, dans tous les cas, avait droit à la même ration. La différence avec l'homme est qu'ici le grand singe ne peut ressentir du plaisir à se conformer à des normes morales qui lui sont, pour l'essentiel, sans doute étrangères.

Chez l'homme, tous les tests indiquent qu'un comportement altruiste a pu se manifester non seulement dans cette situation expérimentale, mais aussi quand il en coûte à la personne en situation de décider. On peut imaginer qu'une telle ouverture humaine à la générosité ne représente pas en soi un avantage sélectif sur lequel l'évolution s'est manifestée, mais est une conséquence de la sensibilité humaine à la dimension morale de l'action.

L'amitié fusionnelle apparaît donc facilitée par le sens moral de l'homme et l'altruisme désintéressé qu'il rend possible, mais ne saurait s'y réduire puisque les amis ne sont pas les seuls à bénéficier de ce type de relation. Il y faut aussi, comme le suggère Montaigne, l'édification d'un univers psychique partagé enrôlant l'essentiel du monde mental des partenaires en amitié. Tout se passe comme si s'établissaient des circuits cérébraux entre l'un et l'autre, se créaient des connexions entre les empreintes gravées dans la mémoire consciente ou inconsciente des deux amis. Ainsi, de nouvelles pensées propres au couple amical peuvent être engendrées par le superorganisme qu'ils forment. Le fonctionnement psychique en réseau est en réalité une caractéristique et le principal moteur de l'évolution des sociétés humaines. Son élargissement à l'essentiel des processus émotifs, affectifs et intellectuels de deux êtres est l'apanage de l'amitié telle que la chante Montaigne. On comprend alors pourquoi le bien-être psychologique de chacun des deux amis nécessite la contribution de l'autre, en quoi la disparition de l'un peut être ressentie comme une véritable lobotomie de l'encéphale commun forgé par l'amitié.

Le scénario évolutif de la naissance d'une amitié capable de devenir fusionnelle peut, au total, être résumé de la manière suivante. Dans le monde animal, les individus d'une société ressentent des attirances, des préférences et des répulsions envers d'autres membres du groupe. Le mécanisme en est sans doute inné, au même titre que les préférences alimentaires et les particularités comportementales. La coopération élective entre ces individus en est facilitée ; elle s'avère mutuellement avantageuse, ce qui renforce un attachement agréable, vecteur de bien-être et facteur de stabilisation du lien. Entre deux êtres appartenant à l'espèce humaine, ces relations électives prennent une dimension psychique qui peut devenir prépondérante et est associée à un sentiment moral fort, faisant de l'amitié l'un des critères du bien, de la vie bonne selon Aristote. L'altruisme désintéressé et la richesse de la communion intellectuelle renforcent et transforment les liens jusqu'à ce qu'ils soient si intimes et si nombreux que les univers mentaux des amis ne puissent plus être vraiment distingués les uns des autres.

L'amant(e)

Il y a plusieurs centaines de millions d'années, des animaux mâles et femelles ont entrepris de s'accoupler pour procréer. Le rendement des stratégies de reproduction sexuée n'impliquant pas de contact physique entre les géniteurs, – qui existaient seules auparavant – est si faible que les reproducteurs doivent y consacrer l'essentiel de leurs efforts. De gigantesques organes sexuels permettent, chez ces animaux, de compenser par le nombre le succès infinitésimal de la reproduction. Des myriades de gamètes mâles, grains de pollen ou laitances de poissons, sont libérés au fil du vent ou de l'eau. Une proportion infime rencontre les gamètes femelles dans le pistil des plantes à fleurs ou dans l'eau.

Lors d'une première phase, illustrée par le comportement amoureux des grenouilles, le rapprochement physique des partenaires a permis d'augmenter les chances de rencontre entre les gamètes mâles et femelles : accrochée sur le dos de la pondeuse, la grenouille mâle émet son sperme à proximité immédiate de l'orifice de ponte de la femelle. Puis la différenciation des organes génitaux internes et externes a donné aux mâles la capacité de féconder leurs partenaires par émission d'un volume plus réduit de sperme dans les conduits génitaux, à proximité des ovules. Le volume des organes de la reproduction put alors se réduire, libérant l'énergie nécessaire à la morphogenèse des organismes et à bien d'autres fonctions que l'activité reproductrice : la conquête de la terre ferme, l'édification de sociétés animales, etc.

Ce récit simplifié de l'évolution de la sexualité ne doit pas amener à conclure que la fonction reproductrice a progressivement perdu de son importance dans les mécanismes de l'évolution. Selon la conception darwinienne, le succès reproductif des individus dans un écosystème donné reste le moteur de l'évolution. Simplement, après avoir été assuré par l'énormité des organes sexuels, des volumes de sperme et des quantités d'œufs émis, ce succès repose de plus en plus sur les phénomènes parallèles de choix par les femelles des mâles fécondants, et de la compétition entre ces derniers pour l'accès aux femelles. À ce titre, les attributs sexuels tels la crinière des lions, les bois des cerfs, la queue des paons ou des poissons guppies sont des éléments du corps dotés d'une fonction reproductrice indirecte. Il en va de même pour les vocalisations et chants animaux, la vigueur physique et l'aptitude au combat. C'est donc à une diversification des mécanismes assurant la performance reproductive que l'on assiste plutôt qu'au déclin de son importance.

En bref, au fil des milliards d'années qui se sont écoulées depuis l'apparition de la vie sur la Terre, les lignages privilégiés par l'évolution ont toujours été ceux dont le potentiel reproductif était le plus efficace. Au début, lorsque les micro-organismes ancestraux se reproduisaient par clonage asexué, ce fut par la grâce de mutations ou autres événements génétiques favorables. Puis, après apparition de la sexualité il y a environ un milliard d'années, furent sélectionnés les descendants possédant les meilleures combinaisons génétiques des caractères parentaux. Enfin, à ce dernier mécanisme s'associa l'accroissement des chances pour les parents d'engendrer une progéniture de qualité grâce à la compétition sexuelle, c'est-à-dire à l'accouplement privilégié entre des reproducteurs prometteurs. La femelle qui choisit de s'accoupler avec le paon le mieux orné, le lion qui l'emporte sur ses rivaux s'assurent ainsi une descendance en moyenne mieux pourvue pour l'emporter dans la lutte pour la vie. Ce succès bénéficie aussi bien aux mâles qu'aux femelles qui augmentent par ce moyen leurs chances de transmettre leurs gènes grâce au succès escompté de leurs descendants communs.

Et les hommes et les femmes, dans tout ça ? Quant à la méthode, ils se reproduisent encore, le plus souvent, par accouplement direct, ne se différenciant guère en cela des autres animaux à sang chaud, si ce n'est à travers l'inventivité des positions amoureuses dont on ne trouve un équivalent que chez les chimpanzés nains, ou bonobos. Ces aimables animaux pratiquent, eux aussi, le coït vaginal par-devant et par-derrière, la sodomie, la fellation et le cunnilingus, homo- et hétérosexuels. Une autre particularité du couple humain, qui ne semble guère partagée que par ces polissons de bonobos, est la dissociation fréquente entre l'accouplement et les périodes de fécondité féminine. Une telle déconnection est bien sûr facilitée par le fait que les femmes sont les seules femelles de mammifères dont l'ovulation reste muette. Dans les autres espèces, elle s'accompagne de signaux divers, sonores, olfactifs ou visuels, perceptibles par les mâles. Chez les bonobos, la sexualité débridée semble être utilisée dans le but d'apaiser les tensions, d'exorciser ou de résoudre les conflits, ce qui ne semble pas strictement transposable à l'espèce humaine.

Chez elle, l'origine évolutive de cette singularité que constitue la mutité ovulatoire a fait l'objet de nombreuses conjectures. Sans les reprendre toutes ici, on peut noter que ce fut le moyen pour les ancêtres des femmes actuelles de laisser leurs partenaires dans le doute quant à leur paternité réelle vis-à-vis de leur progéniture. Dans le monde animal, les nouveaux pères s'efforcent souvent de supprimer les portées antérieures afin de permettre à leurs femelles de se consacrer totalement et exclusivement à l'élevage des petits auxquels ils ont transmis leurs propres gènes. Le doute quant à leur paternité éventuelle aurait été de nature à dissuader nos ancêtres mâles de céder à leurs pulsions criminelles. Une telle hypothèse semble cohérente avec la stratégie de la compétition spermatique mise en œuvre par des femelles d'insectes, de poissons, d'oiseaux et même de mammifères : ayant des partenaires multiples, celles-ci emmagasinent le sperme de plusieurs d'entre eux et une sorte de compétition spermatique opère pour déterminer celui qui sera, en définitive, fécondant. Parfois, la femelle module elle-même le résultat. Les poules peuvent même rejeter activement le sperme de coqs de rangs hiérarchiques inférieurs qui les ont couvertes. Mécanisme à part entière de compétition sexuelle, la compétition spermatique aboutit aussi à tromper les mâles quant à leur possible paternité.

Il n'y a pas que la période de fécondité féminine qui soit cachée dans l'espèce humaine : contrairement à l'absence totale de pudeur animale, l'accouplement dans notre espèce est, en règle, privé ; il se déroule à l'abri des regards extérieurs. Il en va, par exemple, tout différemment chez les bonobos nullement gênés dans leurs ébats par la présence de leurs congénères.

Sans doute la discrétion amoureuse de nos semblables est-elle une conséquence des caractéristiques psychologiques de l'esprit humain, c'est-à-dire de cette capacité de s'interroger sur les pensées et sur les intentions des autres, de leur prêter des représentations mentales et, le cas échéant, de s'efforcer de les manipuler. Dès lors, le regard des observateurs d'ébats sexuels cesse d'être neutre, il devient celui de voyeurs suspects, plutôt inquiétants. Puisqu'on ne peut manquer de s'inquiéter des pensées d'autrui, tout concourra à privilégier l'intimité. La norme que constitue celle-ci acquiert une dimension morale qui la renforce par souci de la réputation des amants. À cette inquiétude du regard extérieur s'ajoute aussi le désir du couple de se préserver au maximum des perturbations psychologiques liées à la présence d'étrangers. Chacun des partenaires risque fort sinon d'être distrait par ses interrogations sur l'impression laissée aux observateurs et ses conséquences.

Préservés de cette interférence, les amoureux pourront plus aisément se consacrer l'un à l'autre, par le corps et par l'esprit. Les exceptions à l'intimité de la relation sexuelle militent en faveur de ces hypothèses. Les violeurs multiples d'une même victime ne se préoccupent nullement des pensées de cette dernière et sont plutôt incités à commettre eux aussi leur forfait par la crainte de déchoir, sans cela, aux yeux des autres membres de la bande. Le but recherché des jeux sexuels en groupe est le surcroît d'excitation et de plaisir que l'on attend de l'impression laissée chez et par les différents participants à la partie.

La théorie de l'esprit, c'est-à-dire le souci du

jugement de l'autre et des autres, apparaît, de la sorte, fonder une première et évidente singularité de la relation des amants comparée à celle des couples non humains. Cette dimension peut se trouver amplifiée par un phénomène de stabilisation hormonale des liens induite par le rapport amoureux. Ce mécanisme a été décrit en détail chez plusieurs espèces animales et des travaux expérimentaux suggèrent qu'il pourrait être actif aussi dans notre espèce. Chez les rongeurs, par exemple, l'accouplement provoque une libération d'hormones de type vasopressine et oxytocine. La première substance est clairement impliquée dans le comportement sexuel des mâles ; sa sécrétion diffère en qualité et en quantité dans des populations de campagnols mâles, soit restant attachés à leurs partenaires, soit en changeant en permanence. Le transfert aux seconds d'une copie du gène de vasopressine des premiers les rend « monogames ». Mieux, dans une même population, des différences individuelles dans le niveau de « fidélité » s'avèrent parallèles à des petites modifications de ce système hormonal. À proximité des gènes de vasopressine se trouvent des régions d'ADN qui diffèrent chez les chimpanzés et chez les bonobos dont nous avons déjà souligné les différences de comportements sexuels.

Chez les femelles, la sécrétion d'oxytocine induite par l'accouplement jouerait, elle aussi, un rôle important dans l'attachement au partenaire. Les circuits impliquant la vasopressine et l'oxytocine sont interconnectés avec ceux responsables de la libération de dopamine et d'endorphine, médiateurs universels du plaisir dans le règne animal. Chez l'homme, on a démontré que la propension d'une personne à accorder sa confiance à un interlocuteur, par exemple un partenaire commercial, était significativement augmentée si elle avait auparavant reniflé de l'oxytocine en poudre.

Il y a par conséquent fort à parier que les couples humains sont eux aussi sensibles au phénomène d'autostabilisation et d'amplification de la relation dès lors que celle-ci a débuté sous de bons auspices. Mais, là encore, la communion psychologique entre les êtres est de nature à conférer à ce mécanisme physiologique une dimension proprement humaine évoquée déjà à propos de l'amitié. L'amour des partenaires d'un couple se compose d'ailleurs, sans doute, d'une relation amicale, de cette amitié chantée par Montaigne et La Boétie dans le meilleur des cas, associée au désir et au plaisir sexuels. Selon les situations et au fil du temps, l'équilibre entre ces deux constituants de la relation amoureuse diffère, bien sûr, mais l'un et l'autre restent indispensables. Le partenaire que l'on ne désire plus peut être un ami très cher s'il est possible de faire son deuil de la passion amoureuse. Cette dernière, lorsqu'elle est incapable de déboucher sur une connivence amicale, risque de n'être point durable.

La richesse du sentiment amoureux, l'exubérance de ses manifestations, sa place dans la vie de la plupart des personnes font apparaître quelque peu réducteur de les ramener à une simple association entre la connivence amicale et l'attraction sexuelle. L'amour entre deux êtres, les passions et les drames qu'il déchaîne, les espoirs et les désespoirs qu'il engendre constituent les ressorts universels de l'art sous toutes ses formes, peintures et sculptures, littérature et poésie, opéras et pièces de théâtre, cinéma… Une telle situation différencie *Homo sapiens* de tous les autres animaux. Chez eux aussi, l'accouplement et, lorsque telle est la nature de certaines espèces (notamment d'oiseaux), la vie en couple sont génératrices de bien-être et de plaisir. Il est essentiel qu'il en soit ainsi, sinon c'est tout le processus reproductif qui serait menacé. Cependant, l'abstinence forcée d'animaux domestiques, chats, chiens ou chevaux, ne semble pas avoir sur leur humeur et leur apparent plaisir de vivre les mêmes conséquences déstructurantes que chez nous. C'est bien entendu que nous avons le triste privilège d'une conscience aiguë de ce que nous désirons et devons désirer, de ce que les autres autant que nous apprécieront en tant que vie épanouie et heureuse. Le plaisir, au-delà de sa qualité de sensation naturelle et de liberté, est devenu une norme à laquelle personne ne saurait se soustraire.

L'essentiel des considérations qui précèdent, hormis, bien sûr, celles concernant l'aspect reproductif, s'applique de manière équivalente aux relations hétéro- ou homosexuelles. Les êtres humains comme les bonobos, quoique pour des raisons sans doute différentes, ont distendu les liens originels entre perpétuation de l'espèce, accouplement et plaisir. Chez nos semblables, l'orgasme est recherché pour lui-même, en s'efforçant bien souvent de le déconnecter de toute fécondation, ce qui va de soi chez les partenaires de même sexe et réclame, sinon, quelques précautions. La stabilité, éventuellement fusionnelle, du couple reposera dans tous les cas sur la coexistence d'un lien de type amical et de l'attraction sexuelle, se modifiant l'un l'autre et évoluant au cours de l'histoire de ce couple. Les mécanismes neurobiologiques du plaisir, du renforcement de l'attachement qui peut s'y associer, ne diffèrent semble-t-il pas selon le type de sexualité.

Une mutation naturelle chez la mouche du

vinaigre et l'inactivation expérimentale d'un gène chez la souris aboutissent aussi à l'accouplement entre individus de même sexe. Toutefois dans ces exemples, c'est l'exclusivité sexuelle qui est remise en cause, sans inversion vraie des tendances. Les animaux tentent de s'accoupler indifféremment avec des mâles et des femelles. Le mécanisme en est une incapacité à différencier les partenaires plutôt qu'une modification de la préférence sexuelle. Les ébats d'apparence homosexuelle ne sont pas exceptionnels dans la nature, mais coexistent en règle avec une sexualité fécondante.

Chez les hommes et les femmes, il s'agit, bien sûr, de tout autre chose. La richesse des mécanismes fondant l'esprit humain, la diversité des représentations mentales qui lui est propre parviennent à moduler les déterminismes biologiques, notamment le sexe génétique et hormonal, voire d'y substituer des déterminants proprement psychiques. Il est, bien entendu, impossible d'affirmer que ces derniers ont acquis une totale indépendance vis-à-vis de la nature physiologique des personnes. Ils ont cependant cessé d'en être la simple courroie de transmission actionnant les comportements.

Au total, l'amour humain constitue une éclatante illustration du processus d'humanisation d'un comportement naturel hérité de nos ancêtres non humains. L'homme est un être de nature, au même titre que tous les autres animaux avec lesquels il partage tant de points communs. Cependant, l'éclatante évidence de la valeur de l'autre amène à transfigurer la qualité du lien, c'est-à-dire à le rendre proprement humain. Le désir sexuel et l'accouplement sont des comportements sélectionnés il y a plusieurs centaines de millions d'années et que *Homo sapiens* n'a pas reniés.

Au-delà de cette pulsion naturelle et élémentaire, il a cependant développé le corpus du sentiment moral, de la complicité, du dévouement et de l'altruisme qui sont des éléments essentiels du couple. Les créativités artistique et intellectuelle ont été massivement mobilisées au titre de nouveaux ressorts de la séduction. En un mot, on est passé de l'instinct à se reproduire, de la technique pacificatrice des bonobos, à l'autonomisation du plaisir et à l'amour.

L'enfant

Si l'évolution biologique n'avait pas sélectionné des femelles prenant soin de leurs petits, la persistance des espèces n'aurait pu reposer que sur leur prodigalité génératrice. C'est elle qui assure le succès reproductif chez les végétaux, les insectes, les crustacés, les mollusques, les poissons, les amphibiens, etc. Chez les animaux marins, par exemple, seule une faible proportion des innombrables œufs émis sera fécondée et la majorité des embryons ainsi formés n'atteindra pas un plein développement. De plus, nombre des jeunes animaux seront rapidement détruits, consommés par des prédateurs divers. Seule la quantité permet ici de surmonter l'effroyable rendement de ce mode de reproduction.

La réduction de la taille des organes génitaux, et par conséquent du nombre des gamètes, des embryons et des petits produits, a exigé une optimisation de ce rendement à toutes les étapes : accouplement et soins maternels. Ces derniers jouent un rôle essentiel dans la perpétuation de l'espèce chez les oiseaux et les mammifères. Chez les premiers, les parents fournissent aux oisillons les aliments qu'ils sont allés quérir. Les pigeons transforment graines et végétaux en une sorte de lait très gras stocké dans le jabot puis régurgité pour les besoins de leur progéniture affamée. Chez les mammifères, seule la femelle est chargée de l'alimentation des petits après transformation métabolique de ses propres nutriments et production de lait.

Suivant les espèces, mâles et femelles (surtout chez les oiseaux), ou bien, plus fréquemment, la femelle seule préparent le nid, s'emploient aussi à réchauffer la portée, à la protéger contre les multiples aléas du sort et dangers de prédation. Les mères oiselles et mammifères ont développé des réflexes d'agressivité envers tout animal ou toute personne susceptibles d'en vouloir à la vie des petits. Dans nombre de groupes animaux, la protection de la descendance prend même une dimension collective. En ces froides matinées du début du printemps, dans les prés couverts de gelée blanche, les vaches qui viennent d'être mères ne sont pas les seules à se blottir contre leur veau nouveau-né, à le lécher avec tendresse ; d'autres leur viennent en aide, contribuent à réchauffer le petit animal, à lui apporter quelque soutien afin qu'il se dresse et tienne sur ses pattes. Chez les juments, l'attention maternelle restera constante pendant une année et plus si on ne la sépare pas de force de son poulain. La chatte semblera se livrer à une véritable éducation des chatons, les initiant, par exemple, à l'escalade et à la chasse. Chez les primates, et pas simplement chez les grands singes africains ou chez les orangs-outangs, les attitudes de la guenon envers ses petits évoquent de manière troublante les gestes maternels des femmes.

Les bases instinctives de ces attitudes maternelles ne sont guère mises en doute et, chez la souris, certains des gènes nécessaires à leur manifestation commencent à être connus. L'inactivation expérimentale de tels gènes chez ce rongeur provoque de graves défauts de soins de la mère aux petits, qui n'y survivent point. La participation des déterminants de l'instinct maternel à la stratégie reproductive de l'espèce est bien illustrée par l'exemple d'un gène dont la fonction est requise pour que les femelles s'occupent correctement des souriceaux, mais dont seule la copie transmise par les mâles est active. On parle dans ce cas de « sceau parental ». Ici, ce sont les pères qui transmettent à leurs filles une information génétique leur commandant d'être, plus tard, « bonnes mères ». L'avantage pour le lignage est évident : la femelle transmettra à sa descendance les gènes hérités, pour moitié, de son géniteur, à la condition qu'elle prenne soin de sa progéniture. Le gène portant le sceau paternel, discuté ici, le lui commande.

Les nouveau-nés garderont toute leur vie l'empreinte des attentions parentales dont ils sont l'objet. Des ratons qui n'ont pas bénéficié de soins attentifs de leur mère (être réchauffés, léchés...) manifesteront plus tard des signes de stress. S'il s'agit de femelles, elles risquent de se révéler elles-mêmes peu maternantes et, de façon encore plus étrange, pourront engendrer des petits reproduisant ces désordres du comportement.

De manière plus large, on sait depuis longtemps combien les nouveau-nés sont sensibles à l'empreinte persistante de leur environnement, phénomène popularisé par Conrad Lorenz sous le nom d'imprégnation. Je me rappelle ainsi m'être occupé avec mon épouse d'un petit chevreau nouveau-né que sa mère avait délaissé et qui était, de ce fait, fort menacé. Nous le sauvâmes en le nourrissant plusieurs jours durant et en lui préparant une couche douillette dans notre maison de campagne. Par la suite, la chèvre qu'il devint persista à rentrer dans la maison, à stationner longuement devant la porte lorsqu'on lui en barrait l'accès et à trouver, semble-t-il, plus d'intérêt au commerce avec ses parents nourriciers qu'avec ses congénères.

Homo sapiens a, bien entendu, hérité de l'instinct maternel de ses ancêtres avec, dans son cas, un investissement paternel qui rappelle en fait plus celui des mâles de certains couples d'oiseaux que l'*habitus* des grands mammifères. J'imagine combien peut apparaître choquante la totale naturalisation des sentiments dont témoignent les parents envers leurs enfants. La réprobation plus ou moins indignée qu'inspire un tel réductionnisme n'est en l'occurrence pas illégitime : il existe en effet une relation spécifiquement humaine entre les géniteurs et leurs descendants dont rend compte l'élargissement du concept de filiation. Dans le monde de nature, la filiation est, pour les reproducteurs, le moyen de transmettre leurs gènes à un lignage aussi bien armé que possible dans la lutte pour la vie. C'est là le mécanisme central de l'évolution naturelle selon la synthèse néodarwinienne.

À côté de cette filiation par le sang et par les gènes que les êtres humains partagent avec le reste du monde vivant, les hommes et les femmes ont aussi institué un autre type de transmission, celle qui passe par le cœur, par le respect et par l'amour. L'enfant d'un couple est non seulement celui qui a été conçu, mais aussi celui qui a été voulu, dont on a rêvé, dont l'avènement modifiera souvent en profondeur la relation des conjoints. C'est, en quelque sorte, une filiation par l'esprit et l'émotion, modelée par l'engagement partagé des parents à aimer ce petit, parce qu'ils l'ont engendré, mais également parce qu'ils se savent responsables de son existence. Sans nier la présence chez l'homme, comme chez les autres êtres vivants, d'une pulsion biologique et instinctive à se reproduire, ce n'est pas le souci conscient de la perpétuation des gènes de la mère et du père qui motive d'abord la décision d'un couple de procréer. Le plaisir attendu de la relation à l'enfant, de nature avant tout émotionnelle aux premiers âges de sa vie, puis de plus en plus chargé de sens et de projet à mesure de son éveil, est bien sûr un élément déterminant du désir d'être parent. Le père et la mère sont plus ou moins conscients de ce que leur décision vaut aussi engagement à tout mettre en œuvre pour optimiser les conditions matérielles, affectives et culturelles dans lesquelles seront élevés leurs enfants, de sorte que ces derniers aient les meilleures chances de s'épanouir dans leur altérité – que les parents sont déterminés à respecter.

Fréquentes sont cependant les situations où la grossesse n'est point la conséquence d'un projet. Lorsque, néanmoins, le bébé vient au monde, les géniteurs ne peuvent évacuer en totalité la question de leur responsabilité qui est de nature à rétablir la dualité de la filiation humaine, par le sang et par l'esprit. La dissociation entre l'une et l'autre est d'ailleurs d'une relative fréquence dans les couples humains lorsqu'ils sont inféconds, qu'il s'agisse de l'adoption ou du recours à différentes techniques d'assistance médicale à la procréation avec don de gamètes. Sans nier les questions spécifiques liées à ce type de filiation, les exemples sont innombrables de ce que l'attachement parental ne le cède dans ce cas en rien à celui lié à une reproduction sexuée habituelle à l'intérieur du couple.

Chez les animaux aussi l'adoption est possible ; elle est parfaitement compatible avec un attachement fort de la part de la mère nourricière. Cependant, ces exemples résultent habituellement d'une intervention humaine utilisant divers artifices de nature à favoriser l'adoption ; ou bien de circonstances plus rares où le petit d'une femelle morte se trouvera adopté par un autre membre du groupe, sans doute en l'absence de toute intentionnalité.

Alors que se développe la connivence familiale, que les enfants progressent dans leur individuation, les relations entre parents et enfants prennent aussi la dimension d'un échange entre personnes, qui implique souvent le besoin d'une sorte de refondation rationnelle. Le couple géniteur se sentait – plus ou moins, à dire vrai – responsable de ce garçon ou de cette fille qui n'auraient pas existé sans eux. Les conjoints y étaient attachés par une diversité d'affects et d'émotions aux fondements instinctifs mais dont la qualité s'était trouvée modifiée en profondeur par leur interaction avec la conscience des parents. Tous ces liens-là persistent mais, maintenant, ce sont des interlocuteurs qui sont face à face, des personnes qui se confrontent l'une à l'autre. Les racines émotionnelles de la filiation faciliteront-elles l'établissement d'une relation intellectuelle de qualité ? Les parents s'attacheront-ils à leurs enfants par la seule vertu des liens familiaux, ou bien découvriront-ils en eux des personnes riches et chaleureuses avec lesquelles ils développeront aussi des rapports d'amis fidèles et proches ?

La même question se pose, bien sûr, aux enfants,

et même parfois avec plus d'acuité. Il revient en effet à ceux-ci, le moment venu, d'instituer leurs parents en tant que tels, de les choisir après en avoir hérité, pour ce qu'ils sont en eux-mêmes et pas seulement du fait de leur position biologique et – ou – légale. C'est alors que les jeunes affirment : « Je n'aurais pas voulu une autre maman, un autre papa que toi », faisant pour un instant de cette femme et de cet homme les êtres les plus heureux du monde.

La confirmation des attachements familiaux par l'établissement d'une relation intersubjective entre les progéniteurs et ces personnes qu'ils ont engendrées, au sens strict du terme, ou par le biais de leur seul engagement volontaire et affectif, explique une grande spécificité de la famille humaine : sa stabilité habituelle. Comme chez les autres animaux, le moment vient ou la nouvelle génération s'émancipe, quitte le nid, la tanière, la maison. Cependant, parents et grands-parents continueront de se sentir impliqués par l'itinéraire de leur progéniture. Fils et filles accompagneront souvent les aïeux et les parents jusqu'à leur mort, qui les attristera. Le sentiment de responsabilité des enfants envers leurs géniteurs n'a aucune racine évolutive et ne semble pas connaître d'équivalent chez les oiseaux et les autres mammifères. Il naît plutôt de la combinaison d'un sentiment moral débouchant sur la reconnaissance d'un devoir, et du processus d'acceptation rationnelle et volontaire du lien de filiation : « Puisque, lorsque j'en ai eu la capacité mentale, j'ai accepté, presque choisi cette femme et cet homme comme mère et père, je m'en déclare responsable. »

La nécessaire réappropriation consciente des liens de parenté entre les générations, jamais évidente, devient encore plus problématique lorsqu'il s'agit des frères et des sœurs. Les parents ont une responsabilité partagée dans la naissance des enfants. Entre ceux-ci et ceux-là se créent des empreintes affectives fortes qui renforcent les liens instinctifs. Les descendants prennent en général conscience de l'amour et du dévouement de leurs progéniteurs. En revanche, les membres d'une fratrie sont, pour l'essentiel, des personnes différentes dont aucune n'a de responsabilité ontologique dans l'avènement des autres, dont aucune n'a souvent de raison de manifester à sa fratrie une gratitude particulière. Or les circonstances familiales ont imposé à ces garçons et à ces filles, qui ne se sont pas choisis, de vivre ensemble, et la norme exige qu'ils manifestent une affection réciproque. Les souvenirs partagés, le processus de coédification des uns et des autres y concourent. À l'inverse, la rivalité est exacerbée dès l'origine par la compétition pour accéder aux attentions et à la considération des parents, à leur tendresse. Supporter cet autre qu'est son frère (sa sœur), dont l'intimité nous est imposée et qu'on nous enjoint d'aimer, ce semblable auquel nous nous comparons sans cesse et que nous soupçonnons de chercher la prééminence dans l'esprit de papa-maman est ainsi une épreuve réelle dont l'issue est incertaine. La surmonter aboutit à faire de ses frères et sœurs, au moins de certains d'entre eux, des ami(e)s, des complices bienveillants avec lesquels on communie dans la même tendresse envers les parents.

La permanence des liens familiaux n'est pas seulement transgénérationnelle; elle concerne aussi les fratries, les sœurs et les frères. En quoi cela peut-il jouer un rôle dans l'« interdit de l'inceste », présenté comme un trait spécifiquement humain, le tabou par excellence ? À dire vrai, il n'est pas sûr que l'inhibition des accouplements incestueux ne se manifeste jamais dans le monde animal. Il semble établi que le fait d'élever ensemble de jeunes primates non humains, mâles et femelles, diminue de façon sensible leur appétence sexuelle réciproque. Si ces singes ont le choix de s'accoupler, soit avec un membre de la fratrie, soit avec un partenaire étranger, c'est semble-t-il cette dernière solution qui sera privilégiée. Rien d'aussi net n'a été observé chez les autres mammifères mais il se pourrait qu'*Homo sapiens* reproduise en la matière un comportement antérieur à son émergence d'un lignage d'homininés ancestraux. Peut-être l'image mentale du frère ou de la sœur, du père ou de la mère, renforcée par la durée des relations au sein de la famille, devenue indélébile, interfère-t-elle efficacement avec la représentation du partenaire sexuel, inhibant le plus souvent leur confusion. L'absence de sélectivité dans les accouplements animaux serait due à la fugacité de l'empreinte des catégories familiales, rien ne venant alors freiner la satisfaction des instincts sexuels : durant la période des chaleurs, tout individu de l'autre sexe est un partenaire potentiel, et n'est que cela.

Chez nous, c'est aussi, le cas échéant, un membre du cercle familial auquel nous lient d'innombrables souvenirs d'une autre nature, et cela ne peut être oublié. Il est probable que la fréquence particulière des relations incestueuses imposées par le père à ses filles soit une conséquence néfaste de la pulsion masculine et paternelle de possession dénaturant la relation affective avec la femme et la fille : « C'est ma fille, elle devient une femme, je la prends donc puisqu'elle est doublement mienne. » Dans ce cas, l'équilibre entre les images incompatibles de l'enfant et de la partenaire serait rompu sous l'effet de la conjonction entre les fantasmes de domination, celui du « tyran domestique, maître de sa famille » et celui du mâle. La sujétion de l'épouse à cette image – et souvent à sa réalité agressive – rend sans doute compte de son silence qui n'est, hélas, pas rare lors même qu'elle n'ignore rien de la situation.

Bien entendu, les mécanismes psychologiques imparfaits prévenant l'inceste seront universellement relayés par l'établissement d'interdits normatifs prenant toute leur efficacité chez un être conscient doté d'un sentiment moral, chez *Homo sapiens*, par conséquent.

Une autre dimension des relations intrafamiliales est celle du transfert fréquent de projets, d'espoirs, de désirs sur la nouvelle génération. Déjà, la vision du bébé comme une page blanche que la vie – sa vie – noircira peu à peu, ajoute à l'émotion ressentie. Puis, peu à peu, le prologue de l'histoire se révèle, les adultes aimeraient en savoir plus, fantasment sur la suite du récit, sont tentés parfois de l'orienter à leur guise, l'investissent alors du rôle de prolonger leur propre destin, de le transfigurer, si possible, en un mot de prendre le relais de leur propre existence. Beaucoup attendent de leurs enfants qu'ils les vengent de leurs frustrations et de leurs humiliations, qu'ils réalisent les ambitions qu'eux-mêmes n'avaient parfois pas même osé s'avouer, qu'ils connaissent un bonheur donnant sens à la vie médiocre et aux privations de leurs parents. Une vie, une réussite par procuration, en quelque sorte. Un tel transfert de ses aspirations sur la génération suivante est à l'évidence inimaginable chez d'autres animaux que nous.

Au total, *Homo sapiens* a hérité de la filiation naturelle et de beaucoup des comportements instinctifs qui y sont associés. Il a cependant inventé la filiation par l'esprit, celle qui trouve son pendant dans la relation du maître à l'élève. De plus, la conscience rationnelle des uns et des autres confronte parents et enfants à l'obligation de se redécouvrir et de s'accepter mutuellement. L'aspect psychologique de leur relation humanisera de la sorte le vieux processus évolutif de la succession générationnelle, en en bouleversant la nature et, parfois, les conditions.

L'ami, l'amant, l'enfant, tels sont les constituants de l'altérité intime, celle qui s'oppose aux différents visages de l'étrangeté. Ce cercle est celui où se vit au quotidien l'énigme et la magie du même et de l'autre, pour reprendre les termes d'un débat philosophique qui a traversé les siècles. Lieu et condition privilégiés de l'épanouissement individuel, ce peut-être aussi un « huis clos » étouffant et éprouvant, dans le sens précis où l'entend Jean-Paul Sartre, c'est-à-dire lorsque les relations au sein de la cellule familiale ou amoureuse (le cas échéant, les deux à la fois) ligotent et isolent au lieu de préparer chacun à s'ouvrir avec plus d'assurance à l'humanité des cercles concentriques d'étrangers.

C'est pourtant là, au dehors, que mène toujours la quête de vérité et de beauté.

3

L'animal de vérité

L'homininé, un grand singe bipède à l'encéphale déjà volumineux (d'un volume proche de 1 000 cm^3), montrait les signes d'une grande perplexité. Il avait hérité de ses ancêtres cette faculté singulière de se projeter dans l'avenir, d'imaginer un lendemain dans lequel il lui faudrait inscrire son action. Cette aptitude s'était développée à la suite de modifications génétiques évidemment aléatoires mais qui, en coopération avec une évolution du comportement qui leur était liée, s'étaient révélées bien avantageuses, et avaient de ce fait été sélectionnées.

Des modifications subtiles de la chronologie du développement embryonnaire, un allongement de la durée de prolifération des précurseurs de cellules nerveuses avaient abouti à ce que le volume cérébral soit pratiquement multiplié par trois en à peine quelques millions d'années. L'habitude prise par les ancêtres de fracturer les os des charognes et d'en absorber la moelle avait constitué des conditions nutritionnelles favorables à cette expansion du cerveau. Le considérable enrichissement des circuits neuronaux qui s'en était ensuivi avait élargi dans de grandes proportions les capacités mentales de plusieurs lignages de primates, en particulier de celui auquel appartenait notre bipède perplexe.

Il avait appris de ses parents et des autres membres du groupe à choisir des galets, puis à les tailler sur une face, à en retirer des éclats pour dégager un bord tranchant. Cet outil lui servait à couper la viande, à la racler sur les os, à casser ceux-ci. Cependant, la période était difficile, l'avenir qu'il envisageait vaguement incertain. Une sécheresse inhabituelle avait progressivement fait fuir les animaux. Il s'en trouvait de moins en moins à chasser ou à récupérer les morts. Sans doute, poussées par leur instinct, les bêtes s'étaient-elles rapprochées d'une rivière plus importante que celle qui avait presque cessé de couler ici. Le grand singe et son groupe n'avaient donc qu'à les suivre. Mais, là-bas, étaient installés d'autres bipèdes dont l'agressivité était inscrite dans la mémoire collective du groupe. Ils étaient nombreux, sans doute en pleine forme, dans leur région encore verdoyante et giboyeuse. S'en approcher était risqué, voire suicidaire. Rester, si rien ne changeait, c'était sans doute être condamné à mourir de faim, peu à peu.

Tout espoir n'était pas perdu, cependant. Au loin, le tonnerre avait grondé. Le matin et le soir, une légère brume, qui serait aujourd'hui interprétée comme le signe d'un degré hygrométrique prometteur, constituait peut-être les prémices du retour des pluies. Dans ce cas, il était préférable de patienter encore, de rester en sécurité sur son territoire que le gibier repeuplerait bientôt. Il fallait donc faire un choix, et c'est la raison pour laquelle l'individu et les siens étaient si perplexes. Nul instinct inné auquel se raccrocher sûrement, puisque la situation était nouvelle et qu'on ne pouvait pas faire autrement que de se poser la question du bon choix. Notre ancêtre, déjà richement doté du point de vue mental, ne pouvait pas plus que nous aujourd'hui s'affranchir des questions et des idées qui s'imposaient à lui, issues du traitement largement inconscient par son cerveau de ses sensations, de ses perceptions, des affects confrontés aux images mémorisées.

Quoique cette interrogation trouvât son origine en lui-même, il ne pouvait y échapper. Il fallait donc décider, consciemment cette fois-ci, grâce à une série d'opérations cognitives fondées sur la connaissance. La tribu hostile, là-bas, les signes prémonitoires d'une fin prochaine de la sécheresse… Mais tout cela était-il vrai ? Quelle certitude avait-on que l'ennemi dont parlaient les anciens, qui ne l'avaient pas vu eux-mêmes, était bien réel et non un mythe ? Les signes perçus dans le ciel annonçaient-ils vraiment la pluie ?

C'était il y a, disons, deux millions d'années. Les premiers hommes (*Homo ergaster*), tailleurs de pierre, déjà, sans doute conscients de l'avenir, n'ont pu manquer d'effleurer, même vaguement, la question de la vérité des connaissances sur lesquelles devait s'appuyer une action adéquate, et de la sorte plus probablement efficace. La possibilité du choix et l'optimisation des actions adaptées aux circonstances représentent un avantage sélectif évident et ont, de ce fait, constitué un très probable moteur de l'évolution des primates vers l'homme moderne. Conscient de son corps et des relations qu'il a avec l'être qui pense et qui agit, c'est-à-dire possédant le sens du moi, l'homme s'est sans doute très tôt posé lui-même en objet de vérité, justifiant la proposition de Michel Foucault selon laquelle il doit être conçu d'abord comme un « animal de vérité ».

Derrière l'apparente évidence de cette proposition se cache cependant un abîme d'interrogations et d'hésitations sur ce que représente au juste la vérité.

La vérité, énigme philosophique par excellence

En tant qu'elle est, étymologiquement, l'amour de la sagesse, et qu'elle se fixe pour objectif une recherche rationnelle de la vérité, y compris et surtout de celle qui est inaccessible aux sciences, la philosophie s'est, depuis ses origines et sans discontinuité, interrogée sur les caractéristiques, les attributs et les limites de la catégorie du Vrai. De Pythagore et Parménide au VIe siècle avant notre ère jusqu'à aujourd'hui, il n'est pas un philosophe qui n'ait abordé la question de la vérité. Celle-ci est en particulier centrale dans l'œuvre de Platon, Aristote, Descartes, Spinoza et Kant dont les propositions et analyses, souvent contradictoires, ont été, plus récemment, discutées par Nietzsche, Heidegger, Foucault et bien d'autres.

La Vérité absolue, source et condition des vérités constituant l'objet des recherches humaines, est aussi le concept religieux par excellence auquel se sont affrontés les Pères de toutes les Églises – saint Augustin et saint Thomas d'Aquin en ce qui concerne le christianisme.

Si le chantier de la poursuite et de la définition de la vérité est ouvert depuis que l'homme s'intéresse à sa pensée, et le restera tant qu'il persistera à s'y intéresser, c'est sans doute parce qu'il n'existe pas ici d'issues définitives, de constructions intellectuelles d'une qualité telle que l'on puisse considérer comme désormais achevés les travaux de ce chantier.

En pure logique, il apparaît d'ailleurs que le mot « vérité » ne puisse être défini précisément. En effet, toute définition ne peut être vraie qu'en fonction de ce qu'elle est censée définir, ce qui constitue un bel exemple de raisonnement circulaire. Il s'ensuit l'impossibilité formelle de prouver la justesse de cette définition. De fait, l'éventail des propositions des penseurs depuis vingt-six siècles est d'autant plus large que la recherche des vérités s'adresse, selon les cas, à leur source transcendantale, à une construction intellectuelle immatérielle, à l'idée d'un phénomène ou d'un objet, voire à ce phénomène et à cet objet lui-même.

Les sources de la vérité

La question de la vérité est suffisamment complexe pour qu'on n'y ajoute pas une confusion quant à la nature du sujet traité. Un exercice préalable de typologie s'impose. Il faut ainsi opposer, au moins en première approximation, la vérité révélée à la vérité rationnelle, même s'il est possible d'avancer qu'elles trouvent toutes deux leurs origines dans l'esprit humain.

La révélation est pensée comme un don fait aux hommes par un ou des esprits ou divinités qui constituent, selon les cas, des principes transcendants créateurs ou organisateurs du monde. Là réside la source de la Vérité absolue qu'il est donné aux hommes de reconnaître et d'accepter par un acte de foi. Ici, la vérité est volontiers prescriptive et définit de ce fait ce qu'est le Bien. L'homme de foi épris de vérité connaît la voie bonne (ou obéit aux esprits interrogés par les chamanes), agit selon les prescriptions divines (ou, au moins, surnaturelles) et suit donc le bon chemin, celui qui conduit à la lumière et au Bien. Telle est la « splendeur de la vérité » pour reprendre le titre de la lettre encyclique papale de 1993.

À côté de cet aspect prescriptif de la vérité révélée, fondement des morales religieuses, existe aussi une dimension descriptive. La vérité révélée inclut presque toujours un récit mythique fondateur, genèses ou autres sortes de théogonies. Les progrès de la démarche scientifique et de l'esprit rationaliste ont contribué, dans les pays occidentaux et occidentalisés, à cantonner le récit mythique à sa dimension métaphorique, ce qui ne va pas sans résistance et n'a, bien sûr, pas été toujours le cas. En témoignent les démêlés avec leurs Églises respectives, de Michel Servet, brûlé en 1553 à Genève à l'initiative de Calvin ; de Giordano Bruno, brûlé en 1600 à Rome sur ordre de l'Inquisition ; et de Galilée, sommé d'abjurer ses « erreurs » devant le Saint-Office de Rome en 1632. Au XXe siècle, et encore en ce début du XXIe siècle, le débat a fait et fait rage dans certains États américains entre tenants du créationnisme et défenseurs de la théorie scientifique de l'évolution dérivée des travaux de Darwin. Au Kansas, il a été décidé en 2005 d'enseigner sur le même plan deux hypothèses présentées comme concurrentes et d'égale vraisemblance, celle du darwinisme et celle de l'intervention d'un « dessein intelligent » dans l'évolution du monde et l'apparition de l'homme.

Pour l'essentiel, cependant, les Églises dont les fidèles appartiennent à des peuples ayant reçu l'éducation technoscientifique moderne s'efforcent prudemment de rester en retrait dans tous les domaines intéressés par le processus de validation scientifique. Cette prudence cantonnant le message religieux à la morale et, le cas échéant, à la métaphysique, n'est d'ailleurs pas récente. Au temps de Galilée, le cardinal Maffeo Barberini qui le soutenait avant de devenir pape sous le nom d'Urbain VIII disait, à qui voulait l'entendre, que le but de l'Église était d'indiquer comment aller au Ciel, et non pas de préciser comment il était fait.

Pour moi, comme pour tout agnostique, l'extériorité de la Révélation par rapport à l'homme est bien sûr une illusion. La vérité révélée est en fait imposée par l'autorité. L'idée même de la transcendance et de la divinité est une création, d'ailleurs universelle, de l'esprit humain. Il m'apparaît vraisemblable que tous les groupes humains se soient trouvés confrontés aux conséquences déstabilisatrices de leurs progrès mentaux et de l'approfondissement de leur conscience. L'aptitude à envisager l'avenir, dont je fais l'élément déterminant de l'éveil d'une conscience de soi, c'est-à-dire de l'unicité de son être, aboutit à la connaissance insupportable de la déchéance, de la mort et de la putréfaction certaines.

Appréhendant par ailleurs les multiples phénomènes de la nature, ne pouvant éviter de se poser la question de leur signification, nos ancêtres ont été tenus, afin de surmonter le malaise, voire l'épouvante provoqués par un monde inintelligible, de donner sens à ce qu'ils observaient et percevaient. En l'absence d'une démarche scientifique, qui est une création récente de l'humanité (pas plus de cinq mille ans), le récit mythique assurait au monde sa cohérence et permettait de transformer la mort inéluctable en un rituel de passage. Le concept des esprits, des dieux et des vérités qu'ils permettaient au monde de connaître m'apparaît de ce fait avoir constitué une étape essentielle de l'évolution humaine. Il fallait en effet échapper aux terreurs de tous ordres emprisonnant la pensée et inhibant l'action pour que l'homme pût prendre son envol.

Des primates du genre *Homo* ont donc inventé l'idée des esprits, puis des dieux, par nécessité, ils se sont représentés à eux-mêmes la révélation que le mythe a prêtée à une autorité divine. Le recueil et la transmission de ce mythe, son interprétation, très souvent son enrichissement par addition de nouveaux récits au fil du temps, impliquent, dans la presque totalité des cas, une autorité humaine jouant à la fois un rôle de médiateur et d'intercesseur entre les forces surnaturelles et l'humanité, et celui de représentant des dieux sur terre. Cette autorité intermédiaire a été, au cours du temps et selon les religions, celle des chamanes, des prêtres, des imams et d'élus exceptionnels : les saints, les sages et les marabouts.

La vérité rationnelle

Je distinguerai parmi les démarches de recherche rationnelle de la vérité ce qui relève, soit d'une pratique scientifique, soit d'une interrogation métaphysique. La distinction ne va pas de soi dans nombre de disciplines et de situations limites et il convient d'accepter une certaine convention pour préciser aussi exactement que possible ce dont on parle.

Je réserverai le terme de « scientifique » à la quête de connaissances des lois de la nature fondée sur une approche rationnelle dont les énoncés peuvent être soumis à vérification expérimentale et, le cas échéant, formellement réfutés par un raisonnement logique et les données de l'expérience. Les procédés cognitifs à l'œuvre sont : l'observation, l'hypothèse et l'induction, la mise à l'épreuve, les déductions tirées de celles-ci, ce qui aboutit à des énoncés toujours falsifiables, pour utiliser le terme de Karl Popper, c'est-à-dire réfutables par des arguments eux aussi scientifiques.

La pratique scientifique de l'humanité est récente alors que la créativité technique a plus de deux millions d'années et est même antérieure à l'homme proprement dit. Le discours sur la logique et la quête scientifique de la connaissance appartiennent au *logos* grec mais les premiers signes indiscutables de pratiques scientifiques (des équations algébriques) ont été décelés plus de vingt siècles auparavant, sur des tablettes d'argile mésopotamiennes. En fait, jusqu'à Galilée au tout début du XVIIe siècle, la science ne sera que très marginalement expérimentale. Elle s'articulera avant tout autour du langage logique universel par excellence que sont les mathématiques, en particulier la géométrie. Les procédures mathématiques de validation et de réfutation ne font guère appel qu'à des expériences de pensée où les outils mathématiques sont suffisants, assurant l'autonomie, qui peut devenir autarcie, d'une discipline dont le langage et les méthodes deviennent le sujet d'étude. On peut alors parler d'une linguistique mathématique.

À partir de Galilée, le statut du langage mathématique s'élargira de manière explicite : il deviendra celui à l'aide duquel Dieu a rédigé le Grand Livre de la nature. Les phénomènes naturels devront être sollicités par l'expérience et l'observation, grâce à l'utilisation de moyens techniques appropriés. Les résultats expérimentaux seront interprétés en termes mathématiques, conduisant au dévoilement de la loi naturelle sous-jacente.

Ces principes généraux restent d'actualité dans la science moderne dont les différentes disciplines se différencient néanmoins par la part respective qu'y jouent les données expérimentales et la conceptualisation mathématique. Cette dernière est ainsi centrale dans le champ de la physique théorique où l'expérience se voit souvent confier la tâche de vérifier ce qu'avance la formalisation mathématique. En revanche, dans la plupart des domaines de la biologie et des sciences humaines, le recours aux outils mathématiques autres que les statistiques et le calcul de probabilité reste rudimentaire car le niveau de complexité des objets d'étude – la cellule vivante, l'organisme, l'homme et ses sociétés – en rend la connaissance non déductible de celle de ses constituants élémentaires. Les formules qui rendent compte des propriétés des atomes et des particules subatomiques demeurent de peu d'intérêt pour connaître les champs spécifiques du vivant et de l'humain.

Le critère de réfutabilité dont Karl Popper se sert pour définir le caractère scientifique d'une proposition est parfois de maniement délicat. La paléontologie est, par exemple, une science indiscutable à laquelle se réfèrent beaucoup des hypothèses du « roman anthropologique » dont cet ouvrage est l'objet. Ces hypothèses ne peuvent en général pas être démontrées avec certitude. Si elles restent accessibles à une argumentation logique destinée à les réfuter, cette réfutation est rarement acceptée comme démonstration indiscutable. Cette observation vaut aussi, et même plus encore, en ce qui concerne les disciplines telles que la sociologie, l'ethnologie ou la psychologie.

À un degré de plus, on s'affrontera à une question qu'il est légitime de poser et dont la réponse sera cherchée rationnellement dans le respect des règles de la logique. Pourtant, des propositions issues d'un tel travail, toutes cohérentes fussent-elles, pourront toujours se voir opposer d'autres solutions tout aussi recevables au plan de la logique. L'origine de la raison et de la conscience, la nature de la vérité, du Bien et du Beau, l'essence de l'être, la question de l'étant, objets philosophiques par excellence, en sont des exemples. Au-delà des sciences, au-delà de la physique, pour parler comme Aristote, commence le champ de la métaphysique, conçue comme une approche rationnelle des causes premières non fondées sur les sciences de la nature.

Il importe d'établir une distinction claire entre la difficulté de démontrer de façon définitive un postulat scientifique, une proposition métaphysique, et le relativisme sceptique qui, depuis Protagoras et les sophistes, Pyrrhon, jusqu'aux courants philosophiques postmodernes, considère que la vérité est impossible à atteindre, qu'elle ne peut qu'être relative et qu'il importe par conséquent de se satisfaire de l'adage « À chacun sa vérité ». L'argument opposé à cette conception est un exemple classique de logique philosophique : si rien n'est vrai, la proposition niant la possibilité de la vérité et posant l'égalité de tous les points de vue ne l'est pas non plus. De plus, les sophistes grecs étaient des sortes de professeurs d'éducation civique proposant de former les élites de la cité. Comment le pouvaient-ils, si toutes les opinions se valent et s'il n'existe pas d'enseignement supérieur aux autres ?

En réalité, si on les juge au plan de la rationalité, il est possible d'établir une hiérarchie entre une proposition logique, à laquelle une argumentation rationnelle peut être opposée, et un acte de foi ou de déférence à l'opinion commune (la *doxa* grecque) que l'on est incapable de justifier en raison. Ni la physique ni la métaphysique ne sont bien entendu le règne du « n'importe quoi ». Pourtant, l'interrogation métaphysique qui avait jusque-là constitué l'une des dimensions de la pensée de tous les scientifiques est contestée dans sa légitimité même depuis la philosophie positiviste d'Auguste Comte au XIXe siècle et, au-delà, par la pensée scientiste dont la vigueur ne décline guère en ce début du XXIe siècle.

Sciences, foi et métaphysique

La croyance et le souci d'une démonstration rationnelle d'un énoncé sont à ce point contradictoires qu'on a tendance aujourd'hui à opposer sciences et religions, ou bien à s'efforcer, dans nombre d'articles et d'ouvrages, d'expliquer les raisons pour lesquelles elles ne sont, tout compte fait, pas inconciliables. Une telle opposition est, à dire vrai, récente. Jusqu'au XIXe siècle, et encore au début du XXe siècle, presque aucun des grands scientifiques ne récusait l'idée d'une transcendance organisatrice du monde, ils étaient même en général habités d'une foi profonde. Cela vaut aussi pour des savants et penseurs qui ont eu pourtant maille à partir avec les autorités de leurs religions respectives tels Galilée, déjà cité, ou, au

XIIe siècle en Andalousie musulmane, le philosophe et médecin arabe Averroès. Ce dernier fut contraint à l'exil sous la pression du courant musulman intégriste qui ne lui pardonnait pas d'enseigner qu'existaient deux sources légitimes de vérité, la religion et la métaphysiquc.

Dans le monde chrétien, l'évidence de Dieu, référence ultime, est partagée par la longue lignée des scientifiques jusqu'au XXe siècle : Copernic, Kepler, Galilée, Descartes, Leibniz, Pascal, Newton, Pasteur, Buffon, Claude Bernard. Des deux pères de la théorie de l'évolution, Jean-Baptiste Lamarck et Charles Darwin, seul le premier était totalement athée. Darwin, au moins jusqu'aux dernières années de sa vie, intégrait l'idée d'une puissance divine. Quant à Albert Einstein, son spiritualisme plus ou moins panthéiste l'amenait à récuser, dans la première moitié du XXe siècle, l'indéterminisme quantique : « Dieu ne joue pas aux dés », disait-il.

Outre l'influence d'une société profondément croyante et le pouvoir répressif des Églises chrétiennes, c'est la recherche des causes premières qui conduisait tous ces savants à l'idée de Dieu. La démarche scientifique est fondée sur la recherche des causes et des mécanismes de tous les phénomènes observés. Cela conduisait les hommes de science à étudier des enchaînements causaux selon le principe voulant que le phénomène D soit expliqué par C dont B est la cause, sous l'influence de A. Dieu était alors ce déterminant suprême « A », cause première de l'existant, n'étant lui-même déterminé par rien d'autre que lui-même. C'est donc à travers une interrogation métaphysique prolongeant la démarche scientifique que l'on parvenait à l'évidence de Dieu, source de toutes choses.

Le langage mathématique universel, géométrique, en lequel est écrit le grand livre de la philosophie de la nature, témoignait, pour Galilée, de Dieu réalisant ses œuvres par ce moyen. Ainsi la science, loin de disqualifier la foi en l'existence du créateur de toutes choses, y menait nécessairement. Descartes faisait de Dieu une évidence s'imposant d'elle-même, irréfutable, condition de la raison humaine. On peut douter de tout, disait-il, même de données mathématiques car l'esprit peut être trompé. En revanche, « je pense, j'existe, est nécessairement vrai » (deuxième méditation) et cette certitude de ma pensée et de mon existence est la condition de toute autre connaissance. Pour Descartes, l'homme est certain d'exister et de penser, mais peut douter de ce que son esprit lui propose car il est imparfait. Cependant, la raison a les moyens de parvenir à la connaissance. Il est donc nécessaire qu'existe, à côté des êtres imparfaits que nous sommes et des choses incertaines, un être infaillible et parfait, condition de la vérité.

Le chemin vrai, ce sera pourtant à l'homme empreint de doutes de l'identifier grâce à une méthode d'approche rationnelle décrite en détail par le philosophe (*Discours de la méthode*). Cantonner Dieu, en quelque sorte, à ce rôle de condition d'un raisonnement humain à la recherche de la vérité fut très critiqué par les autres savants et philosophes du XVIIe siècle tels Leibniz et Pascal, pour lesquels l'intervention divine se manifeste au monde bien au-delà de l'esprit humain. L'athéisme montre bien sûr le bout de son nez au XVIIe et au XVIIIe siècle, mais plus chez des philosophes comme Spinoza et Diderot que chez des scientifiques. Pour Spinoza, c'est la nature dans son ensemble qui est cause d'elle-même et détermine les propriétés des choses et des êtres, y compris les actions humaines. Cette sorte de panthéisme athée amènera Spinoza à être condamné et rejeté par les autorités israélites d'Amsterdam.

C'est par conséquent l'interrogation sur les causes premières, la question du pourquoi qui conduisit tant de penseurs et de scientifiques des siècles passés à utiliser une rationalité métaphysique lorsque la méthodologie scientifique devenait inopérante, et les mena à l'idée de Dieu, du Grand Horloger ou du Grand Architecte de l'Univers. Au XIXe siècle, Auguste Comte et l'école positiviste remettront en cause la légitimité de toute interrogation « au-delà de la physique », c'est-à-dire de la science. Ils disqualifieront de la sorte tout questionnement métaphysique. La pensée théocratique puis métaphysique constituent pour Auguste Comte deux états successifs de l'humanité dans son ascension vers les Temps modernes où les vérités positives découlent de la démarche scientifique. Seule se pose la question du « comment ? » Celle du « pourquoi ? », d'ordre métaphysique, relève d'une étape aujourd'hui dépassée de la pensée humaine qui a acquis les outils techniques et cognitifs pour traquer les vérités objectives. Il convient de ne pas s'égarer en posant des questions demeurant à ce jour – sans doute de façon transitoire – inaccessibles aux sciences.

Une telle dénonciation des interrogations métaphysiques coupe, en quelque sorte, le pont qui dans l'histoire avait tout naturellement amené les pères de la science moderne à passer des phénomènes de la nature à leur cause première, c'est-à-dire Dieu. Là réside l'élément déterminant de la fracture moderne entre sciences et foi. À dire vrai, la victoire du scientisme positiviste n'est ni complète ni définitive. Une première démonstration en est apportée par l'évolution ultime du positivisme vers une doctrine et une pratique quasi-religieuses dont des Églises, aujourd'hui sans fidèles, persistent encore dans quelques pays d'Amérique latine. Par ailleurs, les scientifiques, y compris les plus grands d'entre eux, ne sont pas prêts à éradiquer toute pensée métaphysique ; il n'est que de lire la correspondance entre les grands physiciens du début du siècle, par exemple Einstein et Heisenberg, pour s'en convaincre.

L'injonction à s'interdire de raisonner sur des sujets irréductibles à une démarche strictement scientifique m'apparaît irrecevable et dangereuse. Irrecevable car cela revient à une sorte de castration de l'esprit, facteur d'impuissance à structurer la pensée de manière cohérente. Qui peut vraiment cheminer toute une vie en s'efforçant de connaître scientifiquement les mécanismes des phénomènes sans se poser jamais la question de leur origine, de leur nature, de leur signification globale, de la légitimité des efforts consentis pour les élucider, de la raison pour laquelle on le fait et de l'usage que l'on réservera aux savoirs et aux pouvoirs ainsi accumulés ?

Bien entendu, il convient de s'efforcer toujours d'établir une distinction entre l'aboutissement d'une recherche scientifique et celui d'un raisonnement métaphysique, en évitant d'utiliser le prestige du premier afin de renforcer le pouvoir de conviction du second. Le danger d'une récusation a priori de tout effort de réflexion métaphysique est que, frustrés de ne pas trouver dans les énoncés scientifiques réponse à leurs questions et à leurs aspirations, en déshérence d'éléments unificateurs de leurs pensées et de leur vie, beaucoup d'hommes et de femmes, de plus en plus en ce début de XXIe siècle, tombent dans des croyances diverses dont les amarres avec une recherche rationnelle des vérités nécessaires, même lorsqu'elles échappent aux techniques de la science, ont été rompues. La quête métaphysique et exigeante ne conduit pas au fanatisme; l'incohérence d'une pensée dont la fringale n'a pas été apaisée par le seul régime des vérités positives, si.

Significations et limites de la vérité

Nous avons vu qu'en pure logique le mot vérité ne pouvait être défini sans recourir à un raisonnement circulaire. C'est pourquoi, même en s'en tenant à la vérité recherchée à l'aide de la raison, la signification prêtée au mot varie selon les positions philosophiques des auteurs. Une vision dogmatique fait de la vérité une adéquation de la chose et de l'esprit (Aristote), entre l'idée et son objet. Est vrai ce qui correspond à la réalité. À l'inverse de cette approche se situe le relativisme pour lequel, avec le sophiste Protagoras, l'homme est la mesure de toute chose et est donc justifié à revendiquer le droit de défendre sa vérité personnelle. À un degré de plus, les sceptiques, avec Pyrrhon leur chef de file, s'abstiennent de tout jugement car rien n'est certain et qu'à toute proposition il est possible d'en opposer une autre contraire et également probable. Pour les pragmatiques américains du XIXe siècle, est vrai ce qui est considéré comme tel. « La vérité d'une idée est déterminée par la satisfaction qu'elle procure », nous propose William James, alors que pour Charles Senders Peirce « la vérité est ce qu'on ne peut s'empêcher de croire ». Nietzsche, renouant avec la tradition sceptique de Pyrrhon, va plus loin dans l'entreprise de déconstruction de l'idée classique dogmatique de la vérité. Pour lui, il ne s'agit là que « d'illusions dont on a oublié qu'elles le sont, des métaphores usées qui ont perdu leur force sensible ».

Confrontée à ces visions diverses et opposées de la vérité, dogmatiques, sceptiques, relativistes et pragmatiques, c'est sans doute l'analyse en profondeur de Kant qui m'apparaît la plus subtile. Le philosophe de Königsberg observe qu'une idée et un objet ne peuvent être formellement superposés, de sorte que l'idéal aristotélicien d'une adéquation parfaite entre l'esprit et la chose apparaît quelque peu illusoire. En fait, la connaissance ne peut que confronter l'idée qu'on se fait d'un phénomène ou d'une chose à leur perception par l'esprit, c'est-à-dire deux images mentales entre elles. La vérité devient alors l'idéal d'une adéquation de la connaissance à la connaissance de la chose, une idée des choses considérée comme la plus conforme à ce qu'elles sont, plutôt qu'un énoncé de la réalité telle qu'elle est. La question de savoir si un serpent ou les relations entre les astres dans l'univers sont vrais a peu de sens si l'on ne s'interroge pas en fait sur la qualité de l'idée qu'on en a. Le sujet à la recherche de la vérité du monde explore l'image qu'il perçoit d'un monde dont la réalité matérielle reste extérieure à lui.

Cette irréductibilité de la connaissance à son objet tangible conduit à un doute qui ne peut être totalement surmonté. Il apparaît cependant possible d'augmenter la probabilité de la vérité et de réduire le niveau d'incertitudes grâce à l'application de plusieurs critères de vérité qui ont été repris et développés par Emmanuel Kant, en particulier dans sa *Critique de la raison pure*. L'énoncé de vérité doit obéir au principe logique de non-contradiction, ce qui exige que les propositions de l'énoncé ne soient jamais contradictoires entre elles. De plus, un raisonnement vrai se doit d'être cohérent, c'est-à-dire, au-delà d'une absence de contradiction interne, en accord avec la raison. Une théorie dont les éléments, cohérents entre eux, sont absurdes a toutes les chances d'être fausse. Nous verrons que cette règle apparaît parfois prise en défaut dans le champ de la physique quantique.

La perfection logique à laquelle est tenu un discours métaphysique de qualité ne saurait par ailleurs suffire dans le domaine des vérités scientifiques : l'histoire des sciences est pleine d'hypothèses d'une cohérence logique impeccable et qui se sont révélées fausses au regard d'expériences et de mesures nouvelles. Cela signifie que la probabilité qu'une proposition soit vraie augmente au fur et à mesure qu'elle est corroborée par des expériences supplémentaires et s'intègre harmonieusement à l'évolution des connaissances.

Une telle évolutivité du niveau de vérité, la persistance d'un doute irréductible, même s'il peut être progressivement minimisé, l'exigence d'une confrontation permanente à l'expérience et aux savoirs nouveaux opposent bien sûr en tout point la démarche scientifique au dogmatisme et à la scolastique, même à ceux qu'engendre parfois une pratique scientifique s'égarant dans la prétention de détenir la Vérité incontestable. Une conséquence des critères de vérité brièvement présentés ci-dessus est qu'un énoncé vrai se doit d'être prédictif, c'est-à-dire de se révéler capable de prévoir les conséquences d'événements et de phénomènes à venir qui équivalent à autant de vérifications expérimentales. Certains processus naturels dont l'issue est cohérente avec une théorie scientifique considérée comme vraie ont la même valeur pour conforter cette théorie que des expériences dont les protocoles auraient été conçus par l'homme à cet effet.

La persistance d'une incertitude et d'une relativité contextuelle au sein même de la pratique scientifique la plus exigeante est illustrée tout au long de l'évolution des sciences. La mécanique céleste compliquée de Ptolémée et son géocentrisme constituent un monument de logique dont la valeur prédictive était pour l'époque acceptable. Elle s'est néanmoins révélée totalement fausse. Une affirmation telle que « la neige est blanche » apparaît peu discutable et en accord avec l'analyse optique du spectre de la lumière réfléchie et diffractée par un manteau neigeux. Cependant, bien entendu, c'est la lumière incidente et réfléchie qui est blanche. Si la neige était éclairée par une lumière bleue ou rouge, elle apparaîtrait de cette couleur. Le contexte et les limites dans lesquels une proposition peut être considérée vraie doivent ainsi toujours être précisés. Cela vaut, au même titre, pour les niveaux de validité des diverses lois physiques, gravitation de Newton, relativité d'Einstein et mécanique quantique.

Le principe de relativité du mouvement datant de Galilée et son extension au temps par Einstein apparaissent contredire une logique philosophique d'apparence impeccable. Beaucoup de philosophes ont utilisé le mouvement comme un exemple de certitude rationnelle. Savoir si un objet est au repos ou en mouvement semblait du domaine de l'évidence. Galilée nous a appris qu'il n'en est rien. Un spectateur sur un quai voit passer un navire sur lequel un passager l'observe. Si nous posons que l'homme sur le quai est immobile, le bateau et ses occupants sont sans conteste en mouvement. Mais si on pose par convention que le navire est immobile, c'est alors la berge qui bouge, comme en témoigne un procédé cinématographique classique et le moment d'hésitation de tout voyageur d'un train lorsque ce dernier se met lentement et silencieusement en marche : est-ce mon convoi qui s'ébranle, ou celui à côté, en sens inverse ?

Contrairement au bon sens, Galilée, concepteur de la première idée de la relativité, nous révèle que le mouvement continu et le repos sont équivalents et relatifs. Tout ce que l'on peut dire avec certitude, c'est que deux objets sont en mouvement l'un par rapport à l'autre, le reste dépendant du contexte (c'est-à-dire de références externes) ou d'une convention postulant l'immobilité de l'un d'entre eux. Si la Terre et le Soleil étaient seuls dans l'univers, il serait équivalent d'affirmer que le Soleil tourne autour de la Terre ou que la Terre tourne autour du Soleil. Il n'y aurait plus d'opposition entre le géocentrisme et l'héliocentrisme, ces deux termes n'ayant pas de sens. La seule certitude serait que Terre et Soleil sont mobiles l'un par rapport à l'autre. En revanche, par rapport aux autres corps célestes du système solaire, le Soleil est à l'évidence au centre, et non la Terre.

La nature physique de la lumière et la mécanique quantique nous offrent un exemple célèbre de la coexistence possible de deux vérités pourtant d'apparence contradictoire. Au XVIIe siècle, le grand Isaac Newton voit la lumière comme un flux de particules dont les masses différentes gouvernent les couleurs. Son contemporain, le Néerlandais Christiaan Huygens, imagine quant à lui qu'il s'agit d'une vibration se propageant de proche en proche dans un milieu qu'il baptise « éther ». La propagation linéaire de la lumière et sa réflexion sont en accord avec la théorie corpusculaire alors que la diffraction concorde mieux avec l'hypothèse ondulatoire. Au tout début du XIXe siècle, Thomas Young démontre l'interférence entre des faisceaux lumineux (expérience des fentes de Young), signant par là leur caractère ondulatoire, qui est confirmé par Augustin Fresnel, grâce à des travaux sur la polarisation. Au milieu du siècle, Léon Foucault établit que la vitesse de la lumière est plus faible dans l'eau que dans l'air, comme le prédisait la théorie ondulatoire et contrairement à ce qui était attendu pour des particules. Enfin, James Clerk Maxwell, le père des champs électromagnétiques, établit que ces derniers peuvent osciller et se propager à près de trois cent mille kilomètres par seconde, la vitesse de la lumière. Celle-ci apparaît donc être une onde électromagnétique. La messe est dite, l'illustre Newton se trompait.

Restait à caractériser le milieu dans lequel cette onde se propage. En effet, il était bien établi que les ondes se déplacent par ébranlement d'une matière, vibration de l'air en ce qui concerne les sons, cercles concentriques que provoque la chute d'une pierre dans l'eau. Or on perçoit très bien de la Terre la lumière émise par le Soleil et d'innombrables autres étoiles. Le vide sidéral devait donc être empli d'un milieu ébranlé par l'onde lumineuse, le fameux éther. L'hypothèse de l'éther semblait une conséquence logique, indiscutable, de la nature ondulatoire de la lumière que les progrès de la physique du XIXe siècle démontraient de façon formelle.

Une difficulté de taille persistait : on peinait à prouver l'existence de l'éther. Afin d'y parvenir, Albert A. Michelson et Edward W. Morley montent en 1878 une expérience subtile et précise destinée à caractériser le « vent d'éther » provoqué par la rotation terrestre : la lumière devrait être légèrement plus rapide dans le sens de la rotation (contre le vent...) que dans la direction opposée. Les mesures de vitesse d'une grande exactitude réalisées par interférométrie démentent l'hypothèse sans risque d'erreur. Les physiciens s'arrachent les cheveux : sans éther, pas de propagation possible d'une onde. Or la lumière est une onde, elle se propage dans l'univers... où l'on est incapable de trouver trace d'« éther ».

Autre difficulté. L'intensité d'une onde lumineuse doit pouvoir varier de façon continue. Or Max Planck établit en 1900 que la matière irradiée absorbe et émet de l'énergie de manière discontinue, par « quanta » (expérience sur l'émission du corps noir). En 1905, Einstein synthétise toutes ces données à partir de travaux théoriques sur la lumière : celle-ci est de nature corpusculaire, elle est constituée de photons qui se propagent dans le vide, et qui échangent de l'énergie avec la matière par quanta d'énergie, fonctions de l'énergie des photons.

Cependant, pas plus que la démonstration de la nature ondulatoire de la lumière n'éliminait l'autre hypothèse, la découverte de son caractère corpusculaire ne disqualifiait nullement les données apportant la preuve qu'il s'agit d'une onde. Cet exemple célèbre témoigne de ce qu'il est impossible de parvenir à une démonstration négative d'une vérité grâce à la réalisation d'une expérience cruciale. Ce n'est pas parce que la lumière est corpusculaire qu'elle n'est pas ondulatoire. Ce n'est pas parce qu'elle est ondulatoire qu'elle n'est pas corpusculaire. On doit la considérer, soit comme une onde, soit comme un flux particulaire, elle est l'un et l'autre, quoiqu'il convienne de choisir selon les phénomènes étudiés. Cela conduira à inventer la notion de « fonction d'onde » associée à toute particule, à établir que les ondes électromagnétiques se propagent dans le vide absolu, et à donner le coup d'envoi à la physique quantique.

Cependant, parler de « fonction d'onde » parce que le rayonnement électromagnétique, dont la lumière est un cas particulier, est à la fois une particule et une onde serait une proposition uniquement descriptive si sa cohérence n'était assurée par un formalisme mathématique dont l'esprit humain à peine à entrevoir la signification matérielle. Ainsi, en rupture avec la vision galiléenne et les critères kantiens de la vérité, la cohérence mathématique n'apparaît guère ici en accord avec la raison. Les lois de la physique quantique décrivent les propriétés des particules subatomiques de façon incroyablement prédictives, leur robustesse n'a jusqu'à ce jour jamais été prise en défaut par l'expérience. Elles ne peuvent pas en revanche être considérées comme un monument d'intelligibilité rationnelle.

En définitive, la vérité d'un énoncé scientifique laisse une place irréductible au doute, mais son degré de plausibilité peut être accru par l'application de critères multiples dont aucun n'est cependant, à lui seul, totalement indispensable et suffisant. Même si la certitude absolue ne peut en fait jamais être atteinte, il existe sans conteste une hiérarchie dans le degré de vérité des propositions formulées pour rendre compte d'un objet ou d'un phénomène, certaines hypothèses l'emportant sur d'autres sur le plan de la vérité. Le progrès des connaissances découlant du processus rationnel de vérification, confirmation ou invalidation des résultats scientifiques et de leur interprétation, est de ce fait possible et réel.

Science, déterminisme et réductionnisme

Il y a somme toute peu de temps que la philosophie et les sciences se sont, pour l'essentiel, séparées, qu'elles appartiennent à des champs disciplinaires distincts où œuvrent des spécialistes différents. Aristote, Descartes, Leibnitz, Pascal, n'avaient sans doute pas conscience de viser deux types d'objectifs selon qu'ils s'interrogeaient plutôt sur les ressorts de la raison ou sur les mécanismes de la nature. Encore plus près de nous, j'ai déjà noté combien la correspondance des grands noms de la physique quantique et de la relativité, Heisenberg, Einstein, Pauli, Born et d'autres, témoigne de la vigueur de leur quête philosophique. De façon symétrique, le statut du déterminisme dans les sciences influence la vision qu'ont les philosophes de la liberté et du libre arbitre.

Or la science est, bien entendu, déterministe puisqu'elle est fondée sur le principe qu'il n'y a pas de phénomène sans cause dont l'élucidation est l'objet même de la science pour laquelle j'ai déjà proposé une définition : une démarche rationnelle de l'esprit dont le but est de connaître les mécanismes des phénomènes de la nature, et d'en déduire les lois. La démarche scientifique est fondée sur l'induction, la déduction, et aboutit à un énoncé qui peut être confirmé ou infirmé par une démarche faisant appel à la raison.

La science grecque repose avant tout sur la géométrie. Platon fait de ses lois des « idées » existant indépendamment de l'homme. Il revient à ce dernier d'en retrouver en lui la réminiscence. Aristote développe une étude des objets en tant que tels, sans a priori sur un principe qui en constituerait l'essence, la réalité cachée. La scholastique chrétienne de l'Europe au Moyen Âge adoptera le même point de vue, étant entendu que tout ne fait que refléter la magnificence de la création divine, principe de toute chose. Avec la fin de la Renaissance, le rationalisme de Descartes institue Dieu à l'origine de la raison qui a les moyens de découvrir la vérité grâce au maniement des mathématiques, selon une vision qui n'est pas sans évoquer le monde des idées transcendantes de Platon. Les objets de la science sont ceux que la raison peut concevoir et connaître.

Pour Galilée, nous l'avons vu, les mathématiques sont l'élément unificateur témoignant de la création divine : il s'agit pour lui d'accéder à la philosophie de la nature dont le livre est écrit à l'aide d'un alphabet mathématique, géométrique. Pour Newton, le déterminisme mathématique des phénomènes naturels est bien sûr absolu, chacun résultant d'un enchaînement causal connaissable et formalisable, le tout remontant à Dieu, cause de toute chose et de lui-même.

Le positivisme d'Auguste Comte, disqualifiant toute interrogation métaphysique, contribuera à expulser Dieu de la démarche scientifique. Les vérités objectives des temps positifs sont les déterminants de l'avenir. La science du mathématicien et astronome Pierre Simon de Laplace est à la fois déterministe et réductionniste sans que le grand savant français juge nécessaire de faire l'hypothèse de Dieu. Il est confiant, lui aussi, dans la possibilité de prévoir exactement le futur grâce à l'élucidation des lois mathématiques de la nature et de l'accès aux paramètres du passé et du présent. Laplace écrit : « Une intelligence [ce que l'on connaît sous le nom de « démon de Laplace »] qui pour un instant donné connaîtrait toutes les forces dont la nature est animée et la situation respective des êtres qui la composent, si d'ailleurs elle était assez vaste pour soumettre ces données à l'analyse, embrasserait dans la même formule les mouvements des plus grands corps de l'univers et ceux du plus léger atome : rien ne serait incertain pour elle et l'avenir comme le passé serait présent à ses yeux. » Cette assurance d'avoir en théorie le moyen de maîtriser le futur, instruit des leçons du passé et des données accumulées par les sciences, sera l'un des éléments constitutifs de l'optimisme progressiste et de la pensée scientiste.

Aujourd'hui, on peut démontrer l'impossibilité d'une telle performance du « démon de Laplace ». La nature n'est pas assez vaste, pour reprendre les termes utilisés par le chantre du déterminisme pragmatique, pour contenir tant d'information. Les théoriciens de l'informatique nous disent que l'univers n'en peut contenir que 10^{120} bits. Or rien que la modélisation de toutes les conformations possibles des protéines de cent acides aminés demanderait plus de 10^{130} bits.

À la fin du XIXe siècle, et surtout au XXe, cette belle simplicité du déterminisme scientifique se fissura. D'abord, Henri Poincaré démontra que, même en se limitant à un système simple, telles les positions respectives du Soleil, de la Lune et de la Terre, dépendant des interactions gravitationnelles entre ces trois planètes, la minime imprécision dans le relevé des données aboutit à une incertitude croissante au fil des ans, considérable dans mille siècles (plusieurs dizaines de millions de kilomètres). Aujourd'hui, la généralisation de cette observation à des systèmes complexes aboutit à la situation du « chaos déterministe ». Ici, chaque enchaînement causal détermine bien un effet donné mais l'ensemble est à ce point multiparamétrique et il y a tant d'obstacles à la connaissance précise de chacun des paramètres que la conséquence d'une action ne peut être prévue avec précision. L'effet « aile de papillon » et la prévision météorologique à long terme sont des exemples bien connus de ce type de comportement.

Le second coup de tonnerre fut le principe d'incertitude de Werner Heisenberg, énoncé pour rendre compte des propriétés des particules quantiques. D'une part, celles-ci sont modifiées par l'instrument de mesure qui les étudie, si bien que l'appréciation de leur position empêche de déterminer simultanément leur vitesse, et réciproquement. D'autre part, de façon indépendante de l'interaction avec l'instrument de mesure, les mathématiques nous disent qu'une particule quantique peut se trouver dans deux états à la fois, à deux positions simultanément, phénomène utilisé dans des instruments de physique moderne. En revanche, les propriétés moyennes d'un très grand nombre de particules peuvent être connues sans ambiguïté. Le déterminisme scientifique devient ici probabiliste.

Il l'était en fait déjà dans la loi sur la dilatation des gaz, qui concerne bien sûr une quantité innombrable de molécules dont les mouvements individuels d'agitation thermique restent impossibles à prévoir. De même, le trajet de chaque molécule d'eau dans une veine liquide tumultueuse est réellement « chaotique ».

En y regardant de plus près, d'autres exemples étaient déjà connus d'exceptions à l'idéal laplacien d'une absolue prévisibilité scientifique. Il existe des équations algébriques du deuxième degré – ou au-delà – qui possèdent plusieurs solutions. Par ailleurs, l'irruption du hasard dans un processus élucidé par la science avait été illustrée par la théorie de l'évolution, surtout dans sa dimension néodarwinienne de « théorie synthétique de l'évolution ». Les facteurs sélectifs sont certes des déterminants classiques mais les mécanismes engendrant la diversité biologique des êtres, substratum de la sélection naturelle, sont considérés être aléatoires. Ce caractère se retrouve lors de toutes les expériences de mutagenèse chimique ou physique. L'irradiation d'une culture microbienne, ou son traitement par des produits mutagènes, provoque des mutations dont la fréquence peut être prédite. En revanche, la survenue d'une mutation particulière dans l'ADN d'une bactérie donnée est un phénomène qui se produit au hasard. En d'autres termes, il est impossible de prédire quel gène de quel micro-organisme sera modifié, et par conséquent ce que seront les propriétés nouvelles sur lesquelles la sélection par les conditions du milieu pourra agir. Plus généralement, on tend aujourd'hui à remplacer la vision étroitement déterministe des mécanismes biologiques par une approche plus probabiliste. Les hormones règlent la probabilité qu'a un canal d'être ouvert ou fermé, les facteurs de transcription celle d'un gène d'être transcrit (c'est-à-dire actif) ou silencieux.

De tous ces exemples, il faut retenir que l'idéal laplacien d'une connaissance certaine, absolue et non équivoque des conséquences d'un enchaînement causal est pris en défaut dans de nombreux cas. Parfois, les causes initiales peuvent avoir plusieurs conséquences possibles également vraies. D'autres fois, ces conséquences ne peuvent être connues individuellement avec précision, n'ayant qu'une certaine probabilité d'occurrence. Le déterminisme scientifique devient alors probabiliste. Enfin, le hasard, c'est-à-dire l'irréductibilité à la détermination par les causes, joue sans doute un rôle important dans les phénomènes évolutifs et dans nombre de processus biologiques.

La négation de ces remises en cause du déterminisme laplacien conduit à une conception réductionniste, c'est-à-dire à l'idée selon laquelle toutes les propriétés d'un ensemble complexe peuvent être réduites à la combinaison de celles de ses éléments constitutifs qui se comportent comme des déterminants absolus et non ambigus. De la physique des particules élémentaires aux cellules et aux productions de la pensée, en quelque sorte.

Cette pensée puise aujourd'hui, comme hier, son inspiration à deux sources. La première est, comme chez Galilée et Newton, « théologique » : Dieu ne joue pas aux dés, pour reprendre la réflexion d'Einstein expliquant sa réticence à accepter l'incertitude quantique dont il avait pourtant jeté les bases en élucidant la double nature de la lumière. La seconde est scientiste. Elle reflète ce besoin inconscient de se référer à une Vérité idéale et absolue, qui ne peut supporter l'idée du hasard, ramené à une insuffisance temporaire des connaissances. La science remplace ici Dieu dans le rôle de déterminant suprême dont l'esprit semble ne pas pouvoir se passer, raison probable pour laquelle est né le sentiment religieux bien avant que la science et la logique n'existent.

Maintenir de nos jours des convictions étroitement déterministes et réductionnistes témoigne pourtant d'une surprenante cécité vis-à-vis des apports de la pensée scientifique du XXe siècle. La vérité peut être approchée – il s'agit alors de ce point de vue d'un progrès – mais sans doute pas atteinte. Le hasard intervient souvent aux niveaux élémentaires, le déterminisme scientifique étant alors probabiliste. Les propriétés émergentes d'ensembles complexes ne peuvent pas toutes découler logiquement des lois régissant les constituants de l'ensemble. Et, finalement, l'univers n'est pas assez vaste pour que s'y déploie l'intelligence du « démon de Laplace ».

Vérité, savoirs et pouvoirs

Lorsque les premiers humains ont pris conscience de la possibilité de choisir et de l'importance que cela revêtait, la question s'est sans doute posée à eux de l'optimisation de leurs choix par prise en considération d'informations vraies. Une décision informée, fondée sur un certain savoir concernant les paramètres en jeu, confère à l'évidence un avantage sur tous les êtres dépourvus des capacités cognitives le permettant. Le sage dont les connaissances l'autorisent à retenir les options les mieux adaptées aux situations qu'il a appris à connaître possède les qualités que l'on attend d'un chef : il est le plus apte à conduire son groupe. Dans un autre registre de vérités, le chamane sachant le moyen de s'informer auprès des esprits et des divinités sur ce qu'il faut faire, d'intercéder en faveur des siens, est dès lors investi d'une autorité essentielle.

Par conséquent, la recherche de la vérité a sans doute, dès ses origines, obéi à un double mécanisme : pulsion de connaître d'êtres prenant conscience d'un monde chaotique et effrayant dont l'inintelligibilité leur était insupportable, monde auquel il était par conséquent essentiel de conférer du sens et de la cohérence. Mais aussi pulsion de puissance, instinct de domination s'appuyant sur la présomption de connaissances. Celui qui ne sait pas, qui manque d'éléments pour faire un choix adéquat, vient demander conseil au détenteur de savoirs qui acquiert ainsi un pouvoir considérable sur lui. L'un est en attente, et éventuellement désemparé ; il demande, il supplie. L'autre a le pouvoir d'écouter ou de ne pas écouter, de répondre ou de ne pas répondre ; de plus, lorsqu'il donne un avis qu'il prétend valider par son savoir, il se met en situation de gouverner les actions du quémandeur ignorant.

Ces deux aspects de la vérité : réponse au désir de connaissance consubstantiel à l'homme et condition de son développement – l'homme peut être vu comme un mammifère curieux qui ne peut s'empêcher de chercher à connaître –, et outil de pouvoir, ont été longuement analysés par des lignages de philosophes. Platon, Aristote, Descartes, Spinoza et Kant se sont plutôt intéressés au besoin et à la nécessité du savoir en tant qu'attributs de la raison humaine alors que les sophistes, Nietzsche, Freud et Foucault ont analysé l'usage de la vérité comme l'une des manifestations et l'un des moyens de la volonté de puissance.

L'affirmation au tout début du XVIIe siècle par Francis Bacon que « le savoir est pouvoir »... « pour l'homme de se rendre comme maître et possesseur de la nature » ajoutera René Descartes, doit être considérée comme le manifeste fondateur des sociétés occidentales libérales de progrès. L'application de ce principe les conduira à posséder une puissance incomparable qui leur permettra de dominer le monde, jusqu'à ce que d'autres peuples, d'autres civilisations (le Japon lors de la restauration de l'ère Meiji au XIXe siècle, puis la Corée et la Chine au XXe siècle) se convertissent à cette doctrine. En effet, le dévoilement de la vérité des lois de la nature et la prévisibilité des résultats de l'action qu'il implique sont des facteurs déterminants de l'accroissement des possibilités techniques, de la production de nouveaux objets et du développement de nouveaux procédés.

De la science au savoir, des savoirs au pouvoir technique, de la technologie au progrès économique, du progrès économique à la puissance, y compris militaire, de la puissance et de la richesse au développement scientifique et technique, voilà l'enchaînement auto-amplificateur, né en Europe, qui fut et reste le moteur principal de l'histoire moderne. Ce sont les performances des États-Unis d'Amérique dans la mise en œuvre de ce système qui expliquent leur domination, et les progrès rapides en ce domaine de la Chine qui pourrait la contester. La qualité et la quantité inférieures de la production soviétique comparées à ses rivaux capitalistes la contraignirent à vivre en autarcie puisqu'elle ne pouvait ouvrir ses frontières à la concurrence des idées et des biens. Cela la fragilisa *in fine* en termes de moyens financiers et fut sans aucun doute la cause principale de sa chute. L'une des origines du terrorisme moderne m'apparaît être la frustration de sociétés jadis brillantes et puissantes, avant tout le monde islamique, qui n'ont pas pris à temps le virage du progrès scientifique et technique et se sont trouvées de ce fait progressivement dépassées, vaincues, dominées, exploitées…

Moyen d'accès à la puissance des nations, la connaissance reste au sein de chacune d'entre elles un outil efficace de domination. Nos sociétés, développées ou non, sont aujourd'hui confrontées à un univers technique toujours plus complexe et diversifié. S'aggravent ainsi les conséquences de la fracture au plan des savoirs qui a toujours accompagné la fracture sociale. Certes, depuis la plus haute Antiquité, les « élites intellectuelles » coïncident pour l'essentiel avec les « élites politiques ». Il nous est parvenu plus de textes romains écrits par des patriciens que par des plébéiens. Le savoir et l'affirmation que l'on détient la vérité étaient déjà, à la fois, une marque et un outil de pouvoir. Aujourd'hui, cependant, l'écart s'accroît sans cesse entre ceux qui maîtrisent l'usage des artefacts techniques toujours plus sophistiqués de nos sociétés modernes et tous les autres. Le jeune issu des classes aisées et cultivées aura les moyens de décupler encore son avantage sur ceux que la naissance a moins bien dotés grâce à son accès plus facile aux moyens d'information et de communication (informatique et réseaux, voyages...). Décideur socialement déterminé, il aura tout le loisir de justifier sa position et ses pouvoirs par la possession exclusive des savoirs indispensables au gouvernement d'une société moderne.

De plus, les leaders d'opinion sont aujourd'hui, partout dans le monde, bien convaincus de l'efficacité d'un développement de l'économie et de la puissance basé sur la recherche des vérités scientifiques, sur les connaissances et les techniques. Cela n'est pas l'apanage des chercheurs et des techniciens mais correspond aussi à la conviction profonde de tous les dirigeants, y compris ceux dont les savoirs en ce domaine sont rudimentaires. Alors que beaucoup d'ingénieurs et d'universitaires sont plus ou moins lucides sur les limites du pouvoir des sciences, les gouvernants en attendent tout, y compris la justification de leurs hésitations autant que de leurs décisions. La dérive technocratique des pouvoirs modernes, les technostructures qui s'édifient en bastions imprenables trouvent leurs origines dans la rencontre entre les professionnels de la science et de la technique, moteurs du progrès technologique et économique, et un monde politique pour l'essentiel converti à une pensée scientiste.

C'est dans ces conditions que se créent des vérités officielles bénéficiant d'une onction scientifique, que s'édifient des normes – y compris éthiques – manifestant le pouvoir de l'alliance entre les technosciences et le politique beaucoup plus que des conquêtes d'une société en quête de vérité. La prétention de faire reposer l'analyse de la valeur éthique d'un projet ou d'une innovation sur la vérité scientifique plonge ses racines loin dans l'histoire. Elle renvoie en effet au fameux débat entre Socrate et Protagoras mis en scène par Platon : le vrai conduit-il au bien, ou sont-ce là deux catégories irréductibles l'une à l'autre ?

Aujourd'hui, cette tendance en appelle implicitement à la conception pragmatique de la vérité : est vrai ce qui est utile. Or tout ce qui est utile au progrès scientifique, technique et économique est considéré comme bien. Dès lors, la pression sera immense pour convaincre les citoyens que toute hypothèse, tout scénario sur lesquels se fonde une entreprise technoscientifique potentiellement rentable – et donc utile d'un strict point de vue économique – sont vraies, l'action qui en découle étant moralement désirable.

Échapper à un tel sophisme exige de considérer les questions séparément et de fonder la décision sur un débat démocratique alimenté par la synthèse des réponses. L'hypothèse est-elle probablement vraie, évaluée à l'aune des critères de la vérité rationnelle discutés dans ce chapitre ? L'action qui en découle est-elle jugée bonne, en référence à un système de valeurs explicites autour desquelles se retrouve une société ? Enfin, ces analyses ayant été menées séparément, leurs résultats débattus, quelle décision prend-on ? Telles sont les conditions pour que la notion de vérité soit utilisée dans le monde moderne comme un facteur réel de liberté et non, surtout, comme un outil efficace de domination.

À cette condition, la vérité sera belle, c'est-à-dire d'une qualité sensible à l'émotion, celle que provoque la magnificence de l'esprit, capable de connaître et d'user du pouvoir ainsi conquis pour s'engager dans la voie bonne. Cela dit, pas plus que le Bien, le Beau n'est bien sûr réductible au Vrai.

4

Évolution et Beauté

« Quelle beauté ! » s'exclame-t-on souvent, sur les plateaux du grand canyon du Colorado ; au sommet de la montagne enneigée, entourée de pics et d'arêtes émergeant des nuages ; écoutant l'air d'alto d'*Harold en Italie* de Berlioz ou admirant *Jeune Fille à la perle* de Vermeer ; émerveillé par le spectacle d'innombrables papillons et libellules multicolores qu'éclaire un rayon de soleil ou impressionné par la roue du paon orgueilleusement déployée. Personne n'aura alors l'idée d'en demander l'explication : « Pourquoi est-ce beau ? » Même le petit enfant, si enclin pourtant à s'enquérir auprès de papa, maman : « Comment ça marche ? Comment c'est fait ? À quoi ça sert ? Pourquoi... ? » ne posera pas ici cette question à laquelle les adultes auraient d'ailleurs bien du mal à répondre. Le spectacle de la nature, l'œuvre humaine, qu'elle s'en inspire ou s'en écarte sciemment, provoquent une émotion agréable, du plaisir, un sentiment de bonheur qui ne nécessitent aucun traitement cognitif apparent, ne requièrent aucune explication rationnelle. Il serait absurde de vouloir démontrer la beauté du spectacle aussi bien que de prétendre apporter la preuve de sa laideur. La beauté peut être définie comme la qualité de ce qui provoque cette émotion plaisante, ce plaisir esthétique indépendant de la raison et sans lien direct avec la satisfaction d'un besoin, voire, dans une certaine mesure, d'un désir. Est beau ce qui est vu comme tel par un être capable de ressentir une émotion esthétique.

Durant la première semaine du mois de mars, je prends un plaisir extrême à me promener dans les bois de ma campagne, en Champagne méridionale, chevauchant l'une de mes juments et accompagné de ma chienne. C'est alors que la forêt sort vraiment de l'hiver. Persistent parfois quelques plaques de neige, çà et là, mais durant la journée le sol dégèle. Depuis la fin février, les perce-neige ou des fleurs leur ressemblant, leurs clochettes blanches bordées par des arceaux que relient de petites sphères jaune vif, sont apparues partout dans les sous-bois, au fond des vallons et sur les pentes. Maintenant ce sont les jonquilles, innombrables, qui se mêlent à elles. Au petit matin, la forêt frissonnante apparaît prise entre deux feux qui ne la réchauffent encore que bien modérément, le soleil levant au-dessus de nos têtes et le tapis doré sous les pas des bêtes. Année après année, je suis transporté par ce spectacle, j'en éprouve un bonheur intense, une joie que j'aimerais faire partager. J'y parviens sans peine lorsque d'autres personnes m'accompagnent dans mes promenades. En revanche, je me prends souvent à rêver, par jeu, que ma monture et mon animal de compagnie pourraient eux aussi être sensibles au bien-être qui m'envahit. Bien entendu, tel n'est pas le cas. Rien dans le comportement de mes compagnes animales n'a jamais indiqué qu'elles fissent une quelconque différence entre cette promenade enchanteresse de la fin de l'hiver et le cheminement dans un morne paysage gelé et chaotique, encore encombré des chablis à demi pourris, séquelles de la tempête de l'hiver 1999.

Des expériences beaucoup plus scientifiques ont été menées dans maints laboratoires du monde afin d'identifier chez des chimpanzés et des bonobos des comportements compatibles avec une certaine appréhension de la beauté. Tout ce que l'on repère, dans la nature entière, ce sont les effets de signes d'attraction sexuelle dont beaucoup, d'ailleurs, nous semblent admirables. Mais c'est manifestement l'instinct de reproduction qui amène la chèvre à être charmée par l'odeur musquée du bouc, la femelle du paon à ressentir de l'attirance pour le mâle faisant la plus belle roue, la femelle guppy à apprécier ceux dont les nageoires caudales sont les plus éclatantes, ou encore les oiseaux à rechercher des partenaires aux chants mélodieux. Monsieur chimpanzé trouve que les fesses turgescentes et rosissantes de sa guenon sont du plus bel effet, cette dernière l'informant ainsi de sa disponibilité à accepter ses hommages. L'émotion déclenchée par toutes ces parades sexuelles n'obéit donc pas aux critères du sentiment esthétique qui requiert, au moins, une certaine distance avec l'action utile ou la quête du plaisir physique.

La beauté naît par conséquent avec l'humanité, c'est-à-dire avec l'être capable, par excellence, d'y être sensible. Auparavant, la qualité du beau n'existe pas. Le cirque de Gavarnie peut être défini par sa largeur, la forme géométrique de ses contours, la hauteur de ses parois ; la couleur des fleurs par la longueur d'onde de la lumière qu'elles réfléchissent mais, bien entendu, certes pas par leur beauté qui ne peut être attribuée à l'objet ou à l'œuvre que si elle est ressentie. Le sentiment du beau naît donc d'une interaction singulière entre l'objet et l'être, il n'est un attribut spécifique ni de l'un ni de l'autre.

Il y a là un paradoxe. La Terre existe depuis plus de quatre milliards d'années, la sexualité depuis un milliard d'années, les oiseaux et les plantes à fleurs datent d'environ cent cinquante millions d'années, c'est-à-dire bien avant que n'existât un primate singulier capable de les appréhender comme beaux. Pour quelle raison l'homme est-il universellement enclin à trouver belles la nature et ses manifestations, minérales, végétales ou animales ? Comment se fait-il que tant de signes utilisés par les plantes, les insectes et les vertébrés pour promouvoir leur attraction sexuelle et permettre la reproduction exercent aussi sur l'homme un attrait esthétique ?

Enfin, quel rôle la sensibilité des ancêtres de l'homme moderne à la beauté a-t-il joué dans les processus biologique d'hominisation et culturel d'humanisation ? En d'autres termes, comment l'évolution a-t-elle conduit à l'émergence du sentiment esthétique et quel fut le rôle évolutif de ce dernier ?

Ressentir et produire de la beauté : une approche neurobiologique

De très nombreux travaux portent sur les structures cérébrales, les réseaux les reliant et les processus conscients et inconscients à l'œuvre dans la perception du Beau. On peut ainsi identifier la machinerie qui lui est nécessaire et les phénomènes neurologiques qui lui sont associés. La perception sensorielle de l'objet, dont la complexité même est aujourd'hui de mieux en mieux disséquée, est soumise à un traitement largement inconscient qui met en œuvre de multiples zones du cerveau. L'image mentale de l'objet perçu est ensuite confrontée à toute une série de représentations de l'esprit, innées ou acquises, qui lui confèrent, le cas échéant, sa qualité. Celle-ci interagit alors avec les centres de l'émotion et du plaisir dont un type d'activation concertée aboutira au sentiment esthétique. Lorsque la réaction émotionnelle est d'une telle intensité qu'elle sidère littéralement, dans l'instant, toute fonction cognitive consciente, qu'elle recrute d'autres catégories de sentiments, qu'elle envahit l'univers psychique du sujet qui se sent comme transporté dans une nouvelle dimension de son être, voire hors de lui, on parle du sublime. Sachant que les mécanismes sensoriels et ceux du plaisir préexistent de plusieurs centaines de millions d'années à l'apparition de l'homme, c'est dans le traitement inconscient de la perception à l'aune d'empreintes mentales spécifiques qu'il faut rechercher la spécificité humaine d'appréhension du Beau.

L'anatomie, la physiologie, l'imagerie fonctionnelle du cerveau et la génétique comparée, ainsi que les conséquences de certaines altérations cérébrales pathologiques, nous renseignent sur les éléments nécessaires au sens esthétique, sur leur histoire évolutive. En ce domaine comme de façon plus large dans celui des études neurobiologiques de la conscience et de ses diverses manifestations, ce sont les conditions indispensables à leur expression qui sont de mieux en mieux comprises, et non pas leur essence et leur spécificité qui sont du ressort d'approches différentes. Les neurosciences ne sont à l'évidence pas appelées à remplacer progressivement les autres formes d'études de l'esprit, en dépit des espoirs et prétentions de certains de leurs praticiens. En revanche, les données qui en découlent sont aujourd'hui, en toute légitimité, partie intégrante des recherches multidisciplinaires en ces domaines.

Une telle multidisciplinarité peut, par exemple, être appliquée au classique débat philosophique, illustré par Kant, Hegel et bien d'autres, sur l'universalité ou la singularité du sentiment esthétique, la différence entre le goût et le sens du Beau. Les goûts et les couleurs, chacun en convient, ne se discutent pas. J'aime ou je n'aime pas tel mets, il est bon ou il est mauvais pour moi, mais il ne me viendrait pas à l'idée de définir en quoi il est bon ou mauvais en soi, c'est-à-dire le goût que devrait avoir le reste de l'humanité pour lui. Le relativisme du goût vaut-il au même titre pour le Beau ?

C'est ce qu'avance la pensée postmoderne. En revanche, les philosophes classiques tenaient volontiers que la qualité du Beau tendait à l'universalité. Ce qui n'est regardé comme Beau que par une seule personne ne pourrait guère, selon cette vision traditionnelle, être considéré comme tel dans l'absolu. Pour les uns, la sensibilité à la beauté est purement culturelle, acquise et soumise aux effets de l'éducation et des modes. Pour les autres, il existe une caractéristique innée permettant à l'homme – en principe, à condition que leur sens et leur sensibilité soient dessillés à tous les hommes – de reconnaître le Beau.

En fait, peut-être existe-t-il plus une différence de degré que de nature entre les manifestations du goût et celles de l'émotion esthétique ? Dans ce cas, le relativisme culturel absolu devrait être repoussé au même titre que la notion kantienne du Beau universel. Le schéma proposé des corrélats neurologiques de l'appréhension du Beau implique un jugement qualitatif de la sensation perçue à l'aune d'images mentales qui peuvent être innées, liées à l'espèce, ou constituer des empreintes laissées par l'enseignement, la culture, la pression sociale ou le souvenir d'événements et d'émotions antérieurs. La spécificité du sens esthétique repose sur une certaine indépendance vis-à-vis de l'utilité ou du désir, et sur la possible référence à des critères non singuliers, c'est-à-dire admis par beaucoup, potentiellement par tous. Cela dit, ces éléments innés du jugement esthétique peuvent bien entendu être manipulés par toutes sortes de conditionnements dont les effets de mode et les différences culturelles d'appréhension du Beau témoignent.

Ancienneté du sentiment esthétique

À l'exception de l'homme, l'animal – y compris, semble-t-il, les grands singes – ne paraît pas avoir le sens du Beau. Il y a un peu plus de quarante mille ans, l'homme se met à créer des objets, sans doute de signification symbolique, que personne n'hésite plus aujourd'hui à considérer comme des œuvres d'art – selon les critères modernes – et à trouver beaux. Mais qu'en est-il des temps plus reculés de l'humanité ? Est-ce l'évolution progressive des ancêtres de l'homme qui les a amenés à développer un sens esthétique, ou bien ce dernier était-il présent d'emblée, au moins à l'état embryonnaire ? Il aurait alors joué un rôle essentiel dans le processus d'hominisation lui-même. Nulle réponse certaine à cette question, mais une intuition.

Il y a plus de deux millions d'années, les humains

ou préhumains qui peuplaient la Terre accroissaient déjà le pouvoir de leurs mains par l'utilisation d'outils qu'ils sélectionnaient, puis perfectionnaient à cet effet. Au fil du temps, bien avant que n'émerge quelque forme d'art que ce soit, les objets utilitaires façonnés acquéraient une régularité, une symétrie qui témoignaient d'une sorte d'aspiration à l'harmonie se surajoutant aux qualités requises par leur usage. Comme si ces formes, bien sûr efficaces, avaient aussi été ressenties comme agréables. Une pierre taillée plus grossière aurait peut-être pu rendre les mêmes services. Or les solutions alors privilégiées sont celles qui, un million cinq cent mille années après, nous apparaissent, de plus, esthétiques. Le sentiment de satisfaction engendré chez l'artisan par l'artefact de qualité est, sans doute, une disposition importante sur le chemin qui conduira, il y a entre soixante-dix mille et quarante mille ans, à la création par nos ancêtres *Homo sapiens* d'objets ou de représentations dont le caractère artistique, selon nos critères modernes, est évident.

Si la dissociation radicale entre l'œuvre produite et toute finalité matérielle marque sans conteste une étape dans l'expression du sens artistique, une certaine sensibilité à la qualité esthétique des choses semble beaucoup plus ancienne ; elle s'affirme d'abord dans la fabrication des outils et autres artefacts utilitaires. La production artisanale demeure une circonstance où s'exprime l'aspiration à une certaine perfection formelle. Tout semble être le fruit combiné du cerveau humain découvrant très tôt les possibilités de décupler les pouvoirs de la main par la réalisation d'outils et d'objets, puis sensible à cette satisfaction indéfinissable ressentie au contact charnel de l'objet façonné, à la vision de la chose bien faite.

La production du Beau

Le chant des oiseaux, la forme et la couleur des fleurs, le corps des animaux nous apparaissent beaux. Pour l'essentiel, cependant, ce sont là des caractères résultant de la reproduction innée de propriétés biologiques largement commandées par le programme des gènes. Cela vaut apparemment aussi pour des artefacts animaux dont l'harmonie nous étonne : les rayons de la ruche, les contours et la structure interne de la termitière, les toiles de l'araignée, etc. Le monde animal reproduit des caractères et des savoir-faire auxquels nous trouvons une valeur esthétique. En revanche, aucun animal ne paraît créer de la beauté dans le sens d'une capacité à réarranger la matière de mille manières changeantes et évolutives afin d'engendrer des formes nouvelles marquées par leur beauté. Seul l'homme le peut et le fait, et c'est même là l'une de ses caractéristiques principales, témoin, et peut-être condition, de l'accroissement de ses capacités mentales.

Nous avons vu les interrogations soulevées par le perfectionnisme harmonieux dont faisaient preuve les hommes du paléolithique inférieur. Celui-ci est bien illustré par les bifaces acheuléens dont des milliers d'exemplaires ont été trouvés partout dans le monde. Certains croient y percevoir une finalité esthétique, sans doute inconsciente, d'autres en doutent et ne décèlent dans ces outils que des perfectionnements ayant tous leur utilité. Mais que dire des pièces qui semblent avoir été délibérément taillées à cette époque autour de fossiles incrustés dans la roche, que les artisans de ces temps reculés ont eu à cœur de préserver ? C'est en particulier ce que fit un *Homo erectus* en façonnant un biface au centre duquel est enchâssée une coquille de bivalve soigneusement préservée. Les faces taillées de cette pièce découverte à West Tofts en Angleterre épargnent en effet, de façon à l'évidence intentionnelle, le bord crénelé du fossile. On ne peut pourtant imaginer que celui-ci participe d'aucune manière aux usages de l'outil qu'il a fallu réaliser avec beaucoup de précaution pour n'en pas détériorer la décoration naturelle. L'artisan tailleur de pierre n'avait-il pas créé là aussi une œuvre d'art, précurseur de la transition de l'artisan à l'artiste ?

L'origine du petit bloc anthropoïde de tuf volcanique trouvé à Berekhat Ram, dans le Golan israélien, reste discutée. Il s'agit d'une figurine vieille de deux cent cinquante mille ans et évoquant grossièrement une silhouette féminine. Il semble bien que le fragment de roche constituant cet objet ait été retravaillé dans le but d'accentuer sa ressemblance avec une forme humaine : creusement d'un sillon au niveau du cou, réalisation de rainures et abrasion afin de mieux dégager la forme des bras, aplatissement de la base... Les retouches auraient été réalisées avec les outils de l'époque, c'est-à-dire à l'aide de pointes lithiques.

En Afrique orientale et australe, de nombreux fragments de roches colorées, notamment de l'ocre rouge, ont été découverts dans des abris occupés par des hommes du paléolithique moyen, c'est-à-dire datant de la même période que la pièce de Berekhat Ram. Ces pigments ont à l'évidence été utilisés comme crayons, comme matières premières de poudres colorantes. Les faces des fragments portent des signes d'abrasion, voire sont gravées de motifs géométriques. En d'autres endroits d'Afrique, les hommes de ces temps reculés ont accumulé des quantités étonnantes de coquilles d'œuf de provenances variées.

Ce ne sont là pourtant que des indices indirects de l'éclosion d'une forme d'art ; ils sont rares, discontinus et disséminés. L'esprit symbolique et sa traduction artistique s'affirment cependant à la fin du paléolithique moyen pour exploser au paléolithique supérieur. Dans la grotte Blombos, en Afrique du Sud, ont été découvertes maintes coquilles d'escargots percées qui pourraient bien être des éléments de colliers portés par des *Homo sapiens* africains, il y a soixante-quinze mille ans, c'est-à-dire à peu près au moment où certains groupes d'entre eux commençaient de quitter leur continent d'origine pour conquérir le monde. Sur le même site, une lame de pierre gravée de lignes entrecroisées date approximativement de la même période ; elle ne témoigne pas obligatoirement d'une intention ou d'une sensibilité esthétiques, mais au moins d'une progression notable des techniques, sans doute mises au service d'une pensée symbolique.

Il y a entre quarante mille et cinquante mille ans, plus de doute : en Europe, surtout, mais aussi en Afrique et en Australie, *Homo sapiens* est devenu artiste. Il y a environ trente mille ans, les aurignaciens sculptent l'ivoire avec une dextérité étonnante. En Allemagne de l'Ouest ont ainsi été découvertes de petites sculptures figuratives remarquables représentant des êtres hybrides (homme-lion, homme-félin) ou des animaux (tête de cheval, oiseaux aquatiques) d'une élégance étonnante.

Arrêtons-nous aux peintures rupestres de la célébrissime grotte Chauvet, en Ardèche. Les fresques les plus anciennes datent elles aussi d'il y a trente-deux mille ans, voire plus selon certaines études. On ne peut qu'être saisi par la splendeur du spectacle, par la maîtrise des artistes. Les silhouettes de félins et de chevaux sont tracées avec réalisme et sensibilité. Chaque animal semble avoir une expression singulière, les formes étant superposées et légèrement décalées afin, sans doute, de rendre compte du mouvement et de la succession dans le temps. Des rhinocéros aux contours subtils s'affrontent avec rage ; on croit entendre le fracas des cornes qui s'entrecroisent. La forme naturelle de la roche, ses creux et ses bosses, les transitions minérales, certaines veines rocheuses, sont pleinement intégrés aux dessins, ce qui témoigne de la part des peintres d'une remarquable faculté à inclure la matière et les formes du support à la représentation mentale de ce qu'ils désiraient créer.

Bien sûr, il n'était certes pas dans l'intention des premiers artistes européens de réaliser des œuvres dont la beauté soit la raison d'être, selon les standards de « l'art pour l'art » des mondes antique, classique et moderne. D'ailleurs, les grottes ornées du paléolithique supérieur sont en général profondes, obscures, d'accès difficile. Il ne viendrait à l'idée d'aucun peintre moderne de cantonner ses chefs-d'œuvre à des cavernes peu visitées. Pour peindre ainsi, dans les entrailles de la Terre, éclairés d'une torche, parfois contraints à garder une position pénible, il fallait aux artistes des motivations symboliques sur la nature desquelles on se perd en conjectures. Les pratiques chamaniques des peuples inuits et des Indiens précolombiens donnent-elles quelques pistes ? Était-ce là une manifestation de la volonté des hommes d'alors de se concilier la Terre, déesse mystérieuse et menaçante, en marquant ses profondeurs de telles manifestations du génie humain, signes de déférence et (ou) de puissance ?

S'il reste impossible d'affirmer avec certitude le sens que prenait pour les aurignaciens de Souabe en Allemagne et d'Ardèche en France la réalisation de ces œuvres, l'homme moderne les considère à l'évidence comme belles et ressent une profonde émotion esthétique à les contempler. Les techniques et les formes d'expression artistique n'ont cessé de se modifier durant les trente mille dernières années. Cependant, nous pouvons nous arrêter à l'art aurignacien dans notre survol de l'évolution des capacités humaines à être sensible à la beauté et à la créer. Même s'il ne s'agissait pas alors de produire des objets d'art considérés seulement en fonction du plaisir esthétique qu'ils provoquaient, on ne peut plus établir de hiérarchie dans l'échelle du Beau. Les sculptures, les peintures antiques, classiques, modernes sont autres, leur finalité a évolué, mais personne ne pourrait avancer qu'elles ont progressé dans l'ordre du Beau. L'histoire humaine de la sensibilité artistique semble bien s'arrêter il y a plus de trente mille ans. C'est la preuve que l'homme est alors pleinement moderne. La reconnaissance et la production du Beau l'ont-elles aidé à le devenir ?

Le sentiment esthétique, essence et conséquence de l'évolution humaine

Selon les critères de l'anthropologie évolutionniste, une capacité humaine aussi universelle que l'aptitude à la perception du Beau doit avoir conféré, directement ou indirectement, un avantage sélectif. Les artistes en herbe de l'origine de l'humanité auraient tiré bénéfice d'une telle sensibilité. Les sociobiologistes actuels mettent en avant, à la suite d'Edward Osborne Wilson et de ses élèves, le pouvoir de l'artefact beau et de l'émotion qu'il engendre chez le partenaire sexuel éventuel dans la compétition pour se reproduire. Aux signes favorisant l'accouplement optimal entre mâles et femelles dans les mondes végétal et animal s'ajouterait en effet le pouvoir d'attraction des qualités de la production humaine. La queue du paon ou les bois du cerf laissent présager du fort potentiel génétique du reproducteur. L'hominisation est caractérisée par la sélection d'êtres aux capacités mentales de plus en plus développées. La perfection formelle de l'outil façonné, puis de l'œuvre d'art dotée d'une signification symbolique en témoignerait. L'aptitude artistique aurait ainsi, dès ses origines, constitué un facteur de séduction. L'usage fort ancien des matières colorantes par nos ancêtres pourrait militer en faveur de cette hypothèse.

Les bâtonnets d'ocre ou d'autres minéraux colorés n'étaient sans doute pas utilisés seulement pour le tannage des peaux ou pour leurs éventuelles propriétés médicinales. Il y a fort à parier que le tatouage, le maquillage, toutes les formes de peintures corporelles représentent l'une des premières manifestations artistiques dont il est bien sûr impossible de retrouver des traces. Une des caractéristiques de l'esprit humain est de prêter des intentions aux autres, d'imaginer ce que sont leurs pensées, leurs représentations mentales, en particulier les impressions que nous laissons en eux, et de s'efforcer de les manipuler. La conscience de soi commence par une reconnaissance de l'unicité de son être et de son corps, de l'existence d'un moi. Lorsque le chimpanzé sur le front duquel une tache colorée a été placée et qui s'observe dans une glace finit parfois, après plusieurs erreurs, par porter le doigt à son front et non à l'image réfléchie par le miroir, on admet alors qu'il manifeste une ébauche de conscience. L'appréhension de son corps est nécessairement associée au souci de l'effet qu'il produit chez autrui, le partenaire sexuel, le rival, l'adversaire ou le subordonné. Les animaux, y compris l'animal humain, sont capables d'innombrables expressions corporelles renforçant l'efficacité de la séduction, du défi ou de la menace. À toutes ces mimiques et attitudes, l'homme s'est sans doute avisé, il y a plusieurs centaines de milliers d'années, qu'il pouvait ajouter les parures, objets et décorations cutanées. Ainsi la peau humaine a-t-elle sans doute été ornée bien avant les parois des grottes. Cette pratique n'a plus cessé depuis, l'art du cosmétique étant l'un des plus anciens du monde.

Indépendamment de la sélection du sentiment esthétique en tant que moyen d'extension des possibilités d'influencer autrui, en particulier sur le plan sexuel, le sens artistique a selon toutes probabilités été essentiel dans le développement de la pensée symbolique des sociétés humaines. La beauté est un signe, puisqu'elle requiert d'être perçue pour avoir une signification. La beauté créée est dès lors un message, elle véhicule une information de qualité – esthétique – émise par une personne en direction des autres. Or ajouter à la communication traitant des faits, de l'espace et du temps, une dimension qualitative qui fait appel à l'émotion, accroît dans des proportions formidables l'influence de l'échange, et donc la socialisation qui constitue le cadre indispensable du développement humain.

Sous une forme ou sous une autre, le sentiment religieux paraît avoir été une phase commune à l'histoire de toutes les sociétés. Les origines pourraient en être, d'une part, le besoin universel d'exorciser l'angoisse d'une mort certaine dont un être capable de se projeter dans l'avenir prend conscience très tôt dans sa vie ; d'autre part, la nécessité d'expliquer le chaos du monde, des choses et des gens. Les esprits et les divinités donnent sens à l'inconnu et à l'inévitable, en particulier à la mort. Les rites funéraires, vieux d'au moins cent mille ans, manifestent sans doute le besoin de transformer la disparition définitive, la désintégration d'un être, idée impensable, en une forme de passage vers autre chose, vie après la mort, persistance de l'âme, fusion dans l'harmonie de la nature, possibilité de réincarnation, etc. Dans cette hypothèse, le sentiment religieux nécessaire pour détourner les hommes de l'angoisse insupportable d'un décès – catastrophe sans recours – aurait contribué à libérer leur créativité, à faciliter leur épanouissement. Ni les divinités ni les mythes ne sont cependant réductibles à des données positives de faits, d'espace et de temps ; ils impliquent des émotions auxquelles participent le sentiment esthétique et les artefacts qui le mobilisent.

L'objet beau ne participe pas seulement à un échange culturel et spirituel. Sa valeur n'est pas qu'esthétique, immatérielle, elle est aussi marchande ; il est un élément de troc et de commerce. Déjà au paléolithique, et de manière évidente depuis le néolithique (débutant il y a dix à onze mille ans, à l'apparition de l'agriculture), il existe des artisans, des ateliers dont les productions caractérisées par leur facture sont exportées très loin de leur site de fabrication. Aux premiers âges du fer, la civilisation hallstattienne, florissante en Allemagne, en Autriche et dans l'est de la France, importera des régions grecques des objets remarquables, parfois imposants, dont le plus beau spécimen est sans conteste le magnifique cratère de bronze de plus de deux cents kilogrammes, fabriqué à la fin du VIe siècle avant notre ère en Italie du Sud et acquis par la Dame de Vix, une princesse celte du nord de la Côte-d'Or actuelle, près de Châtillon-sur-Seine, où sont exposés le cratère et d'autres objets de sa sépulture. L'œuvre d'art est aussi un signe extérieur de richesse, et donc une marque de puissance qui a, selon de nombreux chercheurs, joué un rôle déterminant dans la transformation d'*Homo symbolicus* en *Homo œconomicus*

Au total, que ce soit parce qu'ils enrichissent les possibilités de l'échange – y compris marchand – en y intégrant la dimension émotionnelle, indirectement en tant qu'auxiliaires d'un sentiment religieux et de mythes fondateurs, ou parce qu'ils permettent d'exprimer la singularité créatrice d'un groupe humain, l'art et le sens du Beau tissent des liens sociaux essentiels. Ce sont là des constituants fondamentaux de la culture qui ne peut sans doute pas se concevoir sans aspiration, ou au moins sensibilité à la beauté. Or la spécificité principale du processus d'humanisation est le relais de l'évolution biologique par des phénomènes essentiellement civilisationnels. Les potentialités de l'esprit humain telles qu'elles sont déterminées par l'évolution génétique et le développement du cerveau n'ont, selon toute évidence, pas évolué depuis les premiers *Homo sapiens* quittant l'Afrique, il y a soixante-dix mille ans, pour peupler le monde et y développer l'art. En revanche, l'enrichissement culturel et technique n'a pas cessé.

Cela signifie que s'il était possible de comparer les itinéraires intellectuels d'un groupe de petits hommes vivant durant la même période mais les uns nés il y a soixante-dix mille ans et les autres dans les temps modernes, ils se révéleraient sans doute similaires à ceux de personnes nées toutes à la même époque. Les différences entre les individus ne dépendraient probablement pas de leur date de naissance. C'est donc bien l'empreinte du corpus des créations humaines laissée dans des circuiteries neuronales aux potentialités identiques qui fera la différence entre les savoirs et les pouvoirs des uns et des autres. Un être imperméable à toute émotion esthétique n'aurait selon toute probabilité pas pu emprunter ce chemin.

Les bases évolutives des critères de la beauté

Certains des fondements du sens du Beau sont à l'évidence innés, d'autres se sont développés au contact de cultures particulières, voire sont plaqués par un effet de mode. Parmi ce que tous les hommes, indépendamment de leur culture, trouveront beau, on peut ranger de nombreux spectacles de la nature. Un lever de soleil derrière les montagnes, semblant émerger de l'immensité d'un désert de sable ou d'une mer limpide et calme, les nuages effilochés et rougeoyants à la tombée du jour, la magnificence des formes et des couleurs du monde animal et végétal provoqueront partout une émotion esthétique, sans doute indépendante de toute éducation et de toute particularité culturelle. Il faut en conclure que le cerveau humain est programmé, depuis nos plus lointains ancêtres, pour répondre à ces perceptions par une sensation de bien-être, de satisfaction apaisante. Peut-être l'émotion et la paix de l'esprit ainsi créées se sont-elles révélées favorables à maintes activités mentales dont les performances ont constitué le facteur sélectif principal du processus d'hominisation.

Dans cette hypothèse, ce sont des conditions propices à l'enrichissement du psychisme humain qui auraient été sélectionnées puisqu'elles optimisaient la créativité des individus et de leurs sociétés. En effet, l'émotion partagée fait lien et fut sans doute un puissant facteur de cohésion sociale. On peut dès lors comprendre que les facteurs susceptibles de la déclencher, et ainsi de stimuler l'évolution mentale, aient été puisés dans l'environnement familier, dans les composants du cadre de vie des groupes humains, c'est-à-dire dans la nature. En utilisant un raisonnement par l'absurde déjà évoqué à propos de l'origine possible du sentiment religieux, il faut convenir que l'épanouissement psychique d'êtres émotionnellement insensibles à leur milieu, voire, pis, en permanence stressés par lui, en eût été sans conteste entravé. La sérénité bienheureuse que provoque la contemplation d'une nature familière laisse plus de liberté aux opérations de l'esprit.

Beauté et sexualité

Les classiques aussi bien que les philosophes Kant et Hegel insistaient sur la différence existant entre la gratuité du sentiment esthétique et les déterminants du désir. Cette conception est, bien sûr, combattue par Freud pour qui le sens du beau et la production artistique ne constituent qu'une partie émergée de l'iceberg de l'inconscient, du « ça » dans lequel on trouve, figés sous l'eau, tous nos refoulements, toutes nos pulsions dans lesquels la sexualité joue un rôle prédominant. Force est de constater qu'une partie importante de la beauté du monde telle qu'elle est appréhendée par l'homme est intrinsèquement liée aux processus d'attirance sexuelle, d'accouplement et de reproduction. Imaginons ce que serait le monde si la sexualité n'y était pas apparue, il y a environ un milliard d'années. Pas d'insectes multicolores, de poissons tropicaux chatoyants, de plantes à fleurs aux teintes si vives, des êtres uniformes et ternes se reproduisant par clonage, aucun effort de séduction, la crinière du lion, la roue du paon et les bois du cerf, sans intérêt, donc absents, pas d'hommes ni de femmes, bien sûr.

Il existe au moins deux explications possibles à la sensibilité esthétique de l'homme à nombre des signaux d'attraction sexuelle en usage dans le reste du monde vivant. Selon la première, ce sont là des éléments de l'environnement naturel qu'ont connu les hommes depuis leur origine, partageant en cela le statut d'un paysage ou d'un coucher de soleil. La seconde est fondée sur la transmission à l'homme par ses lointains ancêtres animaux d'un ensemble de comportements innés essentiels à la perpétuation des lignages, parmi lesquels les stratégies de séduction. Reconnaître que les groupes humains ont utilisé et utilisent dans leur tactique amoureuse des ornements, des couleurs vives, des mises en valeur de « crinières » naturelles qui miment plus ou moins les signaux en vigueur dans le reste du monde vivant ne vaut pas adhésion aux thèses de la sociobiologie qui peine à admettre l'autonomisation des processus culturels par rapport aux déterminants génétiques.

Des tests fort convaincants ont été pratiqués afin de déterminer si, au-delà des différences liées aux traditions et aux cultures, certains critères universels de la beauté physique du corps humain pouvaient être identifiés. Certes, on sait que, selon les époques et les peuples, les standards esthétiques varient beaucoup. L'opulence, pour ne pas dire l'embonpoint, est ici un gage de beauté alors que, là, on préfère la minceur, voire la maigreur. Il n'empêche. Des visages synthétiques, reproduisant les caractéristiques d'ethnies variées et toute une gamme de traits particuliers, ont été présentés à des personnes des deux sexes habitant les différents continents. Les préférences, c'est-à-dire les visages jugés les plus beaux, ont été partout les mêmes. Tous les observateurs auxquels s'adressait ce test ont sélectionné les portraits harmonieux et symétriques, évoquant la jeunesse. Pas de difficulté pour définir les standards de la symétrie et de la jeunesse. En revanche, *quid* de l'harmonie, au-delà du critère de symétrie ?

Cette question a été étudiée depuis des millénaires, aussi bien par les architectes que par les sculpteurs et les peintres. Des règles plus ou moins liées au « nombre d'or » définissant ce que doivent être les proportions harmonieuses des édifices et des corps ont été proposées ; les respecter permettrait à l'esprit humain de ressentir une impression de beauté. Sont-ce là les caractéristiques de partenaires sexuels idéaux, de spectacles de nature appréhendés comme beaux, ou des deux à la fois ? Les mêmes discussions et interrogations valent, bien sûr, hors du champ de l'émotion esthétique provoquée par les perceptions visuelles. De nombreux travaux portent sur les caractéristiques du chant des oiseaux et d'autres émissions sonores animales, et leur relation avec les règles de l'harmonie musicale.

On comprend que Picasso, en contradiction avec l'idéal d'un esthétisme asexué prôné par Hegel, ait déclaré que l'art était sexué ou n'était pas. Certes, une Vierge de Raphaël ou l'odalisque d'Ingres sont censées atteindre la sensibilité des spectateurs indépendamment du désir sexuel qu'elles pourraient éveiller. Cependant, n'est-ce pas là un bel exemple du refoulement et des racines pulsionnelles inconscientes de la création artistique évoquées par Freud ? Ou bien nous trouvons-nous devant un exemple du processus d'acculturation du sentiment esthétique ?

Faisons l'hypothèse que la sexualité soit, en effet, l'un des mécanismes de l'émergence du sentiment esthétique, reconnaissons avec Picasso que l'art ne peut qu'être sexué. Les processus d'appréciation de la beauté n'en sont pas moins aussi soumis à un processus culturel. Au départ, les corps puissamment différenciés, harmonieux et symétriques d'hommes et de femmes jeunes, à l'évidence aptes à la reproduction, constitueront une inspiration fréquente de la représentation du Beau. Les vulves de femmes des statuettes évoquant la fécondité, plus rarement des phallus érigés, font partie des motifs représentés partout par les artistes du paléolithique.

L'émotion procédera aussi du jugement porté sur le travail de l'artiste, sur la plus-value intellectuelle qu'il apporte à la représentation de la nature, sur l'illumination de l'œuvre par l'esprit d'un créateur. La création sera ressentie comme belle, plutôt que ce qu'elle représente, et cessera un jour de représenter quoi que ce soit. L'émotion naîtra d'une manifestation remarquable de l'âme humaine. Ce ressort est d'une telle puissance que l'émotion persiste lorsque toute évocation sexuelle de la forme représentée s'est évanouie. À un degré de plus, une image inspirée de la laideur apparaîtra d'une beauté supérieure. Le mystère et l'humanité émanant d'un autoportrait tardif de Rembrandt, la perfection avec laquelle ce peintre illustre la coexistence de la déchéance physique et de la dignité immense du modèle et de l'artiste seront alors les ressorts de l'émotion esthétique.

Il n'existe pas de limite à ce processus d'autonomisation de l'appréhension du Beau vis-à-vis de ses probables racines évolutives. L'art moderne, qui revendique souvent une telle autonomisation, en témoigne avec éloquence. L'œuvre est belle de la beauté de l'esprit de l'artiste, indépendamment de la forme sous laquelle elle s'exprime. Peut-être est-ce aussi la raison pour laquelle – le reproche lui en est souvent fait – beaucoup d'œuvres modernes peinent à rester en phase avec l'aspiration à une certaine universalité dont les philosophes classiques faisaient le critère distinctif entre l'objet du goût et la recherche du Beau. Cette évolution est cependant cohérente avec le relativisme culturel prôné par la pensée postmoderne.

La qualité d'une pensée, la cohérence et l'harmonie d'une théorie scientifique, l'exemplarité d'un parcours individuel pourront eux aussi évoquer une émotion d'ordre esthétique et être dits « beaux ». Un degré de plus, et c'est à un transfert et même à une inversion des valeurs que l'on assistera. La valeur esthétique reconnue à une œuvre sera l'un des critères de sa cote, de sa valeur économique. Celle-ci peut devenir telle qu'elle finira par s'imposer au jugement strictement artistique : à ce prix là, ce ne peut qu'être beau...

Il est extrêmement difficile d'identifier une caractéristique ou une capacité élémentaire qui serait le propre de l'homme. L'utilisation et la fabrication d'outils, la transmission de techniques et l'utilisation d'un protolangage assurant une communication diversifiée existent dans différentes branches du monde animal. En revanche, la sensibilité à une beauté que l'on apprend à créer, son autonomisation vis-à-vis du monde de nature et des signaux d'attraction sexuelle, ne s'observent sans conteste que chez l'homme. Ce fut sans doute là une conséquence précoce du développement de la conscience qu'elle contribue à amplifier. Facteur essentiel de socialisation, l'émotion esthétique partagée et la production artistique ont été des conditions de l'enrichissement de la pensée symbolique des groupes humains, des éléments du développement des échanges marchands, c'est-à-dire de l'avènement de ce que nous sommes, *Homo faber*, *Homo symbolicus*, *Homo œconomicus*.

5

Homo œconomicus

Les capacités des animaux non humains à créer une économie sont à l'évidence des plus réduites. Certaines colonies de fourmis d'Amérique du Sud établissent des champignonnières pour leur usage personnel. Elles découpent des feuilles dont elles tapissent certaines surfaces de leurs fourmilières, qu'elles ensemencent ensuite à l'aide de moisissures. La récolte effectuée, il ne leur reste plus qu'à la consommer.

D'autres races de fourmis, friandes du miellat excrété par des pucerons, se constituent des cheptels de ces insectes qu'elles installent confortablement en leur demeure, nourrissent et protègent des dangers extérieurs. Mieux même, ces « fines guêpes » de fourmis connaissent les points sensibles de l'abdomen des pucerons dont la stimulation incite ces derniers à émettre leurs excréments délectables.

On pourrait citer encore les fourmis couturières qui utilisent une larve en train de tisser son cocon pour solidariser entre elles des grandes feuilles dont elles se servent pour construire des chambres individuelles au sein du nid.

Bien entendu, les fourmis ne sont pas les seuls animaux à être ainsi doués et industrieux. En particulier, des abeilles aux guêpes et aux termites, nombreux sont les insectes sociaux aux performances étonnantes. Cependant, dans tous ces exemples, rien qui évoque le commerce. Les animaux peuvent accomplir des prouesses admirables, mais toujours dans le but d'en retirer un bénéfice direct pour leurs colonies. Les fourmis cultivatrices n'ont encore jamais échangé leur production de champignons contre du miellat de pucerons acquis auprès d'une colonie éleveuse.

Chez les oiseaux et les mammifères, on observe des comportements de partage où un individu dominant, après s'être servi le premier à une source de nourriture, en laisse pour les membres de son groupe. Des dons alimentaires sont parfois mobilisés dans le cadre d'une stratégie de séduction d'une femelle par un mâle qui, pour amadouer la belle, lui offre des mets de choix.

Dans tous ces exemples, les animaux se révèlent déployer une diversité de stratégies leur permettant d'assouvir leurs besoins élémentaires, se nourrir, se protéger dans leur habitat et se reproduire. Dans une conception darwinienne, il vaudrait même mieux écrire s'alimenter et bâtir pour se reproduire. Disposer d'une alimentation suffisante, se construire un logis pour se préserver, se multiplier et s'occuper des petits correspondent aux intérêts fondamentaux des bêtes qui y consacrent tous leurs efforts. En ce sens, tous les animaux, l'être humain en particulier, agissent de façon plus ou moins élaborée et complexe pour satisfaire leurs besoins, ceux de l'individu ou du lignage. Cependant, le commerce, moyen d'une redoutable efficacité pour œuvrer en faveur de ses intérêts, semble bien être, pour l'essentiel, une invention humaine.

Le seul bémol à cette affirmation vient d'une

expérience, publiée en 2005, rapportant des indices de comportement commerçant élémentaire chez des singes. Une éducation et un entraînement intensif permettent à des groupes de chimpanzés d'échanger de la nourriture contre des cailloux faisant office de monnaie. Cependant, cette ébauche de commerce se déploie uniquement entre des chimpanzés et leurs gardiens, et jamais entre les grands singes. Jusqu'à présent, on n'a jamais pu apprendre à certains d'entre eux à vendre de la nourriture contre un équivalent de monnaie. De plus, comme cela est fréquent pour les comportements élaborés auxquels on peut entraîner des bonobos ou des chimpanzés, ces savoir-faire acquis au contact de l'homme ne sont en général pas transmis entre singes, et ne constituent pas de ce fait des éléments d'acculturation d'une société de primates non humains. Au-delà d'un certain degré de difficulté des tâches enseignées par l'homme à son plus proche cousin primate, l'élève doué ne peut néanmoins pas devenir professeur auprès des siens.

Ce n'est pas la diffusion culturelle au sein d'un groupe qui est impossible : des observations et des expériences témoignent de ce que des techniques simples acquises par un singe, soit spontanément, soit au contact de l'homme, peuvent se répandre progressivement dans le groupe. L'exemple le mieux connu est celui d'une jeune guenon appartenant à un groupe de macaques japonais dans l'île de Koshima qui innova en matière de consommation de patates douces. Elle prit l'habitude de laver les tubercules dans l'eau afin de les débarrasser de la terre les souillant. La technique fut rapidement imitée par la mère de cette jeune femelle, par les proches, puis s'étendit progressivement au groupe jusqu'à se généraliser en une dizaine d'années.

Cependant, entre l'établissement d'une semblable culture technique élémentaire dans une société non humaine et l'apprentissage du maniement de l'ordinateur ou de rudiments du commerce relayés par des primates non humains, il y a un gouffre qui n'a à ce jour été franchi que par les homininés du genre *Homo*. Or l'appréhension puis la maîtrise du commerce en tant qu'outil puissant au service de ses intérêts sont des opérations cognitives fort élaborées.

Les capacités mentales du commerçant

Le commerce a débuté par le troc. Les pratiques de groupes ethniques qui, dépourvus de monnaie, ont vécu en autarcie jusqu'à il y a peu, le démontrent. Échanger un bien contre un autre, du miel contre un quartier de viande, une force de travail, une aide physique contre de la nourriture, implique déjà une aptitude développée à l'abstraction. Il faut en effet être en mesure de convertir des objets différents, voire des objets et des services irréductibles les uns aux autres, en une valeur similaire reflétant le niveau d'intérêt et d'appétence manifesté à leur égard.

De plus, l'échange équilibré implique en général un décalage chronologique entre l'acte lui-même et la satisfaction qu'on en espère, ce qui implique la perception du temps qui passe et la faculté de se projeter dans un avenir, même proche. Or nous l'avons vu, cette capacité s'est développée de manière considérable chez l'homme. Seul ce dernier semble en mesure d'échanger, par exemple, la dépouille d'une antilope contre des outils dont il envisage de faire bientôt un usage qui lui permettra de satisfaire ses besoins. À un degré de plus, l'abstraction de l'échange équitable entre des produits, des biens et des services de valeur équivalente, c'est-à-dire pour lesquels on manifeste un intérêt de même grandeur, aboutira à la matérialisation de cette valeur. C'est alors la création des premières monnaies, étalon universel des transactions commerciales. Une peau de bête peut s'échanger contre une sagaie à pointe d'os ou une hache en pierre taillée car elles sont de valeur équivalente. Si l'on quantifie cette dernière par cinq galets ouvragés de formes et de poids fixés, ceux-ci permettront désormais d'acquérir ces biens hors de la procédure du troc. Se posera alors la question de l'autorité certifiant la valeur de l'artefact monétaire, c'est-à-dire en contrôlant la masse en circulation.

La relation commerciale entre individus implique aussi une capacité psychologique puisque le prix proposé pour un bien dépendra de l'idée que se fait le vendeur du désir qu'a l'acheteur de l'acquérir. Sans capacité de s'interroger sur les états mentaux de son vis-à-vis, il n'y a pas de commerce possible.

La généralisation des échanges marchands, fruit de l'accroissement des aptitudes cognitives de l'homme en société, va en retour contribuer avec efficacité au développement de celles-ci. La rationalisation du troc, la souplesse démultipliée des échanges introduite par l'usage d'un intermédiaire monétaire vont permettre d'instaurer une certaine division du travail entre les membres d'une communauté. Les tailleurs de pierre et les premiers artistes artisans pourront se procurer les produits collectés par les chasseurs cueilleurs sans se livrer eux-mêmes à cette activité. La qualité des artefacts artisanaux bénéficiera de la sorte de cette spécialisation à laquelle ceux qui s'adonnent à la chasse trouveront eux-mêmes leur intérêt puisqu'ils seront en mesure d'acquérir, par exemple, des armes de meilleure qualité.

La position dominante du chef et des classes les plus élevées dans la hiérarchie communautaire se manifestera par l'accumulation de moyens de paiement et de signes extérieurs de richesse leur conférant prestige et puissance. La stratification hiérarchique de la société sera encore accrue par le pouvoir d'agir sur l'outil monétaire lorsque ce dernier se sera développé.

Au total, seul *Homo* peut être *œconomicus*, au même titre que *symbolicus*, parce qu'il est doté des propriétés biologiques nécessaires pour devenir homme. En retour, c'est parce qu'il fut et est *œconomicus* (et *symbolicus*) qu'il a pu sans doute édifier des sociétés humaines et humanisantes. Autour de ce concept selon lequel l'approche économique constitue une spécificité essentielle de l'être humain s'est constitué un schéma politique, social et idéologique aujourd'hui dominant.

Des débuts de l'histoire au libéralisme

L'importance de l'activité économique dans l'histoire des peuples humains est une évidence. La lame de pierre gravée de figures géométriques datant d'environ soixante-dix mille ans et trouvée en Afrique du Sud (grotte de Bomblos), déjà évoquée, pourrait, selon certaines interprétations, avoir été utilisée pour figurer des quantités. Le code d'Hammourabi, le plus ancien ensemble de lois écrites, date d'il y a près de trois mille huit cents ans. Il se présente sous la forme d'une compilation de décisions de justice du roi de Babylone, Hammourabi. Gravé sur un bloc de basalte dont il existait des copies disposées dans tout le royaume, le texte est écrit en caractères cunéiformes akkadiens.

Ses différents articles fixent les règles de la vie courante, en particulier du commerce et d'autres activités économiques : y sont précisés les prix, les honoraires des médecins, les salaires, la responsabilité professionnelle, etc. On y aborde des situations très précises concernant les prêts, les rémunérations, les contrats, les fermages.

Déjà quelques milliers d'années auparavant entre le Tigre et l'Euphrate, avant même la naissance de l'écriture proprement dite, des dessins stylisés, ancêtres des idéogrammes, représentaient des objets et des êtres faisant l'objet d'échanges marchands. C'est de cette époque que datent aussi, il y a plus de cinq mille cinq cents ans, des petits jetons d'argile ou de pierre sans doute affectés d'une valeur convenue et utilisés comme des unités de compte. En France, bien plus tardives mais également antérieures à l'adoption de l'écriture par les peuples concernés, nombre des gravures de la vallée des Merveilles, dans le Mercantour, figurent la richesse des propriétaires de l'époque en têtes de bétail et, peut-être, enclos.

Le développement de l'agriculture et de ses échanges, l'accumulation des richesses qu'elles permettaient avaient en effet rendu d'une nécessité impérieuse le perfectionnement des outils du commerce. Ce sera sans doute là l'une des racines de l'écriture. Parmi les premiers textes écrits mésopotamiens que l'on a réussi à déchiffrer, on trouve des recettes techniques (fabrication de la bière) et des éléments de codification du commerce. Par la suite, l'histoire des peuples et des civilisations sera toujours parallèle à, et souvent influencée par les réalités économiques. La puissance phénicienne est avant tout commerciale et la rivalité entre Carthage et la République romaine, à laquelle mettra fin la troisième guerre punique, a bien sûr une dimension marchande.

C'est l'opulence des civilisations gréco-latines et gallo-romaines qui attire comme un aimant les vagues successives des grandes invasions, la victoire des Barbares n'aboutissant à une conquête durable que si elle se prolonge par l'édification d'une société prospère.

Sans familles patriciennes fortunées et riches propriétaires terriens, le prodigieux épanouissement de l'art, en particulier des mosaïques, en Africa romaine (actuelle Tunisie et est de l'Algérie) ne se serait pas produit. La même observation vaut pratiquement en tous lieux et de tout temps, comme l'illustre, entre mille autres exemples, la contribution de l'activité marchande de Venise et de l'opulence qu'elle a entraînée à la magnificence de la cité, ou bien le rôle des Médicis dans la splendeur de l'art florentin. De l'Extrême au Moyen-Orient, chacun sait l'influence économique, artistique et politique de la route de la Soie par laquelle transitait le commerce du précieux textile.

La prise de conscience de ce que l'homme seul est doté des dispositifs mentaux l'autorisant à agir dans le sens de ses intérêts grâce au développement des relations commerciales ; l'observation du rôle éminent joué par le troc et le commerce dans l'humanisation des primates du genre *Homo*, le développement des civilisations et l'histoire des peuples, devaient conduire à élever l'acteur économique au rang d'archétype de l'être humain.

Telle est, en particulier, la conviction au cœur de la pensée libérale qui a été, pour l'essentiel, explicitée au XVIIIe siècle par des auteurs tels Montesquieu, Bernard Mandeville et, surtout, Adam Smith.

Résumons. Tout homme agit en fonction de ses intérêts : pour satisfaire ses besoins et ses désirs, y prendre plaisir et éviter la douleur. Être social dont le bien-être et le développement dépendent aussi des autres, le primate humain est doté d'empathie envers ses semblables, il est capable de sympathie. Cela dit, la raison et le sens moral représentent, pour l'essentiel, des artifices d'un esprit à la poursuite de ses intérêts et en quête du plaisir. (David Hume). Cependant, le libre cours des égoïsmes individuels est *in fine* garant du mieux-être collectif et du progrès, à la condition expresse de n'en pas perturber les manifestations. Les potiers rivaliseront d'habileté et de perfection, non pas dans le but premier d'aider au mieux les utilisateurs de leurs pots et de leurs plats, de satisfaire leur sens esthétique, mais plus prosaïquement afin de vendre plus que les concurrents, et ainsi d'optimiser leurs gains personnels. La meilleure garantie pour le consommateur de manger du bon pain n'est pas la bienveillance et l'altruisme des boulangers, mais leur concurrence impitoyable (Adam Smith). De la sorte, les vices privés conduisent aux vertus publiques (Bernard Mandeville).

À l'échelle de la société, ces mécanismes du marché conduisent l'homme, comme mû par une main invisible, vers l'amélioration du sort de chacun (Adam Smith). Toute perturbation d'un tel équilibre naturel reflétant les dispositions essentielles d'*Homo œconomicus* risque de nuire à l'efficacité du système et donc d'en amoindrir les bienfaits escomptés. « Laisser faire » est ainsi impératif.

L'inégalité entre les personnes est inéluctable puisque, en tous domaines, la compétition motrice du progrès économique doit désigner des vainqueurs et des vaincus. Cependant, ces formes de victoires et de défaites sont génératrices d'enrichissement public, bien à rebours des conséquences en général déplorables des conflits armés. Ces derniers perturbent les subtils équilibres économiques, enrayent la machine et sont donc néfastes à la collectivité. Le « doux commerce », condition de la prospérité, pâtit des conflits, et est ainsi facteur de paix (Montesquieu).

Les inégalités qu'il engendre sont consubstantielles à la société libérale puisqu'elles en constituent le moteur. Or elles peuvent devenir choquantes et intolérables pour un être doté d'empathie et capable de manifester, de ce fait, sa sympathie envers des citoyens accablés d'un malheur excessif. Un sentiment d'injustice peut alors croître au sein de la société et constituer un ferment de tumultes et de révoltes. Il est par conséquent impératif que le champ reste ouvert à la dénonciation de situations choquantes, d'injustices flagrantes afin d'en pouvoir corriger l'excès et éviter de la sorte que des révoltes populaires ne viennent entraver le doux commerce. En ce sens, libéralisme politique et libéralisme économique vont de concert.

C'est à ce niveau que doit intervenir l'État, que la puissance souveraine soit monarchique ou républicaine. Dans le respect scrupuleux de tout ce qui appartient à la sphère privée des personnes, dont la confrontation féconde une société interactive et concurrentielle, le gouvernement de la sphère publique doit avant tout faciliter le libre fonctionnement des rouages du système et assurer l'efficience de mécanismes autocorrecteurs. Une telle conception s'oppose à l'idéal républicain chanté par Jean-Jacques Rousseau et défini par la toute-puissance de la volonté exprimée par le peuple souverain attaché aux règles, non seulement de la liberté, mais aussi de l'égalité et de la fraternité.

En ce qui concerne les libéraux, la volonté souveraine est suspecte en ce qu'elle risque de perturber le mécanisme naturel du marché, seul garant de la prospérité collective. Pour eux, la contribution du citoyen au développement social est essentiellement limitée à son combat individuel en faveur de la satisfaction de ses intérêts et, le cas échéant, à une intervention correctrice relayée par l'État permettant de porter remède à des injustices inacceptables, sinon sources de conflits. *Homo œconomicus* est bien l'être essentiel de la société libérale.

Compétition économique et sélection naturelle

Pour la pensée libérale, la lutte d'*Homo œconomicus* à la poursuite de ses intérêts égoïstes constitue le déterminant principal des actions humaines. Pour la sociobiologie darwinienne, il s'agit plutôt de la compétition entre tous les êtres vivants pour se reproduire et assurer leur lignage. Ces deux formes de naturalisation des ressorts de l'humanité ont en réalité convergé dès l'origine, c'est-à-dire dès la publication des ouvrages de Charles Darwin. Il se peut d'ailleurs que l'une des sources d'inspiration de ce dernier lorsqu'il proposa la sélection naturelle en tant que moteur de l'évolution ait été la concurrence économique. Dans l'un et l'autre cas, on assiste à une véritable lutte pour la vie, de l'entreprise ou du lignage.

Même si cette référence de Darwin à Adam Smith demeure douteuse, le mouvement inverse, c'est-à-dire la transposition immédiate par les libéraux des mécanismes du darwinisme au champ économique, est une évidence. Le darwinisme social dont Herbert Spencer, contemporain de Darwin, fut l'un des tout premiers adeptes et propagandistes assimile de façon explicite les combats économiques et sociaux à la lutte pour la vie dans la nature sauvage. Dans l'un et l'autre cas, la victoire des plus aptes et l'élimination des inaptes sont censées constituer le moteur essentiel du progrès qu'il ne faut perturber à aucun prix. Pas question, par conséquent, de venir en aide aux entreprises menacées de disparition, ou de protéger par des dispositifs solidaires des couches sociales de qualité inférieure et vouées à la défaite, voire à la disparition. « Laisser faire » s'entend alors dans sa double signification économique et évolutive. Dans la compétition commerciale ou reproductive, l'altruisme est contre-productif, ou alors ne constitue qu'un artifice au service de l'égoïsme sacré générateur de progrès.

Ce progrès, remplaçant les entreprises et les êtres dépassés par d'autres de qualité supérieure, constitue une amélioration souhaitable sur le plan moral. En contrepartie, toute entrave à la logique égoïste de la victoire des plus forts s'y oppose et apparaît de ce fait immorale. Tels sont les fondements de la morale évolutionniste de Spencer et de ses continuateurs dont l'influence reste puissante en ce début du XXIe siècle.

La sociobiologie d'Edward O. Wilson et de son courant parachève l'intégration des motivations d'*Homo œconomicus* dans les mécanismes de l'évolution. La puissance économique, au même titre que la créativité artistique, est alors vue comme un des éléments parmi d'autres de la compétition sexuelle. Dans les sociétés humaines, les femmes attachent un prix au moins égal aux potentialités économiques et aux dons artistiques des hommes qu'à leurs qualités physiques, et fondent ainsi plus volontiers une famille avec des partenaires riches et créatifs qu'avec des colosses magnifiques sans le sou ni cervelle.

L'intérêt principal des hommes et des femmes est bien, dans la vision sociobiologique, de se reproduire en donnant toutes leurs chances à leurs rejetons ; la richesse et, donc, le succès économique du partenaire en constituent un moyen efficace. Les aptitudes commerciales d'*Homo sapiens* peuvent de la sorte être assimilées à des attributs de séduction. La libre concurrence capitaliste en est ainsi doublement légitimée : en tant qu'organisation normale de la société humaine, reproduisant fidèlement les mécanismes de la lutte pour la vie ; et en tant que système propice au déploiement des artifices de séduction de nature économique dans l'intérêt reproductif des hommes et des femmes.

Toute contestation de ce système apparaît de la sorte perverse ou pathologique puisqu'elle constitue une entrave au progrès et nie l'évidence d'un phénomène de nature. La tendance normale du monde est d'adopter universellement ces standards, d'où le phénomène de globalisation dont le succès a pu inciter l'Américain Francis Fukuyama à annoncer « la fin de l'histoire » (1992). La conviction dont fait preuve la pensée libérale d'être fondée sur des processus naturels possédant la consistance et l'efficacité des mécanismes de la sélection naturelle darwinienne, l'ivresse engendrée par son efficacité et ses succès, expliquent la robustesse triomphante et dominatrice de cette pensée, son inaccessibilité apparente au doute, voire ses dérives messianiques.

Pour les néoconservateurs américains et George Bush, le peuple américain a reçu la mission divine de convertir le monde entier aux prescriptions de la loi naturelle fondée sur la libre entreprise, la concurrence commerciale sans entraves et le respect scrupuleux des règles du marché.

La tentative d'enraciner une doctrine économique dans une réalité biologique, de la naturaliser, n'est pas propre au libéralisme. Friedrich Engels, compagnon de Karl Marx, prit, le premier, connaissance des travaux de Darwin alors qu'il vivait en Angleterre où il dirigeait une entreprise familiale. Il attira l'attention de Marx, encore en Allemagne à cette époque, sur cette théorie : ne serait-elle pas de nature à expliquer les lois du matérialisme historique sur lesquelles Marx travaillait encore ? La référence marxiste est l'historicisme hégélien appliqué aux modifications des rapports de production, à leur évolution nécessaire et aux conséquences attendues de celle-ci sur les relations sociales. Le sens de l'Histoire ne reposerait-il pas sur des lois biologiques du type de celles décrites par Darwin ? Cette intuition déboucha sur un essai de prise de contact des pères du marxisme avec le pape de l'évolution, auquel ce dernier ne donna cependant pas suite. On en resta là.

Théorie des jeux et neuroéconomie

Selon le concept d'*Homo œconomicus*, la sélection naturelle aurait privilégié la sélection de primates du genre *Homo* dotés des aptitudes nécessaires pour optimiser leur intérêt grâce au développement de relations commerciales. En retour, ces dernières auraient contribué à accélérer le développement cognitif et social de l'homme. Les échanges à longue distance, la conduite des troupeaux vers des acquéreurs-consommateurs lointains pourraient même avoir contribué à amplifier les relations entre groupes humains différents, y compris les unions mixtes, facteurs de brassage génique. Pour toutes ces raisons, la capacité économique se serait révélée essentielle au développement humain. Reste à en déterminer les mécanismes psychologiques et les fondements neurobiologiques. Tel est l'objectif d'une discipline nouvelle, la neuroéconomie. Elle se fonde sur l'identification des comportements typiques d'agents rationnels poursuivant leurs intérêts propres grâce à des échanges d'ordre économique, et sur leurs corrélats neurobiologiques. Les deux approches centrales de cette nouvelle discipline sont les applications de la théorie des jeux et l'imagerie cérébrale fonctionnelle.

La théorie des jeux a été développée progressivement à partir de 1940 sous l'impulsion de chercheurs américains s'intéressant aux comportements de partenaires, par exemple engagés dans une négociation ou une transaction commerciale, dont les choix individuels influent sur le résultat final de la négociation et a des conséquences pour chacun. L'analyse détaillée de telles situations met en exergue le paradoxe de la coopération et de la réciprocité dans les sociétés humaines. On peut voir dans le très fameux « pari de Pascal » l'ancêtre d'une telle approche dont l'ouvrage *La Théorie des jeux et du comportement économique*, publié en 1944 par John von Neumann (l'un des pères de l'intelligence artificielle) et Oskar Morgenstern, marque la renaissance moderne. En économie, le jeu-référence est « le dilemme du prisonnier », imaginé en 1950 par Melvin Dresher et Merril Flood, de la *Rand Corporation*, un *think tank*, basé en Californie et qui s'intéresse au processus décisionnel en politique et en économie. Ce dilemme met en scène deux suspects arrêtés et emprisonnés séparément par la police. L'un est coupable, l'autre innocent. On leur laisse le choix suivant : se taire l'un et l'autre, et ils seront alors condamnés à deux ans d'emprisonnement. S'ils nient tous deux leur responsabilité, ils seront punis chacun de quatre ans d'emprisonnement. En revanche, si l'un d'entre eux refuse de répondre et que l'autre s'affirme innocent, le premier sera envoyé pour cinq ans en prison alors que le second sera immédiatement libéré.

L'intérêt du coupable est, bien sûr, de se déclarer innocent car, ainsi, il ne risquera pas, en tout cas, de prendre cinq ans. L'innocent refusera bien entendu lui aussi sa culpabilité. Résultat, dans l'immense majorité des cas, ils prendront tous deux quatre ans. Pourtant, à y bien réfléchir, leur intérêt, s'ils avaient la possibilité de se concerter, serait de coopérer en refusant l'un et l'autre de parler. Ils ne prendraient alors, tous deux, que deux ans.

Cependant, l'expérience montre que même dans le cas où les deux suspects peuvent discuter ensemble, ils persisteront presque toujours à clamer l'un et l'autre leur innocence, ce qui est une stratégie à l'évidence déplorable. L'une des explications de ce comportement est l'aversion du risque dont témoignent de nombreux types de tests : la confiance en l'autre ne pouvant jamais être absolue, le prisonnier qui refuse de parler est conscient que si l'autre, malgré ses engagements, s'affirme non coupable, il prendra cinq ans, quelle que soit la réalité, le second étant libéré qu'il soit ou non innocent. L'origine d'un tel réflexe irrationnel d'évitement du risque est sans doute évolutive. Tous les animaux, programmés à se préserver du danger, se comportent plus ou moins ainsi.

La systématisation du « dilemme du prisonnier » met en jeu deux partenaires d'une transaction qui peuvent tous deux coopérer, et en retirer un bénéfice équivalent ; ou bien refuser toute collaboration, et ne rien gagner. Dans le cas où l'un s'engage et l'autre se défile, c'est ce dernier qui sera bénéficiaire puisqu'il partagera les gains sans avoir rien donné ou rien fait. Comme dans l'énoncé initial du jeu du prisonnier, la stratégie de la défection est initialement privilégiée car si le partenaire coopère, elle se révèle avantageuse alors que s'il s'abstient lui aussi, elle se révèle somme toute d'effet nul.

Imaginons maintenant des automobilistes empêchés de rentrer chez eux par une avalanche de neige barrant la route. Il faut dégager. Chacun peut s'y mettre, donner de sa personne pour le bénéfice commun. Cependant, si l'un d'entre eux trouve le moyen de tirer au flanc, il profitera du travail des autres et rentrera chez lui sans s'être fatigué, à la condition que tout le monde n'ait pas agi comme lui. Au fil de la répétition de telles situations, un équilibre fluctuant s'établira.

Si, une première fois, tous les protagonistes se sont abstenus et sont donc restés bloqués, cela les incitera à se mettre ultérieurement à l'ouvrage puisqu'il faut tout de même bien passer. En revanche, certains de ceux qui se sont échinés une première fois et qui prennent conscience qu'ils ont aussi travaillé pour des paresseux seront peut-être incités à s'abstenir la fois d'après.

Des scénarios de même type peuvent être conçus, dans lesquels la participation à une action financière mutuellement profitable remplace la mobilisation pour le déneigement. L'expérience et sa modélisation mathématique démontrent que la tendance théorique à privilégier, tant que cela est possible, son intérêt sans souci des autres, de l'intérêt commun, et donc des principes moraux, peut être contrecarrée par plusieurs mécanismes. Les ressorts évoqués pour rendre compte de ce paradoxe sont la réciprocité directe, la réciprocité indirecte ou altruiste, le souci de la réputation et la présence de redresseurs de torts.

Si les échanges se répètent, chaque individu acceptant de coopérer peut espérer bénéficier ultérieurement d'une action réciproque. De plus, il peut être soucieux de sa réputation, promesse d'une bienveillance ultérieure à son égard. L'échange entre deux partenaires étant observé par des tiers, ceux-ci peuvent en effet être enclins ultérieurement à modifier leur attitude envers les coopérateurs et les profiteurs, s'engageant au bénéfice des premiers et refusant toute relation avec les seconds : c'est ce que l'on nomme la réciprocité indirecte, facilitée par le jugement moral positif de l'attitude altruiste, et négatif du refus de coopérer, c'est-à-dire par la capacité humaine à l'empathie et à la sympathie.

L'équilibre dans le groupe est également influencé par la présence de redresseurs de torts, c'est-à-dire d'individus disposés à punir les partenaires égoïstes, même lorsque cela ne leur apporte rien, voire leur coûte. Une telle attitude est appelée la punition altruiste.

Telles sont certaines des motivations des différents agents de l'économie censées, selon les disciples de Neumann et les économistes théoriciens modernes, expliquer l'essentiel de leurs comportements et de leurs fluctuations. C'est à ce stade que se sont développées, à partir de la fin des années 1990, des études par imagerie cérébrale fonctionnelle de joueurs soumis à différents tests supposés mimer des relations commerciales réelles.

Des zones particulières du cerveau semblent s'activer chez des personnes dont le comportement est mû avant tout par l'aversion du risque, par le désir de coopération altruiste ou par le souci de punir un partenaire égoïste et profiteur. En particulier, l'échange avec un partenaire ayant préalablement témoigné de sa loyauté, voire de sa générosité, active les zones intervenant dans la sensation de plaisir, ce qui doit être rapproché de la connotation morale positive de telles actions. À l'inverse, un comportement appréhendé comme déloyal, qu'on en soit la victime directe ou le témoin, va de pair avec l'activité des régions cérébrales associées au sentiment de dégoût et de rejet.

Dans un autre type de tests, des personnes se voient proposer des gains immédiats et modérés, ou bien, au terme d'une action plus ou moins complexe, des bénéfices retardés mais potentiellement beaucoup plus importants. Dans le premier cas, les zones activées sont celles impliquées dans les émotions agréables, le plaisir, alors que, dans la seconde situation, des aires cérébrales plus étendues participant à des traitements cognitifs élaborés sont recrutées.

Autour de ces approches concertées à l'interface entre la modélisation, l'économie, la psychologie e neurobiologie, se monte aujourd'hui toute une série de sociétés commerciales de services dont le but est de mieux prévoir les réactions du public à des opérations financières ou commerciales, à des campagnes publicitaires. L'analyse par imagerie cérébrale associée à des études psychologiques de témoins confrontés à de tels projets ou à de telles campagnes permettrait, selon les partisans de ces méthodes, d'en mieux prédire l'impact, c'est-à-dire d'en parfaire le montage, la présentation et le lancement.

Du doux commerce à la neuroéconomie : une analyse critique

Faire reposer l'essentiel des motivations humaines sur la poursuite par chacun de ses intérêts – accéder aux plaisirs, en particulier à ceux que procurent la puissance et la richesse, et se reproduire – est un concept simple. L'efficacité opérationnelle et productive des systèmes qui s'appuient sur lui semble en accroître la crédibilité.

Dans l'histoire, on a vu plusieurs fois le moteur de l'intérêt être remplacé par une passion d'autre nature, religieuse, idéologique, politique ou révolutionnaire. C'est la foi, éventuellement renforcée par le souci du salut individuel, qui motive les bâtisseurs de pyramides, de temples, de cathédrales, de monastères ou de mosquées. Les révolutions soviétique et chinoise ont, au moins dans un premier temps, mobilisé des énergies formidables pour bâtir, défricher, électrifier les campagnes, faire décoller la production industrielle, développer la science et la technique, renforcer la puissance militaire...

Cependant, l'expérience a témoigné aussi du caractère non pérenne des motivations fondées sur l'enthousiasme religieux ou le souffle révolutionnaire. En particulier, ce dernier connaît le même sort que la passion amoureuse : il s'assagit, se banalise, entraînant le déclin de l'ardeur qui lui était associée. Ainsi qu'en témoigne l'exemple de tous les régimes communistes au XXe siècle, le moteur du développement productif se grippe alors, les pays concernés produisant des biens très inférieurs en qualité et quantité à ceux des systèmes établis sur la concurrence entre les individus et les entreprises à la poursuite de leurs intérêts propres. Toute libre compétition commerciale devient alors impossible, ce qui rend encore plus étanche la fermeture des frontières et augmente l'isolement du pays souvent décidé d'abord pour des raisons politiques. S'enclenche alors une spirale de déclin.

C'est un tel processus qui a eu *in fine* raison de tous ces régimes, sauf de ceux qui ont repris à leur compte le mot d'ordre libéral du « enrichissez-vous », la Chine au premier chef et, en une moindre mesure, le Viêtnam. En d'autres termes, l'élan révolutionnaire retombé, ces tentatives ont buté sur l'incapacité de le remplacer par d'autres mécanismes incitant à l'engagement individuel et collectif, au dépassement de soi.

Cela dit, de nombreuses objections peuvent être formulées à l'encontre de la logique d'*Homo œconomicus*. La première d'entre elles revient à contester l'idée selon laquelle l'intérêt réel de l'humanité dans son ensemble, voire le bonheur de ses membres, impose la fuite en avant du « produire toujours plus ». Nombreuses sont les ethnies, les sociétés ayant vécu dans un grand isolement jusqu'à il y a peu, dont l'organisation et la vie sont articulées autour de l'idée d'un équilibre harmonieux de l'homme au sein de la nature, et non d'une maîtrise croissante de celle-ci. Bien sûr, lorsque ces peuples furent confrontés au modèle européen, ils ne firent pas le poids en termes de puissance technologique et militaire ; ils furent conquis, colonisés, décimés, voire balayés et éliminés. En revanche, la question reste ouverte en ce qui concerne les conditions favorables à la sérénité et à l'épanouissement intellectuels et spirituels des personnes.

L'illusion selon laquelle les mécanismes autocorrecteurs de la société libérale et les effets du doux commerce seraient de nature à limiter l'accroissement des inégalités et à éviter des guerres et des conflits, mérite aussi d'être dénoncée. Dans le passé, les succès de ce type de société n'ont guère évité les guerres dont la plupart ont eu des causes économiques : accès aux sources d'énergie, à la mer, aux marchés... La colonisation de l'Amérique et le génocide des Indiens, le développement des empires en Afrique et l'esclavage, la mise en couple réglée des riches civilisations du Proche, du Moyen et de l'Extrême-Orient s'inscrivent toutes dans une logique libérale et commerciale.

Le progrès mû par l'égoïsme sacré vanté par les pères de l'idée libérale ne porte guère au souci des générations futures. En effet, par définition, les mécanismes gouvernant le comportement des partenaires commerciaux, selon la théorie des jeux, sont d'une grande myopie temporelle. L'aversion du risque, la réciprocité directe ou indirecte ne valent que pour soi-même et pour les personnes avec qui l'on peut être amené à échanger. Tel n'est pas le cas de ceux qui naîtront demain. Aussi, la satisfaction des intérêts d'agents rationnels vivants et l'accroissement continu de la production qu'elle implique se sont réalisés sans aucun souci de la préservation de l'environnement, indépendamment de toute volonté de léguer à nos descendants un monde compatible avec l'épanouissement d'une vie authentiquement humaine, pour reprendre les termes du philosophe écologiste Hans Jonas.

Les conséquences de cette insouciance de l'avenir à laquelle conduit le moteur de la productivité libérale sont connues de tous : destruction des espèces vivantes végétales et animales, sur terre et en mer ; effet de serre ; changement climatique ; désertification ; ouragans à répétition ; développement massif de foyers de population en des zones exposées aux avalanches, aux glissements de terrains, aux tremblements de terre, aux inondations et aux raz-de-marée ; raréfaction de l'eau renouvelable ; déforestation ; accumulation de déchets divers.

Pour qui parcourt le monde, en particulier les pays pauvres du Sud, le spectacle récurrent est celui d'une terre comme étouffée, asphyxiée par l'accumulation des ordures humaines au premier rang desquelles on trouve les sacs plastique, non seulement dans l'environnement des grandes cités, mais aussi dans n'importe quelle terre agricole reculée. Si l'homme disparaissait à la suite d'une catastrophe et que la Terre était visitée dans quelques milliers d'années par d'autres êtres vivants en provenance du cosmos, ce sont ces déchets-là qui persisteraient surtout.

Il faudrait ajouter à ce peu reluisant tableau la multiplication des ruines d'usines abandonnées, des toxiques d'origine chimique engendrés par l'activité industrielle et agricole, les particules en suspension dans l'air que nous respirons, et la liste n'est point complète. L'enrôlement massif des deux pays les plus peuplés du monde, l'Inde et la Chine, dans la course à la production rend certaine l'aggravation des menaces pour l'environnement.

La myopie constitutionnelle du monde des affaires vis-à-vis du futur s'est encore aggravée depuis quelques décennies, conséquence de l'adoption généralisée d'une logique purement financière. Aux origines de la pensée libérale, la monnaie était un outil privilégié du commerce d'objets ou de services dont le prix reflétait la valeur accordée au travail nécessaire pour les produire, elle-même fonction de la rareté des biens et de l'intensité de la demande. Ce lien entre production, travail et numéraire ne sera jamais remis en question par les économistes, qu'ils soient libéraux ou marxistes, jusqu'aux années 1960. Là, sous l'impulsion de Milton Friedman, son chef de file, l'école économique de Chicago théorisera la nécessaire « autonomisation » de la monnaie, la masse monétaire, imposée de manière exogène par des établissements bancaires autonomes, devenant le régulateur de l'économie, et non son intermédiaire. Cette révolution conceptuelle est à l'origine du courant monétariste moderne bien illustré par les thèses et la politique du Fonds monétaire international.

Peu à peu, le langage et la pratique économiques changent. Produire pour s'enrichir devient un concept dépassé, le nouveau mot d'ordre étant de « créer de la valeur », à court terme si possible, quels qu'en soient les moyens : spéculation sur le cours des devises et l'évolution des taux de change aussi bien que sacrifice de pans entiers de la production, voire casse des entreprises et désastres sociaux censés être le prix à payer pour des rétablissements différés incertains et dont les salariés ne bénéficient guère. Jadis, le bon chef d'entreprise était celui dont la clairvoyance était garante du succès à long terme de sa société. Aujourd'hui, c'est le gestionnaire qui crée suffisamment de valeur, trimestre après trimestre, pour satisfaire des actionnaires dont l'enthousiasme sera décuplé par la perspective de licenciements ou d'une OPA hostile, fort prometteuse en ce qui concerne les cours de l'action sinon la pérennité de l'affaire.

La globalisation des échanges commerciaux, logique ultime de l'idée du doux commerce, constitue également un facteur favorable au développement des tensions et des violences sociales, ainsi que du terrorisme. En effet, l'une des conséquences de la mondialisation de l'économie est de faire perdre aux mécanismes autorégulateurs essentiels à la stabilité des sociétés libérales une partie de leur efficacité. Pour Adam Smith et ses contemporains, rappelons-le, le libéralisme politique associé à la liberté d'entreprendre devait aussi favoriser la contestation populaire des inégalités les plus choquantes, et donc les maintenir à un niveau acceptable. Sinon, l'indignation de citoyens confrontés à des injustices moralement inacceptables pourrait les conduire à la révolte dont l'économie a tant à pâtir.

Les possibilités infinies de délocalisation des activités productives vers des bassins d'emplois à faibles coûts salariaux et à protection sociale rudimentaire s'opposent avec une redoutable efficacité aux revendications locales.

Les conséquences depuis plus de dix ans ont été analysées maintes fois. Dans tous les pays, développés ou en cours de développement, les écarts de revenus se sont accrus dans des proportions considérables. Certains salariés disposant d'un emploi sont aujourd'hui en deçà de la limite reconnue de pauvreté. Un nombre non négligeable d'entre eux ne disposent plus d'un logement individuel. La pression est considérable dans tous les pays pour imposer aux travailleurs une augmentation de productivité, éventuellement de durée du travail, sans progression salariale, voire associée à des baisses de revenus. En d'autres termes, l'équilibre qui s'était peu à peu et difficilement établi au XXe siècle entre les revenus du travail et ceux du capital est partout remis en cause. Tout se passe comme si les possédants et les actionnaires prenaient leur revanche sur les salariés et leurs organisations, ne leur pardonnant pas l'efficacité de leurs luttes passées.

Par une singulière inversion de langage, la réforme dont la nécessité est vantée partout a cessé de désigner un progrès social, fruit du compromis entre les agents économiques selon la conception de la social-démocratie mondiale, pour devenir synonyme d'un abandon contraint d'avantages acquis grâce aux luttes passées de générations d'ouvriers et d'employés.

Pour ceux-ci, le Progrès, conçu depuis le XVIIIe siècle comme l'amélioration conjointe des connaissances, des techniques et des conditions de vie, devient l'alibi d'une remise en cause de ces dernières au nom de l'accroissement de la productivité et de la compétitivité, et donc de richesses dont la part revenant à ceux qui les produisent diminue peu à peu. Il s'ensuit une réaction populaire permettant aux libéraux de prétendre qu'ils ont repris le flambeau du progressisme, tous ceux s'opposant à leurs réformes devenant *ipso facto* des conservateurs.

À un degré de plus, le libéralisme économique le plus échevelé est totalement déconnecté des apparences mêmes de la démocratie dans un pays comme la Chine. Son extraordinaire compétitivité est liée non seulement au travail et au génie propre de son peuple, mais aussi à une souveraine indifférence sociale associée à la mobilisation de l'appareil répressif contre les soubresauts qu'elle engendre. Le système est ainsi fondé sur quelques dizaines de milliers d'entrepreneurs dont certains deviennent vite richissimes ; quelques millions de membres des classes moyennes d'ores et déjà aisés ; deux cents à trois cents millions de travailleurs durement exploités mais qui ont accès aux miettes du grand bond en avant capitaliste de la Chine moderne ; plus d'un milliard de personnes, habitant les campagnes et émigrées de l'intérieur, qui connaissent une misère d'autant plus insupportable qu'elle côtoie la plus provocante des opulences.

Cette coexistence de la richesse et de l'extrême pauvreté se rencontre, en réalité, partout dans le monde : dans les grandes villes américaines ou européennes et plus encore à Mexico, Bogotá, São Paulo, Lagos, Le Cap, Bombay ou Calcutta. L'insécurité et la violence qui en résultent progressent en tous lieux, généralisant le modèle des communautés aisées vivant repliées sur elles-mêmes dans leurs quartiers favorisés, derrière leurs murs de protection et leurs grilles, parfois défendues par des supplétifs armés, seul moyen de se garantir de l'agressivité qu'entraîne la frustration des laissés-pour-compte. Pour qui a l'habitude de parcourir le monde, l'image s'impose d'une marée montante d'agressivité et de violence en réaction aux discriminations et aux inégalités, d'une nouvelle barbarie qui se met en place alors que s'étend la mondialisation libérale.

Les règles économiques et commerciales ne sont pas les seules à acquérir une valeur universelle. Les standards de la société normale et de la vie désirable s'imposent partout, eux aussi. Ils sont en particulier véhiculés par un réseau de communication qui est devenu planétaire et joue un rôle essentiel dans le phénomène de mondialisation. Le triomphe commercial de nombreux produits – pensons à Coca-Cola, aux chaînes d'alimentation rapide Mc Donald's ou à l'appareillage électronique – exige en effet une certaine convergence du goût des consommateurs. En conséquence, le monde entier est informé du modèle idéal de vie, et peut aspirer à y accéder.

Une telle espérance est cependant assurée de déboucher sur une déception. En effet, l'extension à six milliards quatre cents millions de personnes du mode de vie que connaissent les citoyens d'Amérique du Nord (États-Unis et Canada) et ceux d'Europe occidentale, est irréalisable dans les conditions de notre Terre. Chaque citoyen américain, par exemple, consomme annuellement cinq mille mètres cubes d'eau renouvelable. Collectivement, ils représentent 4 % de la population mondiale, mais utilisent 20 % de l'énergie produite. L'adoption de telles habitudes par la totalité des Terriens est par conséquent impossible, la tentative d'y parvenir faisant courir un risque écologique gigantesque à la planète.

Les conséquences d'une aspiration partagée par tous, mais vaine, d'un objectif vanté comme le plus désirable, mais hors d'atteinte, sont connues : incompréhension, hargne, révolte, terrorisme, quête désespérée du jardin d'Éden. Ce sont alors les pays nantis dans leur ensemble qui se transforment en communautés armées et barricadées pour faire face aux vagues successives de tous les damnés de la terre. Les petites enclaves espagnoles de Ceuta et de Melillia sur la côte marocaine, les îles des Canaries au large du

Sénégal, le rio Grande en Amérique du Nord, préfigurent de manière éclatante ce que sera l'avenir de quatre cents millions d'Européens, de trois cents millions d'Américains aux frontières desquelles poussent de toutes leurs forces des centaines de millions de personnes désespérées, peu chiches de leurs vies s'il s'agit de tenter d'accéder eux aussi au festin du développement qu'illustrent, jour après jour, tous les médias de la planète.

La bonne conscience en acier trempé des thuriféraires de la mondialisation libérale heureuse se fonde sur la certitude qu'elle reflète la nature profonde de l'homme et de ses sociétés. C'est habitée de cette conviction que se développe aujourd'hui la discipline de la neuroéconomie. Sans nier son intérêt intellectuel, la logique de ses modélisations, son ingéniosité et, en une certaine mesure, son intérêt opérationnel, il convient néanmoins de souligner aussi son évident caractère idéologique. C'est la certitude de la prééminence des ressorts économiques de l'action humaine qui mène à l'interprétation des données, et non l'analyse de ces dernières qui conduit à en déduire l'évidence des postulats de la neuroéconomie. Les neuroéconomistes font, par exemple, grand cas de la spécificité des zones cérébrales activées au cours de différentes opérations d'échanges marchands. L'espoir d'une rentabilité immédiate, on l'a vu, ne mobilise pas les mêmes aires que celui du succès escompté d'une opération plus complexe.

L'observation est en réalité banale, et elle serait du même ordre dans des contextes tout différents : assouvissement d'un désir sexuel immédiat avec un(e) partenaire consentant(e) dans le plus simple appareil, ou bien approche précautionneuse à des fins de séduction ; contemplation, lorsque l'on est affamé, d'un plat fumant de spaghettis à la bolonaise sur lesquels on s'apprête à se jeter, ou bien décision d'aller au supermarché pour acquérir des pâtes et des sauces et les préparer...

Dans tous les cas, la satisfaction d'un désir crée une impression de plaisir dont les corrélats neurobiologiques commencent à être bien documentés. De tels résultats ne disent au total rien de la hiérarchie comportementale des affects stimulant les centres de la satisfaction bienheureuse. La conception selon laquelle la poursuite par chacun de son intérêt économique constitue le seul moteur indiscutable de l'action humaine aboutit par ailleurs à une redoutable réduction des valeurs à leurs dimensions marchandes.

La réduction des valeurs

L'évaluation d'un projet, d'une procédure, d'une innovation, éventuellement d'une décision voire d'un objet, peut faire appel à trois catégories de valeurs.

La première englobe les valeurs scientifiques et techniques qui sont, respectivement, de l'ordre du plausible, du vrai, de l'utilité, de la sécurité. L'appréciation à ce titre d'un projet ou d'une réalisation est du domaine de l'expertise menée par des personnes dont la compétence sur les sujets abordés est reconnue.

Les valeurs de la seconde catégorie sont d'ordre économique : il s'agit de la valeur du travail, de la valeur d'usage, de la valeur ajoutée, de la valeur d'échange et de leur contrepartie monétaire. Toutes sont précisément quantifiables et peuvent s'exprimer sous la forme d'un prix dont la fixation dépend des différents paramètres économiques et des mécanismes du marché.

Restent enfin les valeurs immatérielles, l'ensemble de ce qui vaut la peine qu'on s'y intéresse, de ce qui importe aux citoyens, de ce à quoi on se réfère mais qui n'a pas de prix.

Les valeurs morales sont de l'ordre du Bien, les valeurs esthétiques de l'ordre du Beau. Un être autonome ou une collectivité, selon des procédures qui leur sont propres, vont se fonder sur ces différentes catégories et ordres de valeurs afin de déterminer le champ du légitime, du souhaitable et du désirable.

En définitive, le dilemme à résoudre se pose en ces termes : si ce que l'on propose est sans doute vrai, réalisable et raisonnablement sûr, si c'est là le moyen de développer un marché et d'accumuler des richesses, pour autant est-ce bien ? Est-ce légitime ? Est-ce souhaitable ?

L'avenir du XXIe siècle me semble dépendre en grande partie de la pertinence, persistante ou dépassée, d'une telle interrogation, et des procédures mises en œuvre pour la résoudre. Plusieurs périls menacent ici.

Les premiers sont liés à la confusion des catégories de valeurs, à l'établissement d'une hiérarchie entre elles, voire à la réduction des valeurs immatérielles d'ordre moral et esthétique à leurs dimensions économiques et techniques.

L'évolution des pratiques en matière de propriété intellectuelle sur les gènes illustre bien cette tendance. Les gènes sont des entités naturelles codant les propriétés biologiques des êtres vivants. Grâce aux progrès du génie génétique, on a appris à les connaître. Les biologistes séquençant l'ADN, support moléculaire des gènes, accèdent à cette connaissance et peuvent sans doute l'utiliser pour réaliser des inventions sur lesquelles ils revendiqueront une propriété intellectuelle. Quant aux gènes eux-mêmes, ils n'ont à l'évidence pas été inventés par les chercheurs qui en ont déterminé les caractéristiques. Cependant, les biotechnologies modernes reposant sur la connaissance des gènes font espérer un marché dont on prévoit qu'il pourrait atteindre les quatre à cinq cents milliards de dollars dans la décennie qui vient. Il semble donc rentable d'assimiler la connaissance des gènes à des objets virtuels brevetables. C'est ce qui est fait et près d'un million de séquences génétiques d'origines diverses, humaines et non humaines, font l'objet de demandes de brevets dont quelques milliers ont déjà été accordés. Dès lors, l'idée s'impose insidieusement qu'une telle stratégie, d'un intérêt économique tel qu'elle en acquiert une consistance de réalité, ne peut être franchement mauvaise...

Le même mécanisme mental s'applique à tous les domaines où une avancée scientifique et technique est « valorisable » et susceptible de déboucher sur un marché profitable, tout en soulevant des objections morales. Pensons au clonage humain, à la vente d'embryons testés, bien sûr au domaine des armes nouvelles, etc. Si seule la création de richesses s'avère motrice de l'amélioration du sort humain, tout projet réalisable et rentable apparaîtra désirable, sans préjudice de son appréciation morale.

Le marché des médicaments constitue un autre exemple des conséquences possibles de la domination des valeurs du marché sur toute autre. Le succès de l'économie marchande, créatrice de biens et de prospérité, exige une adaptation réciproque de l'offre et de la demande solvable. L'économie de la santé n'échappe pas à ces critères. Il en résulte que l'essentiel des efforts de recherche est concentré vers la satisfaction des désirs et des besoins de santé des populations riches, alors que ceux de centaines de millions de malades habitant les pays les plus pauvres restent en large déshérence. Dans le domaine de la santé, comme d'ailleurs dans celui de l'alimentation, le respect des valeurs morales de justice et de solidarité qui incite à satisfaire les besoins des personnes indépendamment de leur état de fortune est inaccessible si on en reste à la prééminence de la valeur économique sur toute autre.

La dignité elle-même, qualité qui, pour suivre Kant, a une valeur mais pas de prix, tend de plus en plus à adopter une dimension comptable. On s'interroge ainsi sur la dignité des personnes âgées ou gravement handicapées dont la capacité productive est nulle, qui coûtent et ne rapportent rien. Le succès économique de la plus méprisable des entreprises, du projet le plus vulgaire, du personnage le plus grossier leur assure *ipso facto* une respectabilité qui, s'articulant avec leur richesse, en accroît le pouvoir et l'influence sur la société. La noblesse de cœur et de sentiments se monnaye (le cours des bons sentiments varie d'ailleurs selon les circonstances) et s'achète : on la prête volontiers aux riches. Le métier d'éthicien devient fort rentable : les entreprises en font un usage croissant pour améliorer leur image et celle de leur *business*. Le gourou moderne, l'apôtre autodésigné d'une nouvelle religion, le prophète des temps futurs n'est plus un moine dépenaillé, un ermite barbu prêchant dans le désert : du révérend Moon à Raël (alias Claude Vorihlon) et à maints télé-évangélistes américains, ce sont des chefs d'entreprise fort avisés qui gèrent leurs sectes à la manière d'un consortium capitaliste.

Dans les milieux défavorisés, l'observation d'une déconnexion entre la réussite financière et l'école – le trafiquant, le créateur de tee-shirts branchés et le rappeur, sans parler du *dealer*, sont incommensurablement plus riches que l'instituteur, le professeur ou le médecin de quartier – aboutit aussi à une dévalorisation du savoir. Le même phénomène a des conséquences sur le choix des carrières par les jeunes plus favorisés. La réussite vantée et vécue se confond avec la position rémunératrice alors que le prestige de la connaissance et de la science en elles-mêmes est en chute libre. Il s'ensuit que les étudiants sont en nombre croissant à s'engager dans des filières commerciales, dans la communication, et en revanche de plus en plus réticents à affronter les incertitudes et la faible attractivité financière des métiers de la science, de la technique et de l'enseignement.

Enfin, un troisième grand péril réside dans l'incommunicabilité entre les systèmes de valeurs immatérielles caractéristiques de cultures, voire de civilisations différentes. Si seule la dimension scientifique, technique et marchande de la vie sociale est essentielle, les particularités culturelles vont apparaître contingentes. L'universel sera alors limité aux règles du marché et au pouvoir de leur auxiliaire technoscientifique. Tout le reste paraîtra constituer un ensemble insignifiant de particularismes subalternes, ce qui conduira au relativisme moral généralisé. Or le progrès des civilisations a toujours reposé sur l'échange entre des cultures différentes, favorisant l'émergence d'une nouvelle diversité, elle-même promesse d'innovations futures. Coexistence de cultures diverses et riches d'une part, échanges entre elles, d'autre part, constituent les principes du progrès des civilisations.

Celui-ci est paralysé aussi bien par l'homogénéité culturelle sous l'effet de l'imposition d'un modèle dominant que par le repli en communautés autocentrées imperméables aux influences réciproques. La diversité des cultures devient alors, au mieux, objet de curiosité pour un folklore distrayant, au pire, indifférence, voire mépris, à moins qu'elle n'engendre elle-même un marché conséquent. La valeur esthétique et culturelle devient alors soluble dans sa cote sur le marché international de l'art et de la culture. Les œuvres ainsi traitées tendent à perdre toute identité propre et, soit à s'incorporer à la masse mondialisée des biens récréatifs et tarifés, soit à être utilisées en tant qu'investissements spéculatifs. Si les communautés diverses respectent les règles essentielles sur lesquelles repose l'économie mondiale, qu'importent alors leurs singularités internes et, parmi elles, la condition des femmes. La question n'est pas illégitime. La libération de l'Afghanistan occupé par les troupes soviétiques, celle du peuple irakien ployant sous le joug d'un dictateur sanglant, furent ainsi également, au moins pour un temps, une défaite pour les femmes. Dans de très nombreux pays, la France notamment, le sort des femmes appartenant à certaines communautés s'est objectivement dégradé durant la dernière décennie, dans les quartiers, à l'école, sur les trottoirs de nos villes. Le commerce sexuel jette dans nos cités des cohortes d'esclaves venant de tous les coins et recoins misérables du monde, assujetties à des entrepreneurs dont le succès garantit une certaine respectabilité.

La dimension féminine des valeurs est ainsi en

péril. Or elle est un composant essentiel de l'avenir. Valeur humaine comme les autres, source de vie, elle est aussi passeur incontournable des valeurs de respect, d'autonomie et de liberté aux générations futures. Les femmes jouent un rôle essentiel dans l'éducation des enfants durant les premières années de leur vie. Or c'est dès ce moment que s'imprime dans le psychisme des petits l'attachement à ces principes dont dépend la possibilité d'émergence d'une société ouverte, dynamique et solidaire.

En définitive, l'utilisation d'un même mot pour désigner des richesses quantifiables et des qualités immatérielles morales ou esthétiques recèle une signification profonde puisqu'elle fait référence à l'ensemble de ce qui importe, de ce qui vaut la peine qu'on s'y consacre, la dignité, la bonté, la beauté et l'argent, médiateur du « doux commerce ». Cependant, la conviction selon laquelle le qualificatif d'espèce *œconomicus* renvoie à l'essence réelle des *Homo* conduit à établir une hiérarchie entre ces différentes acceptions du mot valeur, la dernière, de nature économique, ayant tendance à absorber toutes les autres. Cela aboutit alors à une réduction chromatique radicale de la palette d'évaluation de la qualité des actions et des fins humaines, à un univers psychique à une seule dimension, à une régression qui constitue une tendance bien actuelle et une redoutable menace pour l'avenir.

La fin et les moyens

Pour qui est capable de se détacher de la vision qu'impose le prisme déformant de l'idéologie libérale, la réduction d'*Homo sapiens* à ses aptitudes marchandes apparaît aussi absurde que les tentatives de le ramener à ses pulsions sexuelles, à son désir de puissance, à son investissement religieux, à son altruisme ou à son sens moral. L'homme est tout cela à la fois, et déploie encore bien d'autres qualités sans qu'il soit légitime d'établir entre elles une quelconque hiérarchie. La tentative d'imposer une domination de l'une des spécificités humaines sur les autres revêt toujours une dimension plus ou moins totalitaire. Que ce soit l'homme marchand, l'homme sexuel, l'homme social, l'homme religieux ou sur le surhomme en quête de puissance qui l'emporte, cela se fait toujours aux dépens de notre humanité qu'on ne peut approcher qu'avec humilité et en en reconnaissant l'irréductible complexité.

Dans cet esprit, il est raisonnable d'avancer que les relations économiques ont joué, jouent et joueront un rôle essentiel dans la structuration, le fonctionnement et l'évolution des sociétés humaines. La poursuite par tout être de son intérêt étant peu contestable, la mobilisation à cet effet des capacités marchandes de l'homme ne saurait étonner. Il revient cependant aussi à chacun de faire des choix, de se fixer des buts dont nous avons vu qu'aucun ne pouvait prétendre à une valeur universelle s'il n'incluait pas le souci de l'autre. Il convient de dénoncer l'illusion selon laquelle cette finalité serait inutile puisque le jeu des égoïsmes individuels, considérés par l'idée libérale comme le seul moteur efficace des sociétés humaines, suffirait à garantir les vertus publiques et le bonheur de tous.

Le mouvement naturel, l'essence même du système libéral est d'engendrer des inégalités ; sa pente morbide, bien illustrée par l'évolution en ce début du

XXIe siècle, est de se protéger des remises en cause autorégulatrices de ces dernières. La globalisation est l'un des moyens d'y parvenir. L'homme étant aussi être « empathique » – ce que prennent d'ailleurs en compte les théoriciens de la neuroéconomie – les conséquences de la montée en puissance des situations ressenties comme injustes et choquantes sont la tension et la violence, certes pas la progression harmonieuse du bien-être de tous.

Pour qu'il en soit autrement, il faut le vouloir, c'est-à-dire assigner à l'action humaine non seulement l'efficacité des moyens du développement – si c'est ce parti qui a été privilégié – mais aussi leur mobilisation en faveur de tous, y compris des générations futures. *Homo œconomicus* peut-être, mais aussi au service des autres, être moral se fixant des fins, en quelque sorte délivré de l'illusion mortifère selon laquelle il peut s'en dispenser et se contenter de poursuivre son intérêt et de se préoccuper seulement de son développement personnel, comme l'y incite l'air du temps.

Il en va de l'intérêt véritable de tous et, en cela, une telle perspective apparaît réaliste : reste à en prendre conscience et à vouloir la mettre en œuvre, nous en avons la possibilité et la liberté.

6

Liberté, liberté chérie

De son sens le plus général (état de ce qui ne subit pas de contrainte) à son acception philosophique idéale (manifestation de l'autonomie d'une personne dont la raison présente à la volonté ce qu'il peut accomplir sans obligation), le mot liberté peut s'appliquer à des choses, à la nature en général, aux animaux et à l'homme. Pour le dévisser, on libère un écrou de la rouille qui le bloque. On rend sa liberté au balancier de l'horloge immobilisé le temps d'un transport ; il se met alors à osciller. Afin de définir le nombre de paramètres par lesquels décrire le mouvement d'un objet, on introduit le terme de « degrés de liberté ». En l'absence de contrainte, il en existe six (avant/arrière, gauche/droite, haut/bas, roulis, tangage, rotation). Ce nombre est accessible par l'expérience qui détermine à combien d'états indépendants le hasard peut aboutir. Le dé possède six degrés de liberté, les faces sur lesquelles il lui est possible de retomber. Pris dans ce sens, le terme de liberté s'applique aux propriétés d'un objet au sein d'un système. Pour reprendre l'exemple de l'horloge, le balancier accroché à la pendule a un degré de liberté ; décroché, il en a six.

Toutes ces considérations nous mènent bien loin du concept de liberté humaine, celle à laquelle on se réfère sur le frontispice de nos monuments publics, à laquelle on rêve quand on considère en être privé, que l'on défend ou que l'on conquiert les armes à la main, pour laquelle des millions de personnes ont donné leur vie. Existe-t-il pourtant une filiation entre la liberté des choses et celle des gens, en passant par la notion de liberté animale ?

Nature et liberté

Lorsque les conditions sont favorables, que le cultivateur a émigré à la ville et abandonné ses champs, la végétation pousse librement et envahit l'espace, jusqu'à constituer un maquis plus ou moins impénétrable. Sa liberté consiste en l'occurrence à exprimer sa nature et ses potentialités en fonction de l'environnement. Les contraintes existent, bien sûr, elles sont multiples : la qualité du sol, l'ensoleillement, l'eau, la concurrence avec d'autres végétaux, l'influence des vers, des insectes, des oiseaux, des mammifères herbivores, etc. L'état de la friche est par conséquent déterminé par des causes multiples mais est libéré de l'action humaine. Cette situation peut être généralisée au concept de nature vierge ou libre, libre de l'emprise humaine.

Un écologiste au vaste savoir et doté d'ordinateurs puissants serait capable de modéliser l'évolution à terme du terrain redevenu sauvage, quoique celle-ci dépende de paramètres multiples aux interactions complexes qu'il est très difficile, voire impossible de connaître dans le détail et avec une grande précision.

Admettons cependant qu'un tel niveau de connaissances devienne envisageable. Pour autant, notre biologiste spécialiste des milieux complexes restera impuissant à prédire avec exactitude le devenir et la croissance de chaque plante poussant sur le terrain. À côté de l'imprécision persistante dans la détermination de certains paramètres, existe sans doute aussi l'effet du hasard vrai qui demeure une des données essentielles de la biologie.

La fréquence globale des mutations peut être connue en fonction de l'intensité du rayonnement ultraviolet et de la présence de substances mutagènes. En revanche, quel gène dans quelle plante se trouvera ainsi modifié résulte d'un processus aléatoire. La croissance elle-même semble comporter toute une série d'événements dont le cadre général est programmé mais dont le détail est largement laissé au hasard : niveau précis de bifurcations des rameaux, orientation exacte des branches, etc. Cette règle vaut d'ailleurs pour le développement de tout organisme dont le patron général est déterminé, mais pas les moindres détails. Il s'ensuit que des animaux clonés ou des vrais jumeaux ne sont jamais des copies strictement conformes l'un de l'autre. Le concept de liberté dans la nature reflète par conséquent au moins deux phénomènes : le nombre d'états (mouvement, position, forme...) que peut prendre un objet en fonction des contraintes auquel il est soumis, c'est-à-dire de ses déterminants ; et tout ce qui, dans le comportement de l'objet, n'apparaît pas déterminé mais relève plutôt de processus aléatoires.

L'animal libre

Ces principes s'appliquent bien sûr aux animaux, y compris à l'homme, mais n'épuisent pas chez eux, du moins en apparence, le concept de liberté. Un oiseau sauvage vole librement dans les cieux, au contraire de la tourterelle dans sa cage ou de la volaille dans le poulailler. Personne ne doute de la différence des situations de l'animal en captivité et de celui en liberté. D'ailleurs, la capture de ce dernier est bien souvent difficile, sportive, voire dangereuse s'il s'agit d'un fauve ou d'un grand herbivore. Il existe même des espèces qui seront incapables de s'adapter à la privation de liberté, en particulier de procréer. Ces situations illustrent à quel point l'état de liberté correspond à la nature de ces bêtes. Elles résistent à toute tentative d'y mettre fin et, parfois, sont incapables de survivre, ou au moins de se reproduire lorsqu'elles en sont privées. Par rapport aux choses inanimées, nous avons là franchi au moins une étape dans l'extension du concept de liberté : la pièce métallique dont on réduit les degrés de liberté en la vissant énergiquement n'oppose guère à cette action que son inertie, et il serait impropre de prétendre que la nature réelle de l'objet est de rester libre. Cependant, la différence entre la liberté des choses et celle des animaux n'est-elle qu'une question de degré ou reflète-t-elle une tout autre dimension ?

En d'autres termes, l'animal peut-il être assimilé à une machine vivante complexe ne faisant que réagir aux stimulations de l'environnement et obéir à ses instincts comme le pensait René Descartes ? ou bien possède-t-il d'autres qualités irréductibles à leurs conditions matérielles ? Dans le premier cas, on peut assimiler la bête à un objet ordinaire simplement doté d'un grand nombre de degrés de liberté, pour l'essentiel déterminés par la satisfaction de ses besoins. Dans la seconde hypothèse, l'émergence de qualités propres à l'animal modifie pour lui la signification du mot liberté.

Pour Jean-Jacques Rousseau, se situant en cela dans la lignée de René Descartes, la réponse à la question posée ne fait guère de doute : « Je ne vois dans tout animal qu'une machine ingénieuse, à qui la nature a donné des sens pour se remonter elle-même, et pour se garantir, jusqu'à un certain point, de tout ce qui tend à la détruire, ou à la déranger. J'aperçois précisément les mêmes choses dans la machine humaine, avec cette différence que la nature seule fait tout dans les opérations de la bête, au lieu que l'homme concourt aux siennes, en qualité d'agent libre. L'un choisit ou rejette par instinct, et l'autre par un acte de liberté ; ce qui fait que la bête ne peut s'écarter de la règle qui lui est prescrite, même quand il lui serait avantageux de le faire, et que l'homme s'en écarte souvent à son préjudice [...]. La nature commande à tout animal et la bête obéit. L'homme éprouve la même impression, mais il se reconnaît libre d'acquiescer, ou de résister » (*Discours sur l'origine et les fondements de l'inégalité parmi les hommes*, 1755).

Cependant, pour tout observateur attentif, les actions animales ne se résument pas à des réactions aux signaux et stimulations du milieu d'un être génétiquement programmé pour survivre et se reproduire. Tout possesseur d'animal domestique, cheval, chien, chat ou coq, sait combien, de façon en partie indépendante de leur dressage, ces animaux diffèrent par leur caractère selon les races et les individus. Il est possible de filmer des animaux en continu, par exemple des rongeurs de laboratoire, dans des conditions extérieures soumises à un contrôle strict. On se rend alors compte qu'un même animal, sensible à l'influence de son programme biologique, nourri chaque jour de la même manière et à la même heure, confronté aux mêmes cycles de lumière et d'obscurité, ne se comporte pourtant pas de façon stéréotypée, répétitive jusque dans ses moindres détails.

Sans doute, à côté des déterminants biologiques internes et de la perception du monde extérieur, le comportement dépend-il aussi de facteurs immédiats propres à l'animal. Le langage courant prétend qu'il fait alors « ce qui lui passe par la tête ». Tout cavalier peut, en particulier, témoigner de cette manifestation, sans doute involontaire, de l'indépendance animale dont il doit tenir compte et se méfier. Le comportement des bêtes apparaît en définitive être de trois types : programmé, réactif et, parfois, fantaisiste. La contrainte imposée à l'exécution du programme et à la réponse aux stimulations est, pour suivre Descartes et Rousseau, de l'ordre de l'intervention sur le fonctionnement d'une machine. Tel n'est pas le cas de l'entrave aux actions reflétant la spontanéité individuelle de l'animal.

Le bien-être de ce dernier requiert non seulement de pouvoir se nourrir, boire et se reproduire selon ses besoins, mais aussi d'être libre de divaguer sans but, selon les cas piquer un galop dans la prairie, se rouler dans l'herbe ou dans la vase, se lancer de branche en branche, jouer à cache-cache dans les nuages, interagir avec ses congénères. Les animaux ressentent du plaisir et sont sensibles au stress. Les mécanismes neurobiologiques et les manifestations physiologiques de ces émotions sont presque identiques chez les oiseaux et les mammifères, y compris l'homme. Dans nombre de cas, la captivité de l'animal le prive de ces sensations agréables et engendre diverses perturbations physiologiques ou comportementales associées à l'inconfort et au stress. En cela aussi la liberté animale – celle pour une bête de se trouver à l'aise dans un environnement propice à ses besoins et à ses fantaisies, d'en ressentir du bien-être – se différencie de façon radicale des degrés de liberté d'une chose inanimée et de ce fait insensible.

Au total, il convient de discerner dans la nature trois sortes de liberté. D'abord, celle d'un objet de se trouver dans ses différents états potentiels en fonction de ce qu'il est et de son environnement ; on peut en rapprocher la satisfaction non contrainte des besoins de tout être vivant. En second lieu, la possibilité propre aux bêtes de divaguer ou d'agir de toute autre manière selon la fantaisie de l'instant. La question se pose de savoir si elle constitue un exemple particulier de l'intervention de l'aléatoire en biologie, ou bien si elle reflète aussi un trait spécifique de l'esprit animal. Quant au troisième type de liberté, celui de jouir du bien-être que les bêtes sont capables de ressentir, il est bien sûr propre aux êtres sensibles et vaut aussi pour ceux de notre espèce. Chez nous, naît une quatrième dimension de la liberté, celle à laquelle les philosophes consacrent l'essentiel de leurs réflexions depuis des millénaires, liée au projet et à la volonté.

Projet, liberté et volonté

Opposant l'homme et l'animal, Jean-Jacques Rousseau assure, dans le passage déjà cité du *Discours sur l'origine et les fondements de l'inégalité parmi les hommes* que « c'est surtout dans la conscience de cette liberté que [l'homme] montre la spiritualité de son âme : car la physique explique en quelque manière le mécanisme des sens et la formation des idées ; mais dans la puissance de vouloir ou plutôt de choisir, et dans le sentiment de cette puissance, on ne trouve que des actes purement spirituels, dont on n'explique rien par les lois de la mécanique ». Outre la volonté d'acquiescer ou de résister aux sollicitations de sa nature par usage de la volonté, *Homo sapiens* a également celle de se fixer des objectifs, d'élaborer des projets pour les atteindre, puis de les mettre en œuvre. Sans doute d'autres animaux aux capacités mentales développées manifestent-ils des ébauches de projets, et par conséquent de volonté, mais ces traits ont sans contestation été privilégiés au cours de l'évolution humaine à laquelle ils ont contribué.

Selon l'hypothèse initiale de notre roman anthropologique, il s'agit d'ailleurs là d'une conséquence logique de l'acquisition par nos ancêtres de la vision d'un avenir dans lequel, pour que cela constitue un avantage retenu par la sélection naturelle, il convient d'inscrire un projet avec la conscience qu'il revient à son auteur, c'est-à-dire au sujet, de vouloir le réaliser, puis de s'y employer. En effet, l'appréhension par les ancêtres humains de la dimension du temps et la projection possible dans l'avenir leur ont permis de formuler des hypothèses sur ce dont il sera fait, fondées sur l'analyse de ce qui fut et de ce qui est, c'est-à-dire sur la connaissance et la recherche de la vérité. Construire un scénario de l'avenir ne s'avère cependant avantageux qu'à une condition : que l'homme en tire le moyen d'augmenter ses chances de s'y préserver, et donc de se reproduire, c'est-à-dire qu'il se prépare à agir pour optimiser ses intérêts en fonction des circonstances prévues du lendemain. C'est là, déjà, un projet.

Bien entendu, d'autres animaux agissent en prévision d'un futur proche. Il s'agit même d'un trait répandu. La fourmi industrieuse et l'écureuil remplissent leurs greniers pour l'hiver. Les marmottes et les ours se goinfrent de tout ce qui leur tombe sous la dent afin d'accumuler les réserves de graisse qui seront peu à peu brûlées durant leur longue hibernation. Les oiseaux migrateurs, lorsque le moment en est venu, entreprennent un long voyage qui durera souvent plusieurs semaines. Aucune de ces bêtes n'a cependant de projet à faire, c'est-à-dire n'est tenue de se projeter en tant que sujet dans un devenir dont elle aurait conscience. Les bases génétiques, moléculaires et neurobiologiques de ces comportements ont été sélectionnées en tant qu'elles conféraient, compte tenu de l'environnement dans lequel vivaient ces animaux, un avantage à ceux qui l'adoptaient. D'importants changements climatiques rendant de telles migrations ou de telles précautions inutiles ne modifieront les habitudes des animaux concernés qu'en fonction de mécanismes régulateurs telle la réponse à la température. De plus, d'autres lignages aux comportements mieux adaptés aux nouvelles situations seront privilégiés, se multiplieront et remplaceront sans doute les anciens. En d'autres termes, ni la fourmi, ni l'écureuil, ni l'ours n'a à se poser la question de ce qu'il doit faire en prévision de la mauvaise saison.

L'instinct, c'est-à-dire une programmation génétique sélectionnée par l'évolution, ne représente pas le seul mécanisme d'un comportement automatique en prévision de l'avenir. Le conditionnement en constitue un autre type, acquis celui-là. Tout signal ou toute action précédant de manière répétée l'accès à une source de plaisir y sera bientôt systématiquement associé par l'animal. Le délai entre le facteur conditionnant, puis déclenchant, et la réponse comportementale liée à l'attente de la récompense est en général bref, mais peut atteindre néanmoins plusieurs heures, voire plusieurs jours lorsqu'il est renforcé par l'instinct. Tel est le cas du pigeon voyageur portant son message en bonnes mains, de l'hirondelle retournant précisément sous les toits où elle se trouvait si bien les saisons précédentes, et du cheval rentrant tout seul à l'écurie familière après la chute de son cavalier. La caractéristique commune des actions animales motivées par la perspective de leurs agréables conséquences, qu'elles résultent de phénomènes innés ou acquis, est leur automaticité. Celle-ci exclut le choix.

L'innovation majeure adoptée par les primates de notre espèce, et peut-être de certaines espèces qui nous ont précédés de peu dans l'évolution, est le concept d'un futur ouvert dans lequel il convient de décider d'une série d'actions choisies parmi un éventail de possibilités. Cette aptitude est sans doute la conséquence de l'accumulation des souvenirs mémorisés, de l'amélioration de leurs possibles interconnections et, nous l'avons vu, de l'éveil à la dimension du temps. Telles sont les conditions nécessaires au traitement cognitif qui aboutit à l'élaboration de scénarios futurs plausibles entre lesquels, dès lors qu'on en a pris conscience, il est impératif de choisir. En effet, l'incapacité à trancher est, en tout cas, la pire des solutions, comme l'illustre l'historiette de l'âne de Buridan, affamé et assoiffé, qui ne sait se déterminer entre le seau d'eau et le picotin et se laisse mourir dans l'indécision.

Une conséquence de l'obligation du choix conscient dans un avenir incertain est la différenciation entre la valeur respective des options envisageables : celle qui a été retenue apparaît au sujet comme a priori de qualité supérieure à celles qui ont été en définitive écartées. Le premier critère utilisé pour établir la hiérarchie entre les types d'actions possibles est bien sûr la perception d'une issue favorable de la solution retenue. Comme nous l'avons vu, le désir d'optimiser le caractère judicieux du choix, c'est-à-dire ses retombées bénéfiques pour la personne ou le groupe, a sans doute joué un rôle essentiel dans le pouvoir conféré par la connaissance, ainsi que dans l'avantage sélectif des êtres y ayant accès.

La notion du bon choix, par opposition au mauvais, peut prendre aussi une résonance morale et refléter l'adéquation entre l'action projetée et réalisée, d'une part, la norme du Bien, d'autre part. Cette observation vaut indépendamment de l'idée que l'on se fait de l'origine du sens moral : essence propre de l'homme existant en soi et indépendante des influences extérieures pour Kant, artifice construit par un être à la poursuite de son intérêt et à la recherche du plaisir pour Hume. Dans les deux cas, *Homo sapiens* est enclin à juger de ses actes à l'aune non seulement des avantages qu'il est susceptible d'en retirer, mais aussi de leur conformité à une norme morale. En bref, le concept du temps, la conscience d'un futur dans lequel il importe de prendre des décisions, le projet qui les sous-tend et en assure la cohérence, la volonté qu'implique la mise en œuvre des choix, la liberté, constituent aussi des étapes vers la possibilité du jugement moral.

Ce dernier est, bien entendu, une composante fondamentale du sens de la responsabilité. J'entends par là la reconnaissance par chaque individu qui, ayant la possibilité de choisir entre plusieurs voies, ne peut guère se dissocier de celle qu'il a décidé d'emprunter et sur laquelle il est conduit à porter un jugement moral. Je suis ce que je projette et ce que je fais et, appréciant mon action, je me convoque aussi au tribunal de ma conscience. Une telle introspection est sans objet s'il s'avère qu'il m'était impossible d'agir autrement que de la manière dont j'ai agi, que je me trouvais en cela soumis à des forces impérieuses auxquelles je ne pouvais échapper. De ce fait, le responsable de mes actes cesse d'être moi-même, il est l'ensemble de ces déterminants dont je n'avais aucun moyen de me libérer. Dans une telle situation, je puis parfois encore porter un jugement sur mes actes, mais il ne vaut pas pour moi-même puisque je n'en suis point le réel initiateur.

Liberté et libre arbitre

Le sentiment d'avoir élaboré un projet, fait des choix et pris ses responsabilités, c'est-à-dire l'accès à un niveau supérieur de l'idée de liberté, constitue un pivot de l'humanité dont on voit mal comment elle aurait pu s'édifier en son absence. Pour autant, à quelle réalité cela correspond-il ? L'homme est-il en effet susceptible de puiser dans son être les ressorts propres de ses décisions et de ses actes, reflétant son libre arbitre en tant que sujet irréductible à l'ensemble des déterminants qui pèsent sur lui ? ou bien est-ce là une illusion née de l'impossibilité pour quiconque, du fait de leur complexité, de connaître l'ensemble des causes de ses pensées et de ses actes ? Un tel débat traverse toute l'histoire de la philosophie où s'opposent les essentialistes et les fatalistes. Saint Thomas d'Aquin et la pensée catholique, Descartes, Kant, Sartre tiennent, à des titres divers, la liberté, la loi morale et le devoir pour procéder de l'essence humaine. Il s'agit, de façon explicite pour saint Thomas d'Aquin et Descartes et implicite pour Kant, d'un don de Dieu. En face, le camp des fatalistes est sans doute le plus fourni et semble aujourd'hui se renforcer encore. On peut citer les grands antiques stoïciens, Spinoza, Diderot, Nietzsche.

Quelques citations, qui n'ont bien sûr pas la prétention de rendre compte d'un débat foisonnant et riche, permettent de résumer les conceptions en présence. Pour saint Thomas d'Aquin, le libre arbitre est ce qui permet à Dieu de juger ses créatures selon leurs actes. Il note « … car si rien ne vient de nous, mais si nous sommes poussés à vouloir par nécessité, la délibération, le conseil et le précepte, la punition, la louange et le blâme, sur lesquels porte la philosophie morale, sont supprimés » (*De Malo*, Q.6 réponse). Évoquant le critère du choix, Kant écrit : l'homme « juge donc qu'il peut faire une chose, parce qu'il a conscience qu'il doit la faire et il reconnaît ainsi en lui la liberté qui, sans la loi morale, lui serait restée inconnue » (*Critique de la raison pratique*). S'interrogeant sur le risque d'entrave à la liberté constituée par les obstacles, Sartre précise : « Le coefficient d'adversité des choses, en particulier, ne saurait être un argument contre notre liberté car c'est par nous, c'est-à-dire par la position préalable d'une fin que surgit ce coefficient d'adversité. Tel rocher qui manifeste une résistance profonde si je veux le déplacer sera, au contraire, une aide précieuse si je veux l'escalader pour contempler le paysage » (*L'Être et le Néant*). Sartre signifie par cet exemple que les conditions extérieures ne sont point des déterminants, ici négatifs, de notre action mais le cadre dans lequel s'exerce notre liberté, celle de se fixer des objectifs. Ce sont eux qui qualifient en définitive la nature des circonstances rencontrées, obstacles ou moyens d'agir.

À cette vision de la liberté, reflet du moi profond de l'être, les fatalistes objectent avec Spinoza que, en réalité : « L'expérience elle-même montre, non moins clairement que la raison, que les hommes se croient libres par la seule raison qu'ils sont conscients de leurs actions, et ignorant des causes par quoi elles sont déterminées ; et en outre, que les décrets de l'esprit ne sont rien d'autre que les appétits eux-mêmes, et pour cette raison varient en fonction de l'état du corps » (*Éthique III*, proposition 2).

Diderot met dans la bouche de Jacques le Fataliste la profession de foi suivante : « Quelle que soit la somme des éléments dont je suis composé, je suis un ; or une cause une n'a qu'un effet ; j'ai toujours été une cause une, je n'ai jamais eu qu'un effet à produire ; ma durée n'est donc qu'une suite d'effets nécessaires. » Pour Jacques, « la distinction d'un monde physique et d'un monde moral [apparaît] vide de sens ».

Dans ses *Éléments de physiologie*, Diderot précise sa vision : « Toutes les pensées naissent les unes des autres ; cela me semble évident. Les opinions intellectuelles sont également enchaînées : la perception naît de la sensation. De la perception, la réflexion, la méditation, le jugement. Il n'y a rien de libre dans les opérations intellectuelles. »

Nietzsche reprend à son compte la vision spinozienne et la développe. Selon son analyse, « aussi longtemps que nous ne nous sentons pas dépendre de quelqu'un ou de quelque chose, nous nous estimons indépendants : sophisme qui montre combien l'homme est orgueilleux et despotique. Car il admet ainsi qu'en toutes circonstances il remarquerait et reconnaîtrait sa dépendance dès qu'il la subirait – son postulat étant qu'il vit habituellement dans l'indépendance et qu'il éprouverait aussitôt une contradiction dans ses sentiments s'il venait exceptionnellement à la perdre. Mais si l'inverse était vrai, s'il était vrai que l'homme vit constamment dans une dépendance multiforme, mais s'estime libre quand il cesse de sentir la pression de ses chaînes du fait d'une longue accoutumance ? S'il souffre encore, ce n'est plus que de ses nouvelles chaînes : le libre arbitre ne veut proprement rien dire d'autre que ne pas sentir ses nouvelles chaînes » (*Le Crépuscule des idoles*).

Pour ce courant qui identifie les décisions et les actions humaines à des effets dont les causes sont extérieures au sujet, et qui analysent par conséquent le libre arbitre comme une illusion, quels sont les moteurs possibles du comportement des individus ? La fatalité ou le destin, d'abord, bien illustrés par la tragédie grecque ; cette idée reste vivante dans nombre de croyances et de religions modernes, par exemple le protestantisme chrétien, surtout le calvinisme (la prédestination) et l'islam. Dans l'Ancien Testament, le livre commun aux grandes religions monothéistes, les choses apparaissent ambiguës. D'un côté tout ce qui advient au peuple juif et à ses adversaires, la malédiction qui s'abat sur certains lignages et certains peuples, correspondent à la volonté de Jahvé. Cependant, ce dernier punit ceux qui ont mal agi (Sodome et Gomorrhe) et récompense ceux qui ont résisté à la tentation (par exemple, Job). À proprement parler, si leurs péchés ou leurs mérites n'étaient que l'expression de la volonté divine, le châtiment aussi bien que la manifestation de la satisfaction de Dieu apparaîtraient singuliers.

Pour Diderot et le courant du fatalisme matérialiste, les actions humaines, comme leur contrepartie animale déjà évoquée, ne sont que des réactions à des sollicitations physiques du milieu, si bien que la liberté humaine est de l'ordre de celle des choses, discutées au début de ce chapitre.

Nous l'avons vu, toute l'appréhension d'*Homo œconomicus* et les bases philosophiques du libéralisme économique conduisent à l'idée d'une liberté contrainte par la nature de l'homme, agent économique réagissant de façon rationnelle dans le but d'optimiser ses intérêts.

Pour l'historicisme hégélien et le marxisme, l'histoire posséderait un sens dans lequel les sociétés ne peuvent manquer de s'engager. Le matérialisme historique fait des luttes sociales et de l'évolution des rapports de production le moteur principal de ce processus.

Dans la foulée du darwinisme, l'application des principes de la sélection naturelle aux comportements devait aboutir à la sociobiologie pour laquelle des gènes égoïstes, sélectionnés à leur propre bénéfice, utilisent les êtres, l'homme en particulier, comme des moyens élaborés de leur autopromotion et de leur succès.

Dans l'histoire, ces courants de pensée convergèrent plusieurs fois : cela aboutit à la conjonction, déjà discutée, entre le concept de lutte pour la vie dans la nature et les principes de la société libérale. Le rapprochement entre un certain fatalisme religieux pessimiste et l'interprétation erronée du darwinisme ont joué un grand rôle dans la diffusion mondiale de l'idéologie et des pratiques eugéniques tendant à l'élimination des lignages génétiquement prédestinés à engendrer des êtres tarés.

Avec et après Freud, la psychanalyse se focalisera sur l'analyse des mécanismes inconscients de la volition et du passage à l'acte, sans parvenir à s'accorder sur leur nature et leur origine. Sont-ils sous-tendus par des systèmes neurobiologiques définis et connaissables, comme le supposait Freud au début de sa carrière et comme l'hypothèse en est reprise aujourd'hui par un courant utilisant les données de l'imagerie cérébrale fonctionnelle ? Correspondent-ils à une empreinte mentale laissée par l'évolution humaine depuis les sociétés primitives et se manifestant chez tout être au cours de son développement, selon une proposition freudienne dérivée de la loi de la récapitulation de Ernst Haeckel ? Pour ce dernier, un embryologiste allemand qui popularisa le darwinisme dans son pays, l'ontogénie (le développement embryonnaire) « récapitule » la phylogénie (l'évolution des espèces).

Autre possibilité, l'inconscient est-il « construit », conséquence des épisodes refoulés par la personne depuis le début de sa vie consciente ? En réalité, à l'exception de la « récapitulation », en faveur de laquelle peu d'arguments militent, les différents mécanismes envisagés pour rendre compte des déterminants inconscients de la volonté et de l'action ne sont pas mutuellement exclusifs. La sélection naturelle est à l'origine des comportements instinctifs dont il est possible de connaître les corrélats neurobiologiques, c'est-à-dire les structures cérébrales impliquées dans leurs manifestations. Ces dernières sont, à l'évidence, sensibles aux effets laissés par maints événements de la vie psychique dont le souvenir est devenu peu accessible à un traitement cognitif conscient. L'un des objectifs de la psychanalyse serait d'accroître cette accessibilité, et donc d'amener le sujet à identifier certains des ressorts de ses pensées et de ses actes.

La biologie moderne éclaire-t-elle l'énigme de la liberté ?

À plusieurs reprises nous avons évoqué, dans cet ouvrage, les progrès réalisés dans l'étude du substratum neuronal d'opérations cognitives complexes. L'imagerie cérébrale fonctionnelle par résonance magnétique est de plus en plus fréquemment utilisée pour identifier les aires du cerveau au niveau desquelles le flux sanguin, et de ce fait la consommation d'oxygène et l'activité métabolique augmentent chez les personnes en train d'exécuter une tâche particulière. Cette approche est même au cœur de la nouvelle discipline commentée dans le chapitre précédent, la neuroéconomie. Le domaine de cette dernière est d'ailleurs lié à celui de l'étude de la liberté puisque l'agent économique rationnel au cœur de la pensée libérale, consommateur, commerçant ou *businessman*, est en permanence confronté à des choix.

Imaginons ce que pourrait révéler une étude prolongée en imagerie fonctionnelle chez des témoins occupés à élaborer une stratégie d'action pour le futur. Dans un premier temps, on verrait s'activer toutes les zones impliquées dans la perception des données nouvelles prises en compte et dans leur traitement cognitif primaire : aires occipitales ou temporales pour des signaux optiques ou auditifs, cortex frontal et préfrontal, hippocampe et différents noyaux cérébraux lors de la mise en connexion des informations traitées, entre elles et avec l'empreinte mémorisée d'images mentales antérieures ; réaction de l'amygdale lorsque le scénario imaginé se révèle effrayant ; stimulation des voies dopaminergiques et des centres du plaisir à l'évocation de satisfactions attendues en cas de succès de la stratégie ; frémissement des zones visuelles, auditives, tactiles ou motrices si le projet élaboré inclut des perceptions de ce type et l'exécution de gestes anticipés en pensée. Un tel compte rendu expérimental est imaginaire, mais il se nourrit de données bien réelles recueillies chez des sujets soumis à des exercices mentaux plus simples qu'une élaboration stratégique complexe mais susceptibles de s'y intégrer.

Ce type de résultat apparaît en réalité fort prévisible à partir du moment où ont été repérées les régions impliquées dans les différents types de perception, d'émotion et d'action. De telles études sont précieuses pour comprendre la diversité des phénomènes mentaux contribuant à la constitution d'une représentation psychique et les émotions liées à sa charge affective. Nul doute qu'un ensemble interconnecté de phénomènes de ce type intervient dans la réflexion de tout sujet élaborant un projet ou, placé devant un choix binaire, tenu de prendre une décision simple. Différents scénarios sont ainsi imaginés, appréciés quant à leur robustesse, confrontés à l'ensemble des connaissances et des souvenirs emmagasinés. L'issue de ces opérations de l'esprit sera en outre influencée par des facteurs constitutionnels, sexe et genre, traits de caractère, etc.

Toutes ces explorations nous permettent de mieux connaître le fonctionnement du cerveau d'une personne qui – après avoir analysé une situation perçue à l'aide d'un appareillage cognitif différant légèrement d'un individu à l'autre et gardant l'empreinte de l'acquis – s'apprête à trancher. En revanche, nous n'avons semble-t-il guère avancé quant à savoir si la solution retenue reflétera un libre arbitre caractéristique de la personne et non déterminé par l'ensemble des influences qui l'ont modelée, ou bien si c'est là une illusion à laquelle conduit la complexité des mécanismes en cause. En bref, la science n'a point tranché entre les fatalistes et les essentialistes.

Peut-on au moins identifier le mécanisme qui a permis à la pensée humaine de s'inscrire dans la durée et d'appréhender l'avenir ? Si tel était le cas, ce serait déjà un progrès dans la compréhension des phénomènes ayant présidé à l'acquisition d'une capacité mentale qui paraît avoir été un tournant dans le processus d'hominisation et constitue le socle sur lequel a pu s'édifier l'idée de liberté. En d'autres termes, connaît-on les mécanismes neurobiologiques de la conscience du temps ? La réponse est négative et tous les efforts en ce sens ont pour l'instant échoué.

De multiples zones s'allument dans le cortex cérébral de personnes auxquelles on demande d'apprécier la durée d'intervalles entre deux signaux, ce qui souligne seulement la complexité du phénomène.

La comparaison du génome humain avec celui des grands singes qui nous sont le plus proches dans l'évolution permet-elle de progresser dans l'identification des innovations génétiques impliquées dans l'accroissement des capacités intellectuelles au cours du processus menant à l'homme ? Pour l'instant, il n'en est rien. En fait, la plupart des gènes commandant la synthèse de constituants importants des cellules nerveuses évoluent moins vite que les autres, par exemple que ceux impliqués dans la digestion. Cela n'empêche bien sûr pas les génomes de l'homme et du chimpanzé, identiques à près de 99 %, de comporter des millions de différences puisqu'ils comptent chacun deux fois trois milliards de lettres de l'alphabet génétique. Quand on sait l'influence possible de la modification d'une seule de ces lettres dans le fonctionnement de l'esprit (c'est là le mécanisme de nombreux syndromes génétiques de retards mentaux graves), de telles données apparaissent ininterprétables.

Il ne faut, au total, pas attendre de la science moderne qu'elle tranche de façon définitive l'énigme de la liberté qui peut être posée en des termes presque identiques qu'il y a cent ou mille ans. Rien ne justifie de ce fait la position des scientifiques affirmant le contraire. C'est en se fondant sur sa formidable expérience professionnelle que le chercheur et neurologue Damasio a pourtant publié les ouvrages intitulés, respectivement, *L'Erreur de Descartes* puis *Spinoza avait raison*. Certes, la vision cartésienne selon laquelle l'âme, différence essentielle entre l'homme et l'animal-machine, est nichée dans la glande épiphyse, ne peut guère être soutenue. En revanche, s'il est possible d'adopter la thèse de Spinoza sur l'illusion du libre arbitre, c'est plus à partir d'une analyse philosophique que de la prise en compte de données scientifiques récentes.

De la réfutation du déterminisme réductionniste à la liberté possible

L'épistémologue Karl Popper ne peut être rangé dans aucun des deux camps exprimant des opinions antagonistes à propos du libre arbitre. Comme Spinoza, il admet l'idée selon laquelle l'homme, être de nature, obéit aux règles de cette dernière. Cependant, il conteste le postulat selon lequel la nature serait déterministe, dans le sens laplacien du terme. Il écrit, en 1982 : « Il n'y a aucun doute que la prise de conscience que l'homme est un animal et que le désir de nous voir faire partie de la nature soit l'argument philosophique fondamental en faveur du déterminisme laplacien et de la théorie de la fermeture causale du monde naturel. Je crois que la raison est juste ; si la nature était entièrement déterministe, le royaume des activités humaines le serait aussi. Il n'y aurait, en fait, aucune action, mais tout au plus l'apparence d'actions. Mais l'argument opposé est également solide. Si l'homme est libre, au moins en partie, la nature l'est aussi ; et le monde physique est ouvert. Et il y a toutes les raisons de croire l'homme libre, du moins en partie. Le point de vue opposé – celui de Laplace – mène à la prédestination. Il conduit à l'idée que, il y a des milliards d'années les particules élémentaires du monde physique contenaient la poésie d'Homère, la philosophie de Platon et les symphonies de Beethoven, comme une graine contient la plante ; il mène à l'idée que l'histoire humaine est prédestinée et, avec elle, toutes les manifestations de la créativité humaine. [...] Il y a sans doute un élément de hasard [dans la créativité humaine]. Cependant, la théorie selon laquelle la création d'œuvres d'art ou de musique peut, en dernière analyse, être expliquée en termes de chimie ou de physique me paraît absurde. » (*L'Univers irrésolu : plaidoyer pour l'indéterminisme*).

Dans ce texte, Popper s'appuie sur la contestation du déterminisme réductionniste de la science analysée en détail dans le chapitre « L'Animal de vérité » de cet ouvrage. Le démon de Laplace ne peut pas plus prévoir la globalité de l'avenir que, sans doute, il ne serait capable à coup sûr de connaître les décisions et les projets de personnes, même s'il avait accès au détail des circonstances dans lesquelles elles se trouvent ainsi que des ressorts innés et acquis de leur volonté. Ce sont là les conditions causales de l'élaboration d'un projet et d'un choix, c'est-à-dire leurs facteurs déterminants.

Cependant, rappelons-le, le déterminisme scientifique exigeant une cause à tout phénomène n'implique certes pas le postulat inverse, à savoir l'existence d'une seule conséquence possible, d'un seul effet pour chaque ensemble de causalité. Cette dernière proposition, infirmée par maints phénomènes scientifiques, constitue la clé de la vision réductionniste qui conduit à la négation d'une possible émergence de propriétés nouvelles dans tout ensemble complexe. En effet, si cette complexité des éléments constitutifs d'un système ne peut doter ce dernier que d'un seul type de propriétés, ces dernières sont en principe toutes prévisibles par qui connaîtrait parfaitement chacun des constituants du système et les lois en régissant les interactions. Comme le note Karl Popper, la physique quantique permettrait alors de déterminer en quoi les particules élémentaires sont grosses déjà d'*À la recherche du temps perdu* de Proust ou d'un quatuor de Beethoven.

En revanche, si l'on considère qu'un processus multiparamétrique implique de nombreuses étapes comportant, pour beaucoup d'entre elles, plusieurs issues possibles, on en déduit que son résultat final n'est pas exactement prévisible et qu'il faut l'étudier en tant que tel pour en connaître les propriétés « émergentes ». Or il semble raisonnable d'assimiler la construction intellectuelle d'un projet et la manifestation d'une volonté à une série d'opérations mentales complexes et multiparamétriques dont les solutions possibles restent plurielles et irréductibles aux caractéristiques des composants moléculaires et cellulaires qui les ont permises.

Par conséquent, les déterminants génétiques, physiologiques, culturels, psychiques et événementiels d'un projet et d'un choix sont, selon toute évidence, insuffisants à les prédéterminer de façon certaine. En d'autres termes, l'option retenue dépend bien sûr des déterminants énumérés qui en constituent les causes, mais elle leur est irréductible. Un éventail de solutions également plausibles persiste, entre lesquelles la pure rationalité ne permet pas de trancher. Cet éventail est d'autant plus large que les éléments initiaux étaient nombreux et complexes. Chacune de ces solutions envisageables est déterminée par les circonstances et par le psychisme de la personne à qui il revient d'y faire face. Cependant, parmi ce champ de possibilités restant ouvert, il faut trancher. Un scénario sera privilégié à un autre, plausible lui aussi, la personne consolidera son projet et prendra sa décision.

Comment tranche-t-elle en définitive ? Est-ce dans cette sélection finale d'une option, parmi celles qu'un traitement rationnel préalable, reposant sur une série de relations de cause à effet, n'a pas éliminées que se manifeste le libre arbitre de la personne ? Si oui, quel peut en être le critère ? Une appréciation morale peut être vue comme un déterminant, interne à l'individu pour Kant et construit pour Hume. De même, l'intervention dans le choix final de l'empreinte laissée par tous les épisodes antérieurs de la vie est à inclure dans les conditions initiales du processus aboutissant au projet. Si le « moi profond » du sujet est entendu comme la résultante d'une nature, d'un psychisme modelé par les contacts sociaux et d'une norme morale, il est alors déterminé, et représente de ce fait un déterminant implacable du choix.

Pour retenir l'une des hypothèses demeurant en course et se décider, le sujet a au total épuisé les ressources de la rationalité, de l'appréciation morale et de l'influence de la personnalité elle-même édifiée par des facteurs innés et acquis. À dire vrai, il est difficile d'imaginer alors l'intervention d'un autre mécanisme de choix que le hasard, qu'il est peut-être possible de rapprocher de la fantaisie animale. Celle-ci peut être vue comme la variabilité aléatoire d'un comportement animal dépendant d'un programme génétique et d'une expérience acquise, par exemple un dressage.

Ainsi, une option est en fin de compte retenue

sans raison particulière. Cependant, le sujet est conscient de ce qu'il aurait pu aussi bien s'arrêter à un autre choix parmi ceux que le travail préalable de son esprit avait sélectionnés. Il peut par conséquent se revendiquer libre, puisqu'il avait la latitude de penser et d'agir autrement. Étant l'initiateur de la décision et l'acteur de sa mise en œuvre, le sujet est aussi amené à accepter sa responsabilité, se reconnaissant engagé par ce qu'il a décidé d'accomplir alors que rien ne l'empêchait d'emprunter une autre voie. L'appréciation morale de la qualité de l'action vaudra de la sorte aussi pour l'acteur.

En définitive, la vision non réductionniste du déterminisme de la nature, l'ouverture du monde physique dont parle Popper laissent à la décision humaine confrontée à tous ses déterminants plusieurs « degrés de liberté », terme qu'il faut entendre dans le sens explicité plus haut à propos des objets inanimés. Le sujet en retient un, sans doute par hasard mais conscient de ce qu'il aurait pu se prononcer différemment. Il est ainsi conforté dans l'idée de sa liberté et s'approprie son choix, auquel il adhère et qu'il intègre à sa personnalité même. Chacun procède de ce qu'il fait lorsqu'il n'y est pas contraint. Telles sont les conditions de la responsabilité, différence essentielle entre l'homme et les autres animaux.

Chez ces derniers, l'activité mentale occupée à sélectionner les options envisageables d'une action dans des circonstances données est à l'évidence moins complexe que chez *Homo sapiens* et aboutit à un éventail de comportements possibles beaucoup plus limité que chez lui. Nous pourrions dire que les gènes humains, conditions de l'émergence de nos capacités intellectuelles, permettent d'accroître considérablement les

« degrés de liberté » laissés à l'être. Il ne s'agit pourtant pas là d'une transition brutale et ces « degrés de liberté » sont, à l'évidence, plus nombreux chez le chimpanzé, le dauphin ou la corneille que chez le ver de terre ou le scarabée. De plus, lorsque plusieurs options restent ouvertes et qu'il faut en retenir une, seul l'homme est capable de prendre conscience de son choix, de l'appréhender comme une expression de sa liberté, de se sentir par conséquent engagé par cette décision et d'en évaluer la valeur morale.

Tels m'apparaissent être les fondements du degré supérieur, philosophique, de la liberté, celle du projet et de la volonté, surajoutés aux degrés inférieurs qui s'appliquent aussi aux choses et aux animaux non humains. Comme ces derniers, l'homme est un être sensible ressentant le poids émotionnel de la privation de toute liberté. Il est de plus un être conscient, attribuant de ce fait une valeur à la liberté, la jugeant indissociable de sa responsabilité.

Nicolas de Malebranche, à cheval sur le XVIIe et le XVIIIe siècle, était parvenu à une hypothèse au total voisine de celle que je viens d'expliciter en détail. Il écrit en effet : « Certainement il se trouve toujours quelque motif secret et confus dans nos moindres actions ; et c'est même ce qui porte quelques personnes à soupçonner et quelquefois à soutenir qu'ils ne sont pas libres ; parce qu'en s'examinant avec soin, ils découvrent les motifs cachés et confus qui les font vouloir. Il est vrai qu'ils ont été agis pour ainsi dire, qu'ils ont été mus ; mais ils ont aussi agi par l'acte de leur consentement, acte qu'ils avaient le pouvoir de ne pas donner dans le moment qu'ils l'ont donné ; pouvoir, dis-je, dont ils avaient le sentiment intérieur dans le moment qu'ils en ont usé, et qu'ils n'auraient osé nier si dans ce moment on les en eût interrogés » (*De la recherche de la vérité, premier éclaircissement*).

Deux exemples illustrent de façon éloquente le mécanisme suggéré de la réappropriation a posteriori d'un choix aléatoire parmi un éventail d'options possibles. Le premier est celui de la formation des couples. Dans la réalité, elle doit presque tout au hasard. Chacun des partenaires ne pouvait guère s'accoupler qu'avec le petit nombre de personnes consentantes, dans une tranche d'âge donnée, qu'il avait l'opportunité de côtoyer. L'élu(e) de son cœur changera souvent bien vite après le refus du premier choix. Il n'empêche, le couple s'étant formé, chacun ressent qu'il a choisi son conjoint, qu'il a été choisi par lui ou par elle. C'est ma compagne, c'est mon compagnon. Malgré l'étroitesse du champ dans lequel s'est manifestée cette liberté de se choisir l'un l'autre, elle est essentielle et fait toute la différence avec le ressenti habituel des partenaires d'un mariage contraint.

L'acte de création, par exemple littéraire ou musical, illustre lui aussi ce phénomène d'adhésion *a posteriori*. L'auteur sait en général où il veut aller. Son projet procède de sa personnalité. Il s'y engage donc, noircit la feuille de papier ou l'écran de l'ordinateur. Chacune des phrases, littéraires ou musicales, est évaluée pour sa compatibilité globale avec le projet. Elle est retenue, modifiée ou éliminée. Le résultat final est lui aussi considéré. Lorsqu'il semble convenir, il est adopté : c'est l'œuvre de l'écrivain ou du compositeur. Son œuvre. Cependant, tous témoigneront qu'ils ignoraient toujours où exactement leur création les mènerait. Ils se déclarent bien souvent étonnés par celle-ci, ravis ou déçus. L'expérience peut être faite : avec le même projet, dans des circonstances extérieures similaires, l'œuvre réalisée un an, un mois, ne serait-ce qu'une semaine avant ou après eût été plus ou moins différente. L'auteur l'aurait pourtant, au même titre, reconnue, acceptée, se la serait appropriée.

Le mécanisme de la pensée créatrice en action repose sans doute sur la formation et la comparaison d'images mentales puisant dans l'ensemble des empreintes psychiques innées et acquises du créateur. L'une correspond au dessein global de l'auteur ou de l'artiste, les autres aux différents scénarios envisageables pour le réaliser. Construites par mise en réseau d'une grande diversité d'informations et de souvenirs stockés à des niveaux conscients ou inconscients, celles qui se révèlent par trop incompatibles avec le projet initial, d'ailleurs lui-même susceptible d'évolution, sont négligées ou éliminées.

Les autres, candidates plus convenables, sont considérées en fonction de la satisfaction intellectuelle et esthétique qu'elles procurent au sujet dont la singularité dépend de facteurs constitutionnels, d'influences culturelles et de stigmates événementiels. Les événements en cause sont ici de nature tant physique que psychique. Un petit nombre des représentations de l'esprit ainsi engendrées et sélectionnées échappe à l'élimination ; elles sont conservées et aboutissent à des éléments de l'œuvre. Ceux-ci sont parfois acceptés en l'état, ou corrigés encore. Ainsi, par étapes successives, se construit l'ouvrage définitif auquel s'identifiera l'artiste, et qui procède en effet de lui. Pourtant, plusieurs options acceptables et attrayantes se sont également présentées, à chaque étape. Le hasard est intervenu pour en retenir certaines. Aussi la création n'est-elle jamais prédéterminée dans ses moindres détails, elle façonne le créateur qui y a adhéré autant qu'il l'a façonnée.

À l'opposé de son équivalent français, un proverbe allemand affirme que « l'habit fait le moine ». Ce concept m'apparaît s'appliquer, bien au-delà des signes vestimentaires, à tout ce que l'on revêt, une fonction, une opinion, un choix. Il suffit en définitive d'avoir l'impression que cela n'a pas été imposé, et que s'est donc manifestée une certaine forme de liberté, celle d'acquiescer.

Gènes et liberté

Pour la sociobiologie, le comportement des animaux, y compris de l'homme, reflète pour l'essentiel l'influence de leurs gènes qui les utilisent comme les moyens de leur diffusion maximale. Dans la lecture la plus radicale de cette théorie, celle de Richard Dawkins, les gènes égoïstes sont préoccupés seulement par leur succès individuel, c'est-à-dire par leur transmission au plus grand nombre possible de descendants. La poursuite d'un tel objectif exige de conférer aux individus les qualités nécessaires à leur meilleur succès reproductif. Tout dans les aptitudes des êtres concourrait à ce dernier. Forçant le trait, le théoricien de la forme moderne de cette thèse, Edward O. Wilson, explique la créativité artistique aussi bien que la finesse intellectuelle dans l'exploration d'une hypothèse philosophique par le pouvoir de séduction que cela conférerait, et donc dans l'efficacité avec laquelle les personnes possédant ces dons transmettraient à une descendance nombreuse les gènes en gouvernant l'expression.

Il est indéniable qu'existe un contrôle génétique des caractéristiques comportementales de l'animal. Par sélection classique, il est ainsi possible d'isoler des races aux conduites bien distinctes : pur-sang fougueux, chevaux d'attelage placides, chiens de chasse d'arrêt ou courants, chiens de berger ou de garde. Des modifications génétiques introduites par l'expérimentateur chez des lignées de souris peuvent modifier de façon plus ou moins prévisible certains de leurs traits tels que l'agressivité, l'anxiété, l'activité exploratoire, etc. Au fil de cet ouvrage, nous en avons déjà signalé quelques exemples touchant au soin des mères vis-à-vis de leurs souriceaux ou à la sexualité monogame ou polygame de certains rongeurs. Chez tous les animaux, les déterminants biologiques de l'instinct de reproduction influencent, bien sûr, les habitudes et les attitudes des individus.

L'homme, à l'évidence, n'échappe pas à l'influence de sa nature biologique déterminée par ses gènes. Pourtant, les données sont chez lui beaucoup plus fragmentaires et contestées. Pas simplement parce que, bien entendu, il n'est pas question de procéder ici à des expériences de sélection ou de modification génétique, mais aussi parce que les études portant sur l'hérédité de certains traits de caractère ne sont jamais concluantes et définitives.

Cela est même vrai de la recherche sur les gènes de susceptibilité aux maladies psychiatriques. Certes, il est de mieux en mieux admis que beaucoup de ces affections mettent en jeu le terrain génétique : le risque pour un jumeau monozygote d'être atteint d'autisme lorsque son frère ou sa sœur l'est est très élevé, supérieur à 80 % des cas. En ce qui concerne la schizophrénie, ou encore la psychose maniaco-dépressive, ce taux de concordance serait aux alentours de 50 %. Cependant, il faut noter que la définition du tableau de ces maladies psychiatriques est encore sujette à controverse, ce qui peut faire varier les critères d'inclusion ou d'exclusion selon les études.

De plus, un taux de concordance de 50 % chez des jumeaux monozygotes suggère bien sûr l'intervention de la constitution génétique dans la survenue des maladies, mais prouve aussi celle de facteurs autres. En effet, des vrais jumeaux ont 100 % de leurs gènes en commun. Cela signifie que les propriétés biologiques de leurs organes des sens, interface avec l'extérieur, sont identiques. En d'autres termes, ces personnes voient, entendent, sentent et touchent le monde de la même manière, leurs perceptions en sont similaires et sont traitées par des systèmes cognitifs aux caractéristiques voisines. Malgré cela, un jumeau sur deux échappe au destin psychiatrique qui accablera son double génétique, son clone. Dans le cas de l'autisme, où la concordance est plus importante, l'hypothèse de troubles subtils du développement, conséquence possible de l'altération de plusieurs gènes, est aujourd'hui privilégiée. Il en résulterait une perturbation de l'établissement des circuits neuronaux, c'est-à-dire de la plasticité cérébrale, cause cellulaire plausible de l'appauvrissement de la vie relationnelle. En ce qui concerne les autres psychoses, les recherches sont en faveur de l'implication d'un grand nombre de gènes de susceptibilité possibles, situés sur de nombreux chromosomes. Nombre d'entre eux moduleraient la sensibilité à des facteurs de l'environnement.

Des résultats d'études plus fouillées ont en effet, depuis la fin des années 1990, permis de préciser le mécanisme d'intervention des gènes sur les comportements humains et leurs variations. Par exemple, une mutation inactivant le gène *MAO-A* qui code l'enzyme mono-amine oxydase A avait été rendue responsable, il y a une quinzaine d'années, de certaines formes d'agressivité humaine conduisant à la délinquance avec violences. Cependant, des études plus vastes ultérieures n'ont pas confirmé cette première hypothèse. L'enzyme mono-amine oxydase A, produit du gène *MAO-A*, dégrade des neurotransmetteurs, les mono-amines (sérotonine, dopamine, noradrénaline). On connaît le rôle de ces substances dans certains comportements et certaines maladies depuis plusieurs décennies. Les antidépresseurs agissent souvent, soit en inhibant les mono-amines oxydase, et par conséquent en augmentant le taux intracérébral de mono-amine, soit en bloquant le recaptage de celles-ci, en particulier de la sérotonine.

Une vaste étude du début des années 2000 a démontré que l'activité du gène *MAO-A* n'influait pas de façon significative sur le passage à l'acte délictueux de jeunes adultes dont l'enfance s'était déroulée sans drame. En revanche, on sait que les personnes qui ont été elles-mêmes maltraitées dans leur jeune âge ont un risque accru de devenir des adultes maltraitants et violents. Ce risque semble peu important en cas d'héritage d'une forme très active du gène *MAO-A*, associée à un faible taux intracérébral de mono-amines. En revanche, chez des personnes qui ont subi des violences dans l'enfance, le risque de sombrer plus tard dans la délinquance serait multiplié de trois à cinq fois pour celles qui ont hérité la forme peu active de *MAO-A* par rapport aux autres. La conclusion de cette étude est que l'activité de l'enzyme mono-amine oxydase, et donc le type de gène *MAO-A* transmis par les parents, n'est pas un déterminant de la violence transgressive, mais un facteur aggravant des conséquences psychiques redoutables de la maltraitance durant les premières années de la vie.

Une observation du même ordre a été faite en ce qui concerne l'influence des formes moléculaires d'un gène commandant la synthèse d'un transporteur de recaptage de la sérotonine. Avoir hérité de ses géniteurs un gène peu actif semble augmenter la sensibilité à des malheurs de la vie et, dans ce cas, la fréquence de dépressions secondaires pouvant conduire à des comportements suicidaires.

Au total, l'influence des gènes sur les comportements animaux (et humains) peut être résumée comme suit :

- la manière qu'ont les êtres d'agir et de réagir à l'environnement est fonction de propriétés biologiques largement déterminées par les gènes ;
- à ce titre, l'augmentation des « degrés de liberté » d'un mammifère par rapport à une étoile de mer, à un ver ou à une plante, au même titre que celle de l'homme par rapport aux autres animaux, est parallèle à l'évolution de son génome ;
- chez *Homo sapiens*, cela se traduit par l'accroissement considérable de la plasticité cérébrale et des capacités mentales qu'elle autorise à condition d'être exercée par un réseau d'interactions intersubjectives au sein d'une société humaine. Ce qu'il y a de plus inné chez l'homme, c'est sans doute son aptitude à acquérir ;
- la richesse de l'univers psychique auquel l'homme peut accéder de la sorte l'amène à desserrer l'étreinte des déterminants purement biologiques de

ses comportements. En témoigne avec éloquence la diversification possible de ses préférences et pratiques sexuelles, irréductibles à un programme génétique commandant la différenciation des organes génitaux ;

- aucun comportement, ensemble complexe impliquant des perceptions, des sensations et des émotions, une intégration mentale et des réactions, n'est codé par un seul gène, pas plus chez l'être humain que chez les autres animaux ;
- en revanche, la modification ou altération d'un gène peut changer les caractéristiques moléculaires et cellulaires impliquées à un stade quelconque de la manifestation d'un comportement, et par conséquent influer sur ce dernier ;
- cette influence prend souvent la forme d'une modification de la sensibilité aux facteurs de l'environnement, si bien que les conséquences comportementales d'une altération génétique sont elles aussi soumises à l'influence du milieu, notamment psychique en ce qui concerne notre espèce ;
- en définitive, les gènes d'*Homo sapiens* constituent la condition biologique d'une interrogation sur la liberté humaine.

Le suicide

Il existe sans doute, dans des situations fort rares, des comportements animaux que l'on peut qualifier de suicidaires. On raconte maintes histoires de chiens se laissant dépérir après la mort de leur maître bien-aimé, ou de proies s'engageant dans un combat perdu d'avance avec la meute et les chasseurs qui les poursuivent. Rien n'est avéré, cependant. Je n'ai quant à moi jamais observé de grève de la faim animale conduisant à la mort. La bête traquée jetant toutes ses forces dans un dernier combat, le loup stoïque luttant avec héroïsme avant que de tomber sous les coups de ses poursuivants qu'Alfred de Vigny propose à notre admiration, n'ont plus la possibilité de s'enfuir ou sont poussés par leur instinct à protéger leur meute et leurs petits. Nous ne disposons d'aucun indice suggérant que des animaux, en dehors de nous, puissent se fixer le suicide comme objectif.

L'homme, en revanche, se suicide. Il le fait même avec une grande fréquence. Au début des années 2000, on compte tous les ans dans le monde un million de morts par suicide et toutes les statistiques indiquent que ce chiffre est appelé à croître. Entre 2020 et 2050, le suicide pourrait représenter la deuxième ou troisième cause de décès sur la surface du globe. On se suicide à tous les âges de la vie, l'adolescence, l'âge adulte et la vieillesse.

Les motifs conduisant des personnes à faire le projet de se tuer et à passer à l'acte sont d'une très grande diversité. On peut néanmoins y retrouver des déterminants communs qui expliquent la raison pour laquelle le suicide est une caractéristique humaine. Le projet implique toujours une considération d'un avenir ne valant pas la peine d'être vécu. Soit il ne laisse rien espérer d'autre que la répétition d'un présent insupportable, soit il apparaît incompatible avec la vie rêvée, la seule dans laquelle le sujet imagine pouvoir s'engager.

Le premier amour était promesse d'éternité, il s'effondre devant la réalité et la manifestation de la liberté du ou de la partenaire. La jeune femme ou le jeune homme idéaliste se sent agressé(e) avec violence par la confrontation à la société dans laquelle on la ou le pousse à s'insérer, sa dureté, sa médiocrité, la portion congrue laissée à la générosité et à la solidarité, la compétition de tous les instants et les rapports de puissance auxquels elle aboutit, etc.

La jeune femme indienne ou afghane ne peut plus accepter l'existence qui lui est imposée par les hommes et par sa belle-famille. Une épidémie de suicides féminins a ainsi été observée dans l'ouest de l'Afghanistan après la chute des talibans lorsque de nombreuses familles afghanes réfugiées en Iran sont retournées dans leur pays, les femmes redécouvrant un sort qu'elles n'étaient plus capables de supporter.

L'employé soumis à la remise en question permanente de ses aptitudes, de la qualité de son travail dans des entreprises de plus en plus exigeantes, menacé de licenciement ou licencié, se sent dévalorisé, culpabilisé par son incapacité à subvenir à ses besoins et à ceux de sa famille. La personne âgée à qui toute la société fait comprendre que, improductive, elle est aussi un poids pour les siens ou la société, se sait bien éloignée de l'image du héros jeune, beau, actif et compétitif que l'inconscient collectif impose à l'admiration publique.

Dans toutes ces circonstances archétypiques conduisant au suicide, les personnes se sentent prisonnières de contraintes inacceptables auxquelles elles n'imaginent pouvoir échapper que par la mort. C'est là, dit-on, leur ultime liberté. Pourtant, une telle décision ne reflète pratiquement jamais un choix libre : les suicidants se sentent « coincés » et n'envisagent pas d'autre solution que la mort. Une liberté limitée au choix unique n'en est bien entendu pas une. La personne qui a conscience de pouvoir, soit encore se battre, soit en finir là, sur-le-champ, ne se suicide en général pas. Elle le fait lorsqu'elle s'est persuadée de la vanité du combat.

Cependant, dans ces situations où les entraves authentiques ou fantasmées à l'épanouissement des gens aboutissent à une réduction extrême de leurs degrés de liberté, reste en effet l'éventualité du suicide. S'il ne correspond pas à l'expression d'une liberté réelle, au moins redonne-t-il au sujet la main dans la défense ultime de son autonomie, lui permet-il d'échapper à la vie rejetée dont la perspective l'a conduit à préférer se tuer.

Le suicide est donc bien une conséquence des aptitudes psychiques de l'homme, de sa vision de l'avenir, de sa capacité à en apprécier la qualité et, le cas échéant, de sa liberté ultime de le refuser. Cette analyse s'applique même, en une certaine mesure, aux cas pathologiques de syndromes dépressifs graves où le malade apparaît pourtant conduit à la mort par un destin inéluctable. Il existe de nombreux modèles expérimentaux de dépression sévère chez la souris. Ils peuvent être obtenus par une combinaison de modifications génétiques ciblées et d'imposition à l'animal de conditions menaçantes et stressantes. Aucun des tableaux obtenus ne conduit jamais l'animal à des actes suicidaires.

La liberté et les autres

Tout dans l'Histoire en témoigne : les pires malheurs de l'humanité ne sont pas à mettre sur le compte de groupes d'individus programmés par leurs gènes à la violence et à la malfaisance ; ils sont la conséquence du fanatisme, des idéologies, de la sujétion aux chefs. Les hordes sauvages d'Attila, de Gengis Khan ou de Tamerlan, la bonne conscience criminelle des croisés et des inquisiteurs, les génocides arménien, tzigane et juif, la terreur stalinienne ne doivent rien aux déterminants biologiques des assassins en action. Leur programme génétique était simplement compatible avec un tel comportement, au même titre d'ailleurs qu'il constituait la condition, par exemple, de la créativité philosophique, poétique, scientifique, musicale des ancêtres des barbares nazis.

Au total, l'homme témoigne d'une sensibilité exquise aux ravages de la maladie dominante de l'humanité, l'idéologie. Cette fragilité est sans doute le prix à payer pour les talents d'imitateurs dont *Homo sapiens* est doté. L'efficacité remarquable de l'éducation et de l'apprentissage des élèves capables d'emmagasiner et de retrouver une quantité incroyable de connaissances, de concepts et de savoir-faire est liée à leur capacité d'imiter et à leur mémoire. L'imitation du maître est en effet la première étape de l'acquisition des savoirs.

Un tel phénomène peut être décelé aussi chez les mammifères non humains, en particulier les primates. Chez ces derniers, cela aboutit à la constitution de cultures de groupe, distinctes d'un isolat à un autre. On l'a vu, la diffusion dans une île du Pacifique de la technique introduite par une jeune femelle macaque qui avait trouvé le moyen de débarrasser les tubercules consommés de la terre les souillant, en les trempant dans l'eau de mer, est un exemple bien connu. Cependant, rien de comparable avec la formation des futurs maîtres enseignant plus tard à leurs élèves tout ce qu'ils ont reçu, enrichi de ce qu'ils ont acquis.

Nous avons déjà remarqué que si des chimpanzés peuvent apprendre de leurs mentors humains des techniques relativement complexes, impliquant la reconnaissance de nombres et de formes suivie de leur intégration à des opérations élaborées, le primate entraîné ne sera pas en mesure de transmettre lui-même son savoir à d'autres singes.

Dans une étude publiée en 2005, des chercheurs britanniques ont comparé les stratégies mises en œuvre par des enfants de trois ou quatre ans et par des chimpanzés de deux à six ans en captivité pour ouvrir une boîte contenant un objet désiré. Les premiers ont recours à l'imitation de première intention d'une grande personne, même lorsque la solution semble évidente et que la procédure imitée n'est pas bonne. Les seconds, en revanche, ne copient un démonstrateur qu'en cas de nécessité, et sinon préfèrent suivre leur propre inspiration.

On raconte aussi l'histoire de Sylvia. Une amie lui demande pourquoi, quand elle met à griller sa pièce de jambon, elle en coupe d'abord les deux extrémités. « C'est ainsi que ma mère a toujours fait », répond-elle. La mère, interrogée de la même manière, fait une réponse identique. La grand-mère est encore vivante, elle peut, elle aussi, répondre à la question : « Ah, oui ! C'est que, quand j'étais jeune femme, je ne possédais qu'une poêle trop petite pour contenir la tranche entière... »

Les performances imitatrices de nos semblables ont même conduit Richard Dawkins et ses disciples à voir dans les idées des unités psychiques autoréplicatives dans l'esprit humain, lui-même assimilé à une machine capable de les amplifier et de les disséminer de sorte qu'elles contaminent d'autres cerveaux. Ce comportement évoque bien sûr celui des virus informatiques dont les pirates se servent pour déstabiliser les ordinateurs et les réseaux sur lesquels repose, en particulier, la vie économique du monde moderne. Dawkins a comparé les idées à des gènes (*genes* en anglais) et les a baptisés, de ce fait, les *memes*. Pour la sociobiologie, les organismes vivants sont les moyens utilisés par les gènes (*genes*) pour optimiser leur transmission. De la même manière, le cerveau humain servirait aux *memes* à se multiplier et à se propager selon un génie infectieux propre.

Bien entendu, une telle vision réductionniste de la pensée humaine explique mal le processus de création. Même si ce dernier opère à la marge de la répétition des idées reçues, il est difficile de l'assimiler à un phénomène de mutation génique. Contrairement à celle-ci, la fulgurance créatrice est le plus souvent orientée par la nature d'un projet et les circonstances, innées et acquises, de son élaboration et de sa poursuite. À l'inverse, le dogme darwinien postule la survenue aléatoire de modifications génétiques entre lesquelles seule la sélection opère, en l'absence de toute intentionnalité.

Tous les êtres, fruits de la grande loterie de l'hérédité, sont génétiquement distincts, à l'exception des jumeaux et des clones. Les opinions dominantes, les idéologies s'imposent, à l'inverse, à l'ensemble d'une population, aujourd'hui au niveau mondial. Si nous désirons poursuivre la comparaison avec la transmission génétique, il faudrait assimiler le phénomène idéologique à un clonage intellectuel de masse.

Quoi qu'il en soit, il s'agit là des déterminants les plus puissants de l'action humaine, et par conséquent de l'une des menaces les plus constantes pour la liberté créatrice. Cette menace est accrue par la tendance, déjà évoquée, de chaque personne à adhérer à ce qui lui est proposé, voire imposé, dès lors qu'elle s'imagine avoir été en mesure de le refuser.

Même lorsque les différents membres d'un ensemble ne témoignent à priori d'aucune sympathie pour un schéma idéologique préétabli, le groupe interfère toujours avec l'autonomie de chacun d'entre eux, voire la réduit à sa plus simple expression. Assemblez cent personnes, chacune isolément responsable et soucieuse de son libre arbitre. Soumettez-les à des stress, à des émotions de nature à déclencher la peur, l'indignation ou l'enthousiasme. Trop souvent ces citoyens posés et réfléchis participeront alors à un comportement collectif dont l'idée et le récit même les eussent fait ou les feraient blêmir d'horreur à distance de l'épisode. Sans la puissance de ce phénomène, il n'y aurait pas de bandes déchaînées, de troupes militaires en campagne, d'émeutes confessionnelles, etc. Tout se passe comme si la sagesse individuelle se dissipait bien vite sous l'influence de la masse des autres.

Plusieurs phénomènes sont sans doute ici en cause. Le premier est de l'ordre de l'imitation panurgique et n'est point propre à nos semblables. Rabelais nous raconte comment Panurge, le rusé rebelle, désire se venger d'un riche propriétaire de moutons. Alors qu'ils sont tous embarqués sur un navire avec le troupeau, Panurge achète au négociant une bête, la plus belle et la plus forte de toutes. Il jette l'animal à la mer où, les uns après les autres, tous les moutons du troupeau le rejoignent par instinct d'imitation du leader. Ils se noient jusqu'au dernier.

L'autre phénomène procède de l'influence de chacun sur ses voisins et de la mise en commun de ce qui fédère. Tous les membres du groupe partagent des déterminants comportementaux élémentaires innés – réactions émotionnelles, épouvante, colère, violence – et diffèrent plus ou moins par leurs opinions individuelles, fruits de leurs expériences personnelles et de leur originalité psychique. Au sein du groupe, les avis individuels tendent à s'annihiler les uns les autres tant ils sont variés. En revanche, les traits comportementaux faisant partie de l'héritage commun s'additionnent, entrent en résonance les uns avec les autres et deviennent irrésistibles.

Les réseaux d'influence réciproque entre les individualités d'un collectif aboutissent également à une certaine imprévisibilité. Une étude publiée au début de l'année 2006 étudie ainsi l'évolution des préférences musicales d'individus faisant partie d'une communauté d'une centaine de personnes. Chacun est sondé quant à ses préférences pour un éventail de morceaux de musique. Les résultats de ce sondage diffèrent de façon radicale selon que les personnes connaissent ou pas l'avis des autres, c'est-à-dire sont ou non influencées par l'opinion publique. Dans le premier cas, une majorité significative d'auditeurs repère les pièces de qualité supérieure et élimine les plus indigentes. En revanche, l'opinion majoritaire qui s'impose dans une société interactive ne peut pas être exactement prédite. Les « tubes » acclamés par le plus grand nombre ne sont jamais les créations de la meilleure qualité ; celles rejetées ne correspondent pas aux navets objectifs. Un tel résultat reflète le pouvoir de l'opinion commune sur le choix individuel dont elle constitue un déterminant supplémentaire, celui qui est en jeu dans les phénomènes de mode.

Liberté individuelle, prédictibilité collective

Il nous reste à évoquer un paradoxe apparent : selon mon hypothèse, les choix individuels, fonction des conditions causales externes, de la personnalité du décideur et du hasard réapproprié, ne peuvent être prévus avec exactitude, ce qui renforce l'impression de liberté. Le réseau d'influences réciproques entre les opinions personnelles en change la forme et la nature de manière plus ou moins erratique.

Et pourtant, la vie politique et les stratégies commerciales sont de nos jours largement fondées sur les enquêtes d'opinion qui alimentent des modèles « prédictifs ». Les réponses de mille personnes seront extrapolées au comportement global de dizaines de millions d'électeurs ou de consommateurs, avec une exactitude en général satisfaisante. Cela suggère que la vraie diversité des positions au sein d'une société n'est pas considérable, ou au moins qu'elles oscillent autour d'un petit nombre d'attitudes standard.

En réalité, c'est là un résultat attendu découlant des principes proposés de la formation des points de vue et de la prise des décisions. L'issue en dépend, avons-nous dit, des problèmes objectivement posés et de leur traitement par un esprit humain qui procède d'une machinerie neurobiologique et des empreintes qu'elle a gardées de ses contacts avec le monde et la société. Les caractéristiques du *hardware* cérébral, produit de l'évolution et des aléas de la grande loterie de l'hérédité, représentent bien des « variations sur un thème », tant est récente l'émergence de l'homme moderne (tous les hommes hors d'Afrique descendent d'un petit groupe d'*Homo sapiens* qui a quitté ce continent il y a environ soixante-dix mille ans) et tant est faible sa diversité génétique. C'est sans doute ce qui autorise les psychologues à dégager des règles générales de fonctionnement du psychisme de nos semblables, surtout au sein d'un groupe culturel et social d'une certaine homogénéité. Dans ce cas, l'empreinte mentale acquise par des esprits humains édifiés sur le même mode oscille elle aussi autour d'une norme.

On peut par conséquent s'attendre à ce que les solutions possibles à des questions communes abordées par des personnes dotées d'équipements cognitifs d'un type somme toute standard aient une répartition assez homogène. Parmi les options retenues, en nombre limité pour les plus fréquentes d'entre elles, chaque individu s'en appropriera une, ce qui engendrera la diversité individuelle. En revanche, l'éventail des positions au sein de la collectivité est accessible à une analyse statistique, probabiliste, reposant sur les réponses d'un échantillon réduit de citoyens « représentatifs ».

Ces principes peuvent être mis en défaut par trois phénomènes. Le premier, déjà évoqué, est celui de l'homogénéisation sous l'effet de la pensée dominante, du virus idéologique. Son influence s'impose alors à celle des mécanismes de diversification due aux différences de personnalités et à l'intervention supposée du hasard. Les enquêtes d'opinion et les modèles qui en découlent intègrent en principe l'effet d'un tel facteur.

Lorsqu'un groupe interactif est confronté à une situation nouvelle à laquelle aucune réponse a priori n'a été proposée par une autorité reconnue, nous venons de le voir, les processus de fonctionnement du réseau social dont se dégagera une opinion commune, ou au moins majoritaire, conduisent à des résultats en partie imprévisibles. Les effets de mode, le succès d'une chanson ou d'un livre, d'un slogan politique, peuvent certes être orientés par différents moyens : matraquage publicitaire s'efforçant d'imposer l'idée dominante ; formatage du produit en fonction d'études antérieures reflétant l'attente, les goûts et la réceptivité du public. L'intensité des efforts à mettre en œuvre pour parvenir au résultat escompté et leur échec fréquent témoignent pourtant de la robustesse du processus d'auto-organisation de l'opinion publique, de sa résistance possible, voire fréquente, aux tentatives de sujétion par l'autorité.

À un degré de plus, dans des circonstances où de faibles variations dans la réceptivité des membres d'un réseau sont de nature à bouleverser, dans un sens ou dans un autre, leur réaction, et donc leur position, l'attitude collective devient chaotique. Elle oscille entre des positions extrêmes sans que quiconque puisse déterminer l'état de l'opinion et le comportement collectif à un moment donné et au terme de la crise, et par conséquent prévoir son issue. Cette dynamique a été étudiée en détail par les spécialistes des réseaux, quelle que soit leur nature, en particulier par les théoriciens des réseaux neuronaux et de l'intelligence artificielle. Elle représente une circonstance supplémentaire où la vision du déterminisme réductionniste est mise en échec. La prise en compte d'un tel phénomène est essentielle à l'analyse de maints cataclysmes sociaux, politiques et économiques de notre histoire.

Au total, l'être humain concentre en lui les caractéristiques d'une chose matérielle dont les degrés de liberté seraient accrus ; d'un animal exquisément sensible à la privation de sa liberté et soucieux de sa fantaisie ; d'un roseau pensant capable d'imaginer l'avenir, d'y inscrire un projet, de décider des moyens de le réaliser et d'en apprécier la valeur, notamment morale. Même si la nature physique impose les conditions initiales de l'expression de ces différents niveaux de liberté, il est peu vraisemblable qu'elle détermine un seul effet, une seule issue possible. L'être humain peut ainsi prendre conscience de sa responsabilité, puisqu'il aurait pu agir autrement qu'il ne l'a fait. Là réside l'origine du sentiment de liberté, principe essentiel à l'édification d'une personnalité humaine. Celle-ci sera capable de réagir aux circonstances de son existence de manière différenciée : elle pourra, par exemple, en rire ou en pleurer.

7

Rire, pleurer, croire et mourir

Mon grand-père prétendait avoir déclenché l'hilarité de son chien un jour où, distrait, il était parti à la chasse chaussé d'un brodequin à un pied et d'une botte à l'autre et coiffé de son haut-de-forme de cérémonie. Quant à moi, je n'ai jamais rien observé de tel. Il m'est arrivé quelques fois de monter vivement en selle et, emporté par mon élan, d'en choir immédiatement de l'autre côté du cheval. Lorsque la scène a été publique, je puis témoigner que tout le monde s'esclaffait, mais que les montures restaient d'un sérieux imperturbable.

Certes, on a noté dans plusieurs espèces animales des manifestations évoquant le rire. Ce dernier peut être défini comme une réaction réflexe mobilisant divers muscles respiratoires, de la face et du larynx, associée à une activation des centres cérébraux du plaisir. Certaines stimulations agréables provoquent ainsi chez le rat des vocalisations dans la gamme des ultrasons, qui possèdent sans doute une origine évolutive commune avec les réactions de bébés à des caresses diverses et avec le rire provoqué par l'effleurement de zones cutanées sensibles chez les personnes chatouilleuses. Les primates satisfaits réagissent parfois par des claquements buccaux encore plus proches du comportement humain. Ce n'est, bien sûr, pas ce type de réactions qu'évoque Rabelais dans *Gargantua* lorsqu'il affirme que « le rire est le propre de l'homme ».

La risible raideur humaine

Le philosophe Henri Bergson a consacré en 1900 un essai au rire provoqué par un spectacle, un texte ou une pensée comiques. Confirmant l'affirmation de Rabelais, Bergson note : « Il n'y a pas de comique en dehors de ce qui est humain. Un paysage pourra être beau, gracieux, sublime, insignifiant ou laid ; il ne sera jamais risible. On rira d'un animal, mais parce qu'on aura surpris chez lui une attitude d'homme ou une expression humaine. On rira d'un chapeau mais ce qu'on raille alors, ce n'est pas le morceau de feutre ou de paille, c'est la forme que les hommes lui ont donnée, c'est le caprice humain dont il a pris le moule. Comment un fait aussi important, dans sa simplicité, n'a-t-il pas fixé davantage l'attention des philosophes ? Plusieurs ont défini l'homme "un animal qui sait rire". Ils auraient aussi bien pu le définir un animal qui fait rire, car si quelque animal y parvient, ou quelque objet inanimé, c'est par une ressemblance avec l'homme, par la marque que l'homme y imprime ou par l'usage que l'homme en fait. »

Dans cette citation, Bergson ne se limite pas à confirmer que le rire est propre au primate humain. Il observe aussi que ce dernier rit seulement de lui-même, de ses semblables ou de tout ce qui les évoque. Animal rieur et risible, l'homme rit aussi de ses congénères riant, faisant du fou rire un phénomène contagieux.

Les circonstances susceptibles de déclencher le rire sont d'une incroyable diversité, de l'évocation plus ou moins scatologique ou pornographique aux multiples spectacles du ridicule d'autrui jusqu'aux traits d'esprit les plus subtils et les plus intellectuels. Comprendre l'origine du rire humain au cours de l'évolution exige d'en identifier les mécanismes fondamentaux. C'est ce à quoi s'est essayé Bergson de façon plus intensive et systématique qu'aucun autre auteur. Selon lui, le ressort principal du comique est l'introduction de la raideur machinale dans la souplesse et l'impétuosité de la vie.

Pour Henri Bergson, les processus vitaux engendrent comme un fluide énergétique s'écoulant avec harmonie, adapté à la perfection aux circonstances. L'irruption inopinée d'une raideur mécanique dans cet enchaînement agile constituerait le fondement essentiel du comique. C'est pourquoi la chute lourde et maladroite du promeneur qui trébuche ferait rire, au même titre que toute pantomime, démarche raide et saccadée, grimace forcée du clown. Le fou rire communicatif procède aussi de ce phénomène, de même que toute amplification stéréotypée d'une attitude ou d'un trait de caractère : l'avare comme le jaloux reproduisant tous les stéréotypes de leur vice sont comiques, comme le sont les marionnettes du théâtre de Guignol.

Nombre de calembours, jeux de mots, contrepèteries, répétitions ou inversions doivent aussi leur pouvoir comique à la perception de quelque chose de déglingué dans l'intelligibilité du langage qui prend un double sens ou use de réitérations systématiques.

En forçant quelque peu l'analyse, il est possible d'étendre ce ressort de l'humour au comique de situation si bien exploité par la comédie, en particulier les vaudevilles. Ici, les quiproquos et l'interférence accidentelle d'épisodes et d'événements indépendants perturbent le fil de l'action et en multiplient les interprétations possibles, ce qui est ressenti comme drôle.

Sans nier l'apport considérable de l'analyse bergsonienne à l'identification des ressorts comiques, j'hésite pourtant à lui reconnaître la valeur d'un mécanisme fondamental et général. Elle ne prend en effet pas en compte le rire gras, tonitruant ou plus ou moins gêné qu'engendrent nombre de plaisanteries vulgaires, grossières ou scabreuses qui contribuent pourtant de manière importante à l'hilarité entre copines et copains, en salle et corps de garde ou au cours de banquets réunissant les membres de sociétés de chasse ou de toute autre amicale. Même en s'en tenant à l'humour d'une catégorie plus élevée qu'étudie surtout Bergson, il est maints exemples où l'on peine à reconnaître de la raideur dans ce qui paraît drôle. Certes, les traits outrés prêtés à des professions (arracheurs de dents, croque-morts ou médecins), à des groupes ethniques et à des populations (histoires corses, juives, belges, écossaises...), ou à des attitudes (emphase démesurée du politique grandiloquent, bourgeois gentilhomme ou précieuses ridicules) sont une source inépuisable de plaisanteries.

Dans certains cas, cependant, ce n'est pas l'exagération du stéréotype qui nous fait nous esclaffer, mais à l'inverse son effondrement inattendu. Tout le monde connaît ainsi l'histoire de cet homme fatigué consultant son médecin. Après avoir éliminé les causes habituelles d'asthénie, le praticien demande à son client : « Et quant à votre activité sexuelle ? — Oh ! docteur, peut-être une ou deux fois par mois. — Évidemment, monsieur, c'est bien peu. — Vous savez, docteur, pour un petit curé de campagne, ce n'est pas si mal… » Ici, le prêtre ne se comporte guère de manière mécanique, ne fait pas preuve d'une raideur exagérée (sans mauvais jeu de mots) ; il rompt à l'inverse les canons de son état avec une certaine souplesse et témoigne, ce faisant, d'une belle pulsion vitale.

Rupture dépassionnée de la norme

Dans tous les types de comique, on trouve, à des degrés divers, une surprise sans émotion (esthétique, érotique ou pathétique) provoquée par un événement ou une idée qui non seulement ne correspondent pas à ce qu'on pouvait attendre, mais de plus apparaissent être hors normes, inconvenants ou absurdes. Parfois, c'est l'inconvenance de la situation ou de l'évocation qui provoque la surprise amusée comme dans le cas du rire gêné accompagnant l'image d'un spectacle d'exhibitionnisme ou d'ébats sexuels sortant du cadre des mœurs admises. Les réactions peuvent être de l'ordre de la confusion, de l'indignation, de l'excitation, de l'indifférence… ou du rire, à l'exclusion alors des autres émotions dont il protège. La colère, le désir, l'exaltation, l'affliction excluent le comique qui, à l'inverse, en préserve ou en guérit : « Il vaut mieux en rire… » dit-on.

La notion de règles, d'attitudes « convenables » renvoie nécessairement à leur établissement par une société humaine ; il n'en existe pas en matière de nature sauvage ou de comportement animal, alors qu'elles s'exercent plus ou moins sur toutes les actions humaines, les conduites et les artefacts. C'est la raison pour laquelle une bâtisse biscornue, hors norme, fera sourire, un chaos rocheux non, à moins qu'il n'évoque l'œuvre d'un architecte fou. De même, le pingouin est comique en référence au croque-mort emprunté et nous rions parfois des mimiques évocatrices de nos animaux de compagnie.

Tout événement inattendu est susceptible de surprendre mais n'est pas toujours drôle. Pour qu'il le soit, il faut de surcroît qu'il tranche avec une norme acceptée, qu'il diffère de façon singulière de l'idée qu'on s'en faisait. La première impression face à une absurdité, une incongruité, voire une énormité, peut-être dominée par une stupéfaction passagère qui laisse place, selon les circonstances, à la peur, l'irritation, la révolte, le courroux, l'enthousiasme, l'émerveillement... ou l'hilarité, à l'exclusion alors, nous l'avons vu, de tout autre sentiment et de toute émotion : l'amant passionné, l'admirateur inconditionnel, le rebelle ou le terroriste ne rient pas.

L'analyse selon laquelle le rire peut être déclenché par tout écart entre le fil de l'histoire ou du réel, d'une part, ce qui est prévu et jugé convenable, d'autre part, explique pourquoi il est en effet « le propre de l'homme », seul animal à avoir développé à ce point la capacité de juger de l'action de ses semblables à l'aune de ce qu'il en attend et de l'idée qu'il s'en fait.

De l'humour à la dérision et à la sédition

L'inadéquation entre la pensée, l'aspect ou la conduite d'une personne et ce que son entourage considère être probable, rationnel, adéquat et correct, lorsqu'elle ne conduit pas à une franche hostilité, peut entraîner des moqueries culminant en dérision. En tant qu'elles excluent autrui, ou au moins certaines de ses manifestations, du cercle de la raison et des standards admis, les railleries possèdent bien sûr une potentialité agressive comparable à celle du mépris. De la réflexion ironique incitant quelqu'un à prendre conscience de certains de ses travers et rigidités au ridicule jeté sur son action ou sur son personnage, il existe toute une gamme de mises en cause des personnes par le moyen du rire.

Pour qui en est victime, il s'agit sans doute du degré le plus douloureux du rejet par l'autre puisqu'il ne manifeste de sa part aucune considération et ne laisse pas même place au doute qui accompagne l'indifférence. N'être pas pris au sérieux, se trouver tourné en ridicule, revient à être nié dans sa capacité à raisonner de façon logique et cohérente, c'est-à-dire à se comporter en authentique homme sage, *Homo sapiens*, un stade avant le racisme avéré. Nul ne s'étonne par conséquent de la fureur qu'un tel regard provoque chez ceux qui se sentent par là d'autant plus gravement bafoués dans leur dignité que la dérision s'accompagne d'une vacuité émotionnelle insultante pour qui se voit de la sorte notifier son insignifiance.

Le potentiel séditieux du rire vis-à-vis de toute autorité et de tout pouvoir découle des caractéristiques que je viens d'évoquer, sa capacité à dissiper les émotions paralysantes, à dessiller les yeux du public sur les ridicules et les absurdités des grands de ce monde, à contester leur sérieux et leur valeur. La déférence, la peur, l'attachement passionnel, voire l'adoration, ne résistent pas à l'éclat de rire, faisant de la dérision une arme contestatrice efficace et crainte. On dit d'un humour qu'il est décapant, ravageur, qu'il ne respecte rien. Toute l'intrigue du *Nom de la rose* d'Umberto Eco est fondée sur les efforts déployés par un religieux mystique pour éviter que les moines ne prennent connaissance d'un ouvrage d'Aristote sur le rire, et ne soient incités par là à se détourner de la magnificence divine qui implique le sérieux et la dévotion.

Caricatures, pamphlets et chansonniers, histoires drôles ridiculisant les gouvernants ont toujours constitué un moyen puissant et redouté entre les mains des opposants à tout régime. Les plus agressifs d'entre eux ont bien souvent fait payer les impertinents de leur vie. Tel est encore le cas aujourd'hui de dictatures sanglantes ou, pis encore, d'une religion à laquelle adhèrent plus d'un milliard de fidèles : la contestation comique devient alors blasphème.

Même d'un niveau plus léger, le rire libère ou préserve de la sujétion. Être capable de se moquer de la pédanterie de l'académicien, des tics du capitaine, des discours pontifiants et des clichés de l'homme politique, de la posture martiale du patron, du style pompeux du sous-préfet, du pathos dégoulinant des propos de l'expert en bien-pensance ou des déclarations enflammées du galant protège des interférences nuisibles entre la lucidité et l'émotion ou l'adhésion a priori, permet de se trouver fortifié dans l'affirmation de soi. Il est en effet toujours valorisant de railler quelqu'un, c'est-à-dire de se positionner, au moins quant à l'objet des moqueries, au-dessus de lui.

Cet aspect appliqué à plus faible que soi contribue à le disqualifier, à l'exclure, et l'agresse avec violence, nous l'avons dit. Aussi est-il dénoncé avec force par Thomas Hobbes dans le *Léviathan* (1651) : « La soudaine glorification de soi est la passion qui produit ces grimaces qu'on appelle le rire ; elle naît quand on accomplit soudainement quelque action, dont on tire plaisir, ou quand on aperçoit chez autrui quelque disgrâce en comparaison de quoi on s'applaudit soudain soi-même. Elle atteint surtout ceux qui sont conscients de posséder le moins d'aptitudes, et qui sont obligés pour continuer à s'estimer de remarquer les imperfections des autres hommes. C'est pourquoi rire beaucoup des défauts des autres est un signe de petitesse d'esprit. En effet, une des tâches propres aux grandes âmes, c'est de soulager et libérer les autres du mépris, et de se comparer seulement aux meilleurs. »

En revanche, quelle arme redoutable entre les mains des faibles pour se libérer de la pesante influence des puissants !

Origine évolutive du rire humain

La question de l'origine évolutive du sens comique chez l'homme revient à se demander comment le réflexe provoqué par des stimulations agréables chez plusieurs types d'animaux, déclenché, semble-t-il, par des situations induisant une sensation de plaisir chez les grands singes, s'est transformé en cette gaieté dont Schopenhauer nous dit dans ses *Aphorismes sur la sagesse dans la vie* (1851) qu'elle « est, pour ainsi dire, l'argent comptant du bonheur ; tout le reste n'en est que le billet de banque ; car seule elle nous donne le bonheur dans un présent immédiat ; aussi est-elle le bien suprême pour des êtres dont la réalité a la forme d'une actualité indivisible entre deux temps infinis ». Peut-être le philosophe allemand nous donne-t-il une clé de la réponse : il eût été difficile à *Homo sapiens* d'être heureux sans l'humour et de survivre sans accès possible au bonheur.

Les animaux non humains ressentent le plaisir, le stress, la peur, sont curieux, expriment la violence tout comme nous. Cependant, s'ils ont des habitudes, celles-ci ne sont pas des normes en ce que les bêtes, même les singes, n'apparaissent pas capables de leur conférer une valeur, et donc de porter un jugement sur la conduite de leurs congénères. Leur vision du futur est, nous en avons discuté, des plus limitées. Confronté à un événement inhabituel, l'animal réagira, selon l'espèce et les circonstances, par des manifestations de curiosité, de peur et de fuite, ou fera preuve d'une belle indifférence si cela ne peut le concerner. Dépourvu de schéma mental de ce qui devrait être, de ce que sont les attitudes convenables, il se contente d'agir selon son intérêt instantané (comportement exploratoire pour s'approprier un territoire, rechercher une nourriture ; évitement d'un danger). Les bêtes se révèlent de ce fait inaccessibles à la perception du comique engendré par l'écart entre la réalité (sans même parler, bien sûr, du scénario imaginé) et l'empreinte mentale de la norme en la matière.

Les êtres humains, édifiés par le commerce intersubjectif au sein d'une société de semblables, institués à travers la quête anxieuse du regard de l'autre et l'interrogation quant à sa signification, ne peuvent éviter de porter un jugement sur leurs actions et celles de leur entourage, leur cohérence avec un système de valeurs et de codes communs. En résulte une tension douloureuse au redoutable potentiel de déstabilisation : l'individu souffre de la non-conformité entre ce qui est et ce qui devrait être, il appréhende de se sentir dévalorisé dans son rapport à autrui, se rebelle parfois contre les différentes formes de domination dont il est victime, demeure incertain quant à l'appréciation qu'il convient de porter sur les événements et les choix, les siens et ceux des autres.

Harcelé par ces contraintes, ces hésitations et ces interrogations, l'homme pourrait se trouver soumis en permanence à une pression psychologique douloureuse et pénible, incompatible avec l'impression de bonheur et donc peu propice à l'épanouissement individuel, s'il n'avait développé le parti d'en rire et, dans une franche gaieté, la capacité de remettre ce faisant à zéro le compteur enregistrant angoisses, frustrations, humiliations, courroux et rage. Selon cette hypothèse, le comique aurait évolué au rythme de l'accroissement des aptitudes mentales et de la complexification de la vie psychique, en tant que moyen de se préserver de ses nuisances psychologiques, de rétablir un équilibre entre les acquis cognitifs engendrant le stress et l'anxiété, et ceux induisant une impression de plaisir protecteur.

Le schéma proposé n'implique pas que *Homo sapiens* soit le seul animal dont l'équilibre repose sur l'accès au bien-être, il s'agit là d'une nécessité largement partagée par, au moins, les autres mammifères et les oiseaux. Simplement, l'accroissement des ressorts du mal-être mental chez lui a pu nécessiter l'émergence compensatrice d'un mécanisme protecteur spécifique, le rire. D'autres procédés de détente sont en revanche communs aux animaux humains et non humains, au premier chef desquels le jeu pratiqué de façon aussi intense par le chaton, le chiot et le jeune enfant.

Au cours d'une randonnée en montagne dans le massif du Mercantour, je me rappelle avoir observé à la jumelle une scène singulière. Une douzaine de chamois, des jeunes et des adultes, s'affairaient autour d'un grand névé, montant à la queue-leu-leu vers son point le plus haut, se laissant glisser jusqu'en bas comme des gosses, puis recommençant. Ils jouaient, sans aucun doute, renforçant de la sorte les liens du groupe grâce au plaisir partagé, relâchant le stress de la vie sauvage. Cela leur suffisait, en apparence, sans qu'il eût été nécessaire qu'ils apprennent, en outre, à rire de leurs ébats. Peut-être une telle capacité se serait-elle révélée indispensable si, de plus, les bêtes avaient été amenées à s'interroger sur les sentiments de leurs congénères à leur égard, sur leur jugement quant à leur prestance et à l'élégance de leurs glissades ?

Homo sapiens a aussi su tirer profit du rire pour agir sur autrui. L'influence du boute-en-train, du joyeux drille, sur le groupe est considérable, ce qui constitue un moyen de pouvoir efficace, utilisé aussi pour désarmer ses contradicteurs, mettre les rieurs de son côté et séduire son (ou sa) partenaire. Gage de la part du (ou de la) galant(e) d'une propension à la gaieté, et de ce fait espoir d'une garantie contre l'angoisse et l'ennui, présomption d'une certaine finesse d'esprit, l'humour est à l'évidence l'un des critères présidant à la formation des couples et, de la sorte, à la naissance des enfants. Selon les critères les plus stricts de la sociobiologie, il pourrait par conséquent avoir fonctionné, en cela également, comme un avantage sélectif puissant.

Pleurer sur soi

De nombreux animaux confrontés à des sensations désagréables, génératrices d'anxiété, d'insatisfaction, de douleur, geignent, gémissent ou crient. Une analyse en imagerie fonctionnelle du cerveau détectera dans ces circonstances l'activation de différentes zones, selon la nature de l'agression, toujours associée à celle des centres neurologiques des émotions désagréables, telle l'amygdale. La forme particulière prise par ces manifestations varie selon les espèces, la nôtre y associant souvent des sécrétions lacrymales d'une particulière abondance, les pleurs. Ces particularités ne paraissent cependant pas bouleverser la nature du phénomène : des caresses tendres viendront en général à bout du gros chagrin et des larmes de l'enfant comme des gémissements apeurés et anxieux du chiot, l'un comme l'autre s'assoupissant bien vite, apaisés.

La signification évolutive des différentes formes d'expression de la peine animale ne fait guère de doute : il s'agit à la base de signaux adressés à qui peut venir en aide, d'appels au secours à destination de la mère pour les petits et, par extension, de qui est susceptible d'apporter du réconfort, par exemple le maître pour l'animal de compagnie. Le réflexe peut aussi s'autonomiser de sa fonction de communication, aboutissant à sa fréquente expression solitaire en absence de tout témoin. Le caractère sélectif de ce phénomène est attesté par le fait qu'en général la détresse des proies est muette, contrastant avec son extériorisation plus ou moins théâtrale chez les prédateurs : il importe que les premières n'attirent surtout pas, par leurs plaintes intempestives, l'attention des seconds. Les chevaux malheureux et les antilopes terrorisées sont silencieux.

Les manifestations du chagrin altruiste ne sont, elles non plus, pas spécifiques des mammifères humains. Pratiquement chacun d'entre nous a été témoin, ou a au moins entendu parler, de chiens inconsolables après la mort ou le départ de leur maître, capables dans ce dernier cas de parcourir des distances incroyables pour tenter de le rejoindre. Maints animaux de compagnie en arrivent alors à perdre l'appétit et, jusqu'à une certaine limite, à se laisser dépérir. Les miaulements désespérés du chat sur le lit de la maîtresse défunte, les jappements lugubres du chien apparaissent déchirants. Cependant, à y regarder de plus près, le ressort de ces lamentations ne diffère guère de celui des plaintes occasionnées par une agression directe. La symbiose affective qui s'établit entre l'homme et son compagnon quadrupède est constitutive des phénomènes d'apprivoisement et de domestication. Ces deux êtres ont besoin l'un de l'autre pour se sentir bien, et cela est encore plus évident pour la bête dépendante du maître qui pourvoit à ses besoins, lui apporte du plaisir, dont l'empreinte laisse en elle une image profonde. Au total, la rupture de ce lien est une amputation douloureuse pour l'animal familier dont l'attitude désolée exprime sans doute plus la carence affective brutale et l'anxiété qui en résulte qu'un sentiment désintéressé pour le personnage disparu.

Cette observation vaut d'ailleurs aussi pour nous. Pleurant la mort d'un chien, d'un chat ou d'un cheval affectionnés, c'est en réalité le sentiment de vide que cela crée en nous qui nous désole. Nous pleurons, en quelque sorte, le triste état où nous a laissé cette perte bien plus que la bête perdue. Nous restons peu sensibles aux malheurs des animaux de compagnie d'autrui. Ce principe a sans doute une portée générale : on ne pleure guère que sur soi, c'est-à-dire sur le désarroi dans lequel nous plongent des événements auxquels nous sommes sensibles, qui nous affligent.

Le caractère démonstratif et diversifié des lamentations du primate humain, plus riches que celles des autres animaux, mérite d'être commenté. Nous pleurons, crions, sanglotons, le corps agité de soubresauts. Parfois, nous prenons à témoin le monde entier de notre désespoir, répandons de la cendre sur notre tête, maudissons le sort… Cette débauche expressive s'inscrit sans doute dans le souci du sentiment d'autrui à notre égard, et procède de notre désir de l'influencer, voire de le manipuler. Très tôt, les petits enfants découvrent le pouvoir des larmes sur leurs parents, et même sur tout autre, petit compagnon ou adulte. Plus tard, la stratégie de l'émotion induite par les pleurs sera bien intégrée aux comportements amoureux et sociaux, parfois politiques. En tant que mammifères dotés d'empathie, les hommes s'impliquent sans grande difficulté dans la désolation des autres, la partagent, et s'attristent alors du chagrin ressenti. Chacun le sait, et en use.

Les motifs d'affliction sont légion. Des plus évidemment égoïstes à ceux prenant l'aspect de la générosité altruiste, on peut relever : la contrariété, l'humiliation, l'échec à assouvir un désir, l'effondrement d'un projet. La perte d'un être cher, d'un amour, d'un parent, d'un enfant, d'un ami. L'évocation, heureuse ou malheureuse, d'une image tutélaire, mystique ou réelle, son évanouissement ; des millions de chiites pleurent chaque année lors de l'Achoura, le martyr d'Hussein, petit-fils du prophète, et de ses partisans ; les communistes du monde entier versèrent des larmes à la mort du « petit père des peuples », Staline, et la fin du pape de Rome désole le monde catholique. Il est enfin possible de pleurer sur le malheur d'autrui, voire sur celui du monde. Même dans les deux derniers exemples retenus, il semble évident que la peine et les larmes sont provoquées non par leur objet apparent lui-même, mais par l'émotion qu'il engendre chez les personnes. Le baptiste n'est guère affligé à l'évocation de la défaite d'Hussein et de ses partisans, pas plus que le « monde libre » ne l'a été de la disparition de Staline. De la même façon, l'immense majorité des citoyens des pays riches est avare de ses larmes lorsqu'elle est confrontée à l'extrême misère qui sévit dans les nations en voie de développement.

En définitive, la sainte ou le saint, le citoyen du monde d'une extrême générosité, la personne sensible aux malheurs du monde, sont admirables du fait de leur communion avec autrui, de leur disponibilité à ses problèmes et besoins, de leur sensibilité aux épreuves accablant l'autre et de l'émotion qu'ils en éprouvent. C'est cette dernière, c'est-à-dire l'état psychique dans lequel ils se trouvent, qui les fait pleurer, de même qu'elle est le moteur de leur engagement et de leur solidarité. Un être indifférent n'est guère généreux et sait ne pas s'encombrer de tous les malheurs du monde. S'il est vrai « que le rire est le propre de l'homme » car on ne rit que des autres et de leur écart à une norme, les pleurs ne le sont pas et ils ne sont versés que sur soi. Bien entendu, conséquence de l'édification de l'esprit, la diversité des états mentaux conduisant aux larmes humaines est sans commune mesure avec celle engendrant leurs équivalents chez les autres bêtes. Chez nous, l'émotion triste peut cesser d'être une réaction à un événement extérieur ou à son évocation pour devenir un état engendré par l'insatisfaction de soi. Il s'agit de la mélancolie.

Mélancolie

Le mot de mélancolie fait référence à la bile noire, atrabilaire, de la théorie des humeurs. Selon la tradition hippocratique acceptée jusqu'au début du XVIIe siècle, l'excès de cette humeur sur les trois autres (sang, phlegme et bile jaune) perturbait les dispositions de l'âme. La dimension psychopathologique originelle de la mélancolie est aujourd'hui prise en compte dans le concept de dépression dont les manifestations psychiatriques et les mécanismes neurobiologiques sont l'objet d'études intensives. Ce n'est pas de cela que nous parlerons ici, mais de l'état psychique qu'engendrent le sentiment de décalage irréductible entre les aspirations et la possibilité de les réaliser, le doute permanent des personnes quant à leurs potentialités, voire leur qualité. La vie comme utopie lorsque son caractère utopique ne fait aucun doute. Au maximum, il peut s'agir de haine de soi.

Un tel sentiment est la conséquence d'une série de dispositions proprement humaines : l'aptitude à conférer de la valeur à un être et à ses actions, à juger de la qualité d'un projet en fonction de ces critères, à se convoquer soi-même à la barre d'un tel tribunal, à évaluer le présent et l'avenir à l'aune de l'image d'un passé plus ou moins idéalisé. En d'autres termes, la mélancolie est fille de la conscience. Pour l'écrivain français d'origine roumaine Emil Michel Cioran, elle pourrait même en constituer l'un des attributs. Il écrit, en effet : « Ce à quoi l'homme seul excelle, c'est la haine de soi. Après l'avoir chassé du paradis, elle fit de son mieux pour augmenter l'écart qui le sépare du monde, pour le maintenir éveillé entre les instants, dans le vide qui s'intercale entre eux. C'est d'elle que la conscience émerge, c'est donc en elle qu'il faut chercher le point de départ du phénomène humain. Je me hais : je suis homme ; je me hais absolument : je suis absolument homme. Être conscient, c'est être divisé d'avec soi, c'est se haïr. Cette haine nous travaille à notre racine, en même temps qu'elle fournit la sève de l'Arbre de la Science » (*La Tentation d'exister*, 1986).

La lucidité d'une introspection consciente conduit en effet à une sorte d'effroi de l'écart entre ce à quoi l'on aspire et ce que l'on observe, c'est-à-dire l'animalité et la mesquinerie humaines. Il est possible pour échapper au sentiment désolé que cela induit, soit d'éviter, si on le peut, de se soumettre à une telle analyse autocritique, soit de disqualifier toute aspiration en rupture avec notre nature animale et sa pulsion vitale, avec une volonté de puissance qui constitueraient les marques du surhomme nietzschéen. L'exemple de Nietzsche témoigne cependant que ce n'est pas là une garantie suffisante pour échapper à la mélancolie.

Freud s'intéresse, dans un article de 1915 intitulé « Deuil et mélancolie » (*Métapsychologie*), aux relations entre ces deux états psychiques, faisant du second la conséquence d'une évolution psychologique du premier. Selon le père de la psychanalyse, le mélancolique, déstabilisé par la douleur que crée la perte d'un être aimé, en arrive à se substituer lui-même au défunt, à remplacer l'objet de sa déploration par sa propre personne – ce qui, nous l'avons vu, est en réalité toujours un aspect du chagrin – jusqu'à s'enfoncer dans le sentiment de la perte de soi et l'autodénigrement. À ce stade de son raisonnement, Sigmund Freud insiste pourtant sur la clairvoyance du sujet dépressif : « Dans certaines de ses autres plaintes contre lui-même, il nous semble également avoir raison, et ne faire que saisir la vérité avec plus d'acuité que d'autres personnes qui ne sont pas mélancoliques. Lorsque, dans son autocritique exacerbée, il se décrit comme mesquin, égoïste, insincère, incapable d'indépendance, comme un homme dont tous les efforts ne tendaient qu'à cacher les faiblesses de sa nature, il pourrait bien, selon nous, s'être passablement approché de la connaissance de soi, et la seule question que nous nous posions, c'est de savoir pourquoi l'on doit commencer par tomber malade pour avoir accès à une telle vérité. »

À suivre Cioran et Freud, comment en effet ne pas voir la mélancolie comme l'un des piliers de l'âme humaine ? D'ailleurs, Aristote observait déjà, dans un texte qui lui est attribué (*Problème* XXX1), que « Tous les hommes qui furent exceptionnels en philosophie, en politique, en poésie ou dans les arts [étaient] manifestement mélancoliques. » Et de citer Héraclès, Socrate, Platon… Pour le fondateur du Lycée d'Athènes, la « bile noire », à condition d'être compensée par l'influence des autres humeurs, induit une singularité spirituelle, une sensibilité propice à la créativité. De fait, comment créer sans obéir à l'injonction socratique « Connais-toi toi-même », c'est-à-dire sans prendre sa propre mesure, explorer ses ressources et ses ressorts ? Et comment éviter alors d'être mélancolique ?

La « mélancolie naturelle » (terme utilisé par Aristote), opposée à sa forme pathologique qui conduit à la sidération et à l'incapacité d'agir (l'acédie démoniaque à laquelle les moines du Moyen Âge se devaient d'échapper), est propice aux arts en tant qu'elle témoigne d'un effort de lucidité sur soi et qu'elle présuppose l'insatisfaction. L'aspiration dépasse toujours la réalisation si bien que l'œuvre ne peut être parfaite, elle s'approche seulement de l'idéal rêvé et est par essence perfectible.

La nostalgie constitue l'une des manifestations de la mélancolie ; elle apparaît elle aussi inévitable à un degré ou à un autre, dès lors que nos semblables ont conscience de l'écoulement et de l'irréversibilité du temps, et par conséquent de l'impossibilité de revivre des moments d'autant plus heureux que leur mémorisation a souvent été sélective, estompant du souvenir leurs aspects les plus négatifs.

La madeleine de Proust, son odeur, sa forme et sa couleur, sa consistance sous la dent, sa saveur mélangée à celle d'une gorgée de thé, l'émotion étrange, puis la tante de Combray dont le souvenir émerge, les fleurs du jardin et celles du parc de M. Swann, l'univers de l'enfance, son innocence et ses plaisirs : nostalgie ;

la tente aperçue dans un jardin, au bord de la route, ma petite tente de randonnée sur un carré d'herbe au bord d'un lac dans le massif du Mercantour, au pied de la paroi, léchée par les névés, les traces des chamois piquant la neige, quelques marmottes inquiètes, la lassitude des efforts consentis au cours de l'étape, le soleil déclinant, l'ombre gagnant le pied juste déchaussé de la femme allongée à mes côtés, son visage tourné vers moi, ses traits tirés par la fatigue et apaisés par le bien-être, la certitude d'un avenir beau : nostalgie.

La fuite du temps, l'impétuosité avec laquelle il emporte à tout jamais le frêle esquif de nos souvenirs les plus précieux sont facteurs d'une émotion qui change notre perception du présent, en assombrit les tonalités et en relativise les sensations. « C'était mieux quand c'était elle… » chante Alain Souchon dans un album paru fin 2005. Sans doute ce cri est-il universel, même lorsqu'il se révèle contraire à la réalité. Hier, nous étions plus loin de notre fin, nous ne pouvons ignorer qu'aujourd'hui nous rapproche d'une mort dont la perspective ne nous a pratiquement jamais quittés.

La conscience de la mort

Aucune évidence formelle n'existe d'une conscience de la mort chez l'animal, à l'exception de l'homme. Certes, quelques attitudes intrigantes peuvent être observées lorsqu'une bête est confrontée à un corps sans vie, celui d'une personne ou d'un congénère.

Outre les manifestations possibles de l'animal de compagnie près de la dépouille de son maître, déjà évoquées, on a décrit le comportement d'éléphants soutenant l'un des leurs mourant, puis les marques d'intérêt envers le cadavre. Des scènes de même ordre ont été filmées dans des groupes de primates. L'interprétation de ces comportements reste cependant ambiguë. En effet, les survivants peuvent aussi bien continuer à solliciter le défunt comme ils l'auraient fait s'il avait vécu, et se lamenter de l'inanité de leurs efforts, sans la relier d'aucune sorte à une perte de la vie.

Les bêtes savent-elles qu'elles vont mourir ? Le cheminement des éléphants proches de leur fin vers des lieux consacrés, les fameux cimetières de ces pachydermes sont un mythe véhiculé par les chercheurs d'ivoire en Afrique et popularisé par David Livingstone et Henry de Monfreid. En réalité, des animaux âgés et affaiblis, blessés, les dents usées et cariées, parfois, ont tendance à chercher quelque soulagement dans des marécages ; ils se couchent dans la boue où, souvent, ils meurent. Dans ces endroits, parfois bien longtemps après qu'ils se sont asséchés, on peut en effet trouver une certaine quantité de squelettes et de défenses.

La tristesse et l'abattement souvent notés chez un animal à l'article de la mort signent son épuisement plus qu'une quelconque prescience de sa disparition imminente. À douze ans, Houpette, ma chienne fidèle, un berger allemand, souffrait d'une grave insuffisance cardiaque entraînant de l'ascite et des œdèmes. Essoufflée, elle se traînait à peine. Lorsqu'elle me voyait monter à cheval et me préparer à partir en promenade à travers bois, elle ébauchait un mouvement, quelques pas, une misérable course aussitôt stoppée, pour tenter de me suivre comme elle le faisait depuis qu'elle était âgée de quelques mois. Nulle résignation dans ses yeux et à travers son attitude, la même certitude inébranlable, semblait-il, dans le pouvoir de sa pulsion vitale à m'accompagner jusqu'au bout de la terre, si j'y étais allé. Nul doute :

Houpette n'a jamais su que son temps était passé et qu'il lui fallait maintenant mourir.

La terreur qui se lit dans les yeux de l'antilope près de succomber à l'attaque du fauve reflète sa crainte atavique du prédateur, moteur de l'instinct de fuite qui lui permettra souvent de lui échapper, et non pas la vision de sa mort. En revanche, c'est bien l'image hideuse de celle-ci qui crispe parfois d'épouvante le visage du mourant, allongé sur sa couche entouré des siens. Car, si proche de son trépas comme depuis très tôt durant son enfance, il ne peut en douter, il est destiné à mourir, et le moment en est venu.

Origine d'un savoir redoutable

Il n'est guère avantageux de savoir, dès le début de sa vie, que le trépas est au bout du chemin. Une telle prescience ne permet en effet en rien d'éviter l'échéance, pas même de la reculer en l'absence d'une pratique médicale efficace apparue il y a moins d'un siècle. À l'inverse, le spectre de la mort empoisonne l'existence avec une intensité croissante alors qu'on s'en approche. Il engendre une variété de sentiments et d'émotions plus ou moins pénibles, qui constituent l'une des marques les plus fortes du destin humain : incompréhension, appréhension, fatalisme, angoisse… À la différence des autres animaux auxquels il est donné de jouir de l'instant aux circonstances duquel ils s'adaptent, sans arrière-pensée, l'homme doit consentir beaucoup d'efforts pour oublier le caractère éphémère des plaisirs et ne pas les voir au mieux comme des étapes, le cas échéant charmantes, voire exaltantes, vers une déchéance finale à laquelle la mort mettra un terme.

« Vanité des vanités, tout est vanité. Quel avantage revient-il à l'homme de toute la peine qu'il se donne sous le soleil ? Une génération s'en va, une autre vient et la terre subsiste toujours », telles sont les premières phrases du livre de l'Ecclésiaste dans la Bible. À leurs manières, des philosophies antiques telles que l'épicurisme et le stoïcisme sont construites comme des règles de conduite prenant en compte cette évidence que des générations de peintres et de sculpteurs n'auront de cesse de nous remettre en mémoire à l'aide de leurs œuvres, les « vanités ».

Les mythes symboliques et religieux ont représenté, sans doute, un autre type de réponse à la conscience de la mort. Cette dernière s'est donc révélée si redoutable qu'il a fallu à l'humanité déployer une énergie intellectuelle et sociale considérable pour s'efforcer, de façon bien imparfaite, de l'exorciser. Mais, puisqu'il s'agit là d'une connaissance, aux conséquences d'apparence négative, pourquoi l'évolution a-t-elle privilégié l'émergence d'un primate obnubilé par l'idée de sa finitude ?

La réponse probable à cette interrogation est simple : la vision d'une vie limitée s'écoulant entre la naissance et le trépas n'a sans doute pas été sélectionnée pour elle-même, elle n'est que la conséquence inéluctable d'une capacité nouvelle conférant aux premiers hommes un avantage sélectif indéniable, fruit d'innovations biologiques conservées pour cette raison par la sélection naturelle. Cette capacité, nous l'avons déjà présentée et commentée en détail, c'est la conception du futur, l'aptitude à s'interroger sur ce dont il sera fait et à y inscrire un projet. Nos ancêtres ont pu de la sorte prévoir des dangers nouveaux auxquels ils n'étaient pas génétiquement programmés à répondre, se préparer à y faire face et ainsi se préserver mieux. Les stratégies d'accès à la nourriture s'en sont trouvées améliorées, la fabrication d'outils et d'armes à usages différés en a été stimulée, ce qui a abouti à une édification culturelle rétroagissant de façon positive sur les aptitudes cognitives et la créativité. Le revers de la médaille est que quiconque en mesure de connaître l'avenir ne peut manquer d'y détecter la mort, sa mort, et acquérir la certitude qu'elle est le destin commun de tous les êtres. Restait à faire face à cette évidence.

L'empreinte de la mort sur la vie

L'attente de la mort, la terreur qu'elle provoque sont des états psychologiques susceptibles d'entraver l'épanouissement des personnes, d'inhiber leur énergie, de peser sur l'agilité de leurs pensées et par là sur leur créativité. Les primates exposés à ce risque ont dû faire appel à des moyens de l'exorciser, condition de leur progression intellectuelle, culturelle et donc civilisationnelle. Deux mécanismes principaux semblent avoir été mobilisés, le refoulement et la familiarisation, en particulier grâce à l'intégration à un récit symbolique.

Personne ne peut ignorer qu'il progresse en permanence vers sa mort inéluctable mais, heureusement, nous n'y pensons pas en permanence. Lorsque le petit enfant est pour la première fois confronté au décès d'un aïeul, ou de l'un de ses parents, il en perçoit d'abord l'image du départ et de l'absence définitive, de la privation d'un lien affectif. Cette perception est plus ou moins modifiée par le discours des grands (Mamy est au ciel, a rejoint les esprits des ancêtres, revivra sous la forme d'un papillon...). Dans l'immense majorité des cas, les plus jeunes n'établiront pas tout de suite de relation entre cette séparation radicale et leur propre avenir, ils prendront un premier contact avec le caractère éphémère d'une vie sans bien percevoir la signification de cette donnée en ce qui les concerne.

Ce n'est pourtant pas parce qu'ils en seraient incapables. La lucidité des petits patients atteints d'affections graves est précoce et bouleversante. Qui a côtoyé des familles de malades affectés de désordres génétiques sévères sans retentissement psychomoteur, les maladies neuromusculaires en particulier, ou travaillé dans des services d'oncologie pédiatrique, ne peut que rester marqué par la conscience qu'ont ces enfants de leur mort possible, voire certaine. Ils ont déjà vécu la disparition de compagnons d'infortune de leur âge, qui recevaient le même traitement pour le même mal. Ils les rencontraient au rythme des consultations, des cures de chimiothérapie, dans le couloir de l'hôpital. Puis, un jour, ils ont cessé de les voir. Ils n'ont alors pas posé de question, ils ont su pourquoi. Eux aussi, peut-être, partiront de la même manière. « Bientôt, je ne serai plus là. Papa, maman, vous reverrai-je ? »

S'ils guérissent et grandissent malgré les épreuves rencontrées et leur familiarité avec la fragilité humaine, les rescapés sauront, comme l'immense majorité des gens en dehors d'épisodes dépressifs graves ou d'événements dramatiques, refouler l'idée de leur mort, la maintenir d'ordinaire à distance respectable de leurs pensées, libérer ces dernières de la contrainte implacable qu'une telle idée ferait sans cela peser sur elles. Il n'empêche, tapie dans l'esprit comme un fauve en sa tanière, l'image de la camarde est bien là, prompte à bondir. Elle se rappelle à nous dans nos rêves et nos cauchemars et alimente nos angoisses. La jeune mère se lève en trombe, palpitante, en pleine nuit, et se penche sur le berceau de son nourrisson ; respire-t-il ? Les enfants tardent à rentrer de leur soirée ; ne leur est-il rien arrivé ? et au mari marin ou soldat ? à l'épouse, rentrant en voiture de chez ses parents de province ?

Très tôt, les projets de chacun seront formatés par la dimension du temps, que l'on sait compté. Tout itinéraire personnel, toute stratégie de vie devront s'inscrire dans les limites de l'existence, en pleine connaissance de ses périodes successives, la jeunesse et la maturité précédant la vieillesse. Souvent, demain il sera trop tard, nous n'en doutons pas. L'oubli de la finitude est toujours relatif, et au mieux passager. Pour supporter son idée, le refoulement ne saurait suffire. Il y faut d'autres moyens.

La pérennité des lignages, l'immortalité des gènes et leur transmission, la perspective d'un relais pris par les descendants, à l'édification desquels les géniteurs ont participé, auxquels ils ont légué une partie de leurs caractères, est un mécanisme naturel constituant le fondement de l'évolution darwinienne. *Homo sapiens* a tenté de le mobiliser dans son combat contre l'angoisse de sa fin certaine : grâce à l'hérédité, elle ne sera pas complète, au moins sur le plan biologique. C'est un même type de logique poussée à son paroxysme fantasmatique qui pousse à voir le clonage reproductif, s'il peut jamais être maîtrisé chez l'homme, comme une recette potentielle d'immortalité. À renaître sans cesse avant que de perdre la vie, doté d'un stock de gènes presque immuables et éternels, ne vivra-t-on pas pour toujours ? La secte raëlienne a fait de cette perspective un cheval de bataille qui est le thème central d'un roman de Michel Houellebecq paru en 2005, *La Possibilité d'une île.* Cet ouvrage pose aussi la question de la persistance du désir et du plaisir chez des êtres dont l'existence cyclique serait indéfiniment répétée.

Ne mourront pas non plus les idées des disparus, surtout s'ils en ont émis de nombreuses, originales et de qualité. La filiation du maître à l'élève, qui peut se superposer à celle des parents à leurs filles et fils, s'associer à l'empreinte affective, à l'amour, constitue une garantie contre la dissolution immédiate du défunt dans un néant sans souvenir, sans qu'aucun esprit paraisse avoir gardé quelque trace de lui. À mourir seul et dans l'oubli, sans descendance charnelle ni intellectuelle, la victoire de la Grande Faucheuse n'en est-elle pas plus éclatante ? Homère, Platon et Aristote vivent encore, eux ; ils ont plus de vingt-quatre siècles.

Certains s'exercent à défier la Parque Atropos, celle qui coupe le fil de la vie tissé par Clotho et déroulé par Lachésis, ses sœurs. Puisqu'on ne peut lui échapper, autant en rire. Nous avons vu l'efficacité de la méthode pour écarter les émotions, ne serait-ce qu'un instant. Trente-six heures avant de s'en aller, Camille Kahn, ma mère, âgée de quatre-vingt-onze ans, nous a avertis, ma compagne et moi : « Vous savez, mes enfants, je crois bien que cette fois-ci, la chandelle est en train de s'éteindre. J'espère seulement qu'elle ne mesure pas quinze mètres. » Il m'apparaît que cette femme est restée aussi paisible qu'il est possible, jusqu'à son dernier souffle.

L'humour noir remplit une fonction de ce type : ridiculiser le tyran, affaiblir son pouvoir, s'en émanciper. Les ressorts de ce comique se gaussant de la mort obéissent aux principes identifiés au début de ce chapitre : les choses ne se passent pas telles qu'elles le devraient, elles sont absurdes, ce qui en extirpe le caractère tragique et fait rire. « Guillaume enlève tes doigts du nez de grand-père ! Guillaume, laisse grand-père tranquille ! Guillaume, dernier avertissement, arrête ou je referme le cercueil ! »

La mort de l'ancêtre est fort triste, bien sûr. L'indiscipline du gamin est si banale qu'elle n'en est pas drôle. Cependant, là il exagère, il contrevient avec innocence au respect dû à la dépouille du proche, introduit de l'inattendu et de l'inconvenant dans la solennité du deuil et parvient ainsi à dédramatiser la signification du cercueil : si on arrive à surmonter l'indignation provoquée par un tel manquement aux règles de bienséance et par l'absence de considération pour l'émotion de la famille éplorée – c'est bien entendu aisé lorsqu'il ne s'agit pas d'un grand-père réel, et en tout cas pas du sien –, on rit, ce qui rend moins redoutable l'évocation d'un décès.

À défaut de se moquer de la mort, nombre de philosophes, en particulier dans l'Antiquité, ont proposé de la dédramatiser, de la négliger, d'être heureux, d'être vivant en exprimant la plénitude de sa nature et sans se préoccuper de sa fin. Cette pensée est commune au stoïcisme et à l'épicurisme. Épicure, dans une lettre à Ménécée conservée par Diogène Laërce, écrit : « Il n'y a rien de redoutable dans la vie pour qui a compris qu'il n'y a rien de redoutable dans le fait de ne plus vivre. Celui qui déclare craindre la mort non pas parce qu'une fois venue elle est redoutable, mais parce qu'il est redoutable de l'attendre est donc un sot. C'est sottise de s'affliger parce qu'on attend la mort, puisque c'est quelque chose qui une fois venu, ne fait pas mal. Ainsi donc, le plus effroyable de tous les maux, la mort, n'est rien pour nous, puisque tant que nous vivons, la mort n'existe pas. Et lorsque la mort est là, alors, nous ne sommes plus. La mort n'existe donc ni pour les vivants ni pour les morts puisque pour les uns elle n'est pas, et que les autres ne sont plus. »

Reconnaissons pourtant que les différentes tactiques évoquées jusqu'alors pour faire face à l'effroi d'une mort certaine demandent déjà une solide dextérité intellectuelle dont ne disposaient sans doute par les premiers primates du genre *Homo* confrontés à ce problème. Il leur a fallu trouver autre chose.

La mort signifiante, la mort niée

La parade la plus radicale aux ravages psychologiques potentiels provoqués par la prescience de sa disparition certaine, c'est de la nier, lui donner un autre sens que celui d'un terme ultime précédant le néant, c'est l'invention d'un « après la mort ». Les mythes modernes ou anciens en ce sens sont d'une incroyable diversité : la vie éternelle succédant à sa phase terrestre ; les réincarnations successives sous d'autres formes dotées de nouvelles enveloppes, jusqu'au nirvana, fusion dans le Grand Tout ; la résurrection des corps ; la permanence de l'esprit, de l'âme, son évolution vers la pureté absolue, etc. Le point commun à tous ces mythes est de transformer le décès des corps en un passage vers autre chose, vers un au-delà où sera assurée une certaine pérennité de l'essence des êtres.

Souvent, l'« au-delà » du récit mythique est même désirable, ou au moins peut l'être pour le bienheureux : le nirvana ultime, le paradis et ses soixante-douze vierges prêtes à consoler le combattant tombé pour le djihad, le royaume des morts d'Osiris dans l'Égypte ancienne, les chasses avec les esprits des ancêtres dans des contrées non désertées par les bisons des Amérindiens des plaines d'Amérique du Nord, etc. Voir la mort comme une consolation possible d'une vie éprouvante et pénible, d'une vallée de larmes, l'accès, selon les cas, aux plaisirs, au bonheur, à la pureté, à Dieu, permet, si la foi est grande, de s'y présenter en chantant comme les seize sœurs de Compiègne montant à la guillotine dans les *Dialogues des carmélites* de Georges Bernanos, des kyrielles de martyrs à travers les âges, certains terroristes kamikazes modernes. Dans de telles conditions, plus de crainte mais une aspiration à mourir, au contraire, une transformation positive de l'empreinte laissée sur l'existence par la conscience des limites d'une vie vue comme l'antichambre, inconfortable et hostile, d'un autre état de l'être propice à son plein épanouissement où il pourra enfin se réaliser.

On peut avancer l'hypothèse qu'une telle solution, ou au moins ses balbutiements ancestraux, a été adoptée par les premiers hommes dès que leur développement cognitif a rendu sinon insupportable l'idée de la mort. Comment s'affronter à cette pensée d'un être prenant conscience de sa richesse mentale mais aussi de ce qu'elle disparaîtra à tout jamais, que le corps qui en est le support engraissera les charognards de tous ordres, faucons, chacals et vers ?

Les premières pratiques mortuaires datent d'au moins cent mille ans. À Quafzeh, en Israël, plusieurs sépultures d'hommes modernes et de néandertaliens ont été découvertes. L'une d'entre elles contient les restes d'une femme et, sans doute, de son enfant ; une autre, des offrandes manifestes. La datation du début des soins apportés aux dépouilles par les sociétés humaines pourrait même largement précéder l'apparition d'*Homo sapiens.* En Espagne, près de Burgos (site de la Sima de Los Huecos, sierra de Atapuerca), les restes de trente-deux squelettes, sans doute de jeunes adultes néandertaliens, vieux de trois cent trente mille ans, ont été découverts, proches les uns des autres. S'agit-il d'un cimetière datant de plusieurs centaines de milliers d'années ?

La constatation de traditions anciennes d'ensevelissement des corps ne prouve pas, bien sûr, qu'elles étaient associées à des rites funéraires signant leur caractère symbolique et leur intégration à un mythe transformant la mort en passage vers une forme d'existence post mortem. Après tout, les familles athées organisent aussi, de nos jours, des obsèques dignes à leurs proches. Cependant, ne s'agit-il pas, dans ce cas, de la persistance de traditions ancestrales qui furent toutes, au départ, adossées à des croyances religieuses ? On ne connaît pas de société qui n'ait développé, à un stade ou à un autre de son évolution, de récit mythique englobant la genèse du monde et le devenir des trépassés.

Prendre soin du corps des disparus, les disposer selon des règles, a fortiori déposer des offrandes à leur côté, ne peut guère s'expliquer en faisant appel seulement à une notion vague de « respect » dépourvu de contenu rituel. Aujourd'hui encore, après des millénaires de réflexions philosophiques sur la question, le problème du rapport au corps défunt demeure d'une redoutable difficulté pour qui ne doute guère qu'il est destiné à la putréfaction, sans autre forme de pérennité que la mémoire qui en est gardée par les vivants. Il apparaît au total très probable que la transformation symbolique de la mort est aussi ancienne que les premières pratiques mortuaires, plongeant ses racines dans la nuit des temps.

Homo religiosus

La sélection naturelle a doté les primates humains de moyens intellectuels avantageux dans la compétition pour la vie et la survivance des plus aptes à se préserver et, de ce fait, à se reproduire. Conséquence de ses capacités mentales, l'homme n'a pu éviter de se poser la question du sens des choses, de son origine et de sa mort. Le récit mythique et ses références symboliques ont, pendant des centaines de milliers d'années, constitué la seule réponse possible, susceptible aussi de libérer, au moins en partie, nos ancêtres de l'image hideuse de leur fin certaine et de la putréfaction de leur corps. *Homo symbolicus* apparaît de la sorte avoir constitué une contrepartie essentielle de l'animal de vérité et d'*Homo faber*. Mythes et symboles associés à leurs traductions sociale et artisanale ont sans doute joué le rôle de piliers essentiels de l'évolution civilisationnelle qui mènera aux sociétés historiques. Aussi leurs manifestations culturelles, artefactuelles et artistiques sont-elles à peu près universelles.

La tribu des Pirahãs, des Indiens vivant sur les rives d'un affluent de la Madeira, au sud-ouest de Manaus en Amazonie brésilienne, constitue une semi-exception qui confirme la règle. Étudié en détail par l'anthropologue britannique Dan Everett, ce peuple de trois cent cinquante âmes est des plus singuliers. Il dispose d'un nombre réduit de mots concrets et pratiques énonçant les choses du moment, mais semble peu concerné par le passé et par le futur. Les gens vivent dans l'instant, qui les satisfait, et ne témoignent d'aucune propension à la nostalgie ou à l'inquiétude du lendemain. Leur artisanat est utilitaire et apparaît dépourvu de toute recherche esthétique. Leur mythologie est pauvre, on n'y détecte aucun récit apparent de la Genèse.

Plusieurs fois en contact avec des missionnaires et des équipes d'anthropologues, dont celle de Dan Everett qui vécut au milieu d'eux avec sa famille durant au total sept ans, les Pirahãs ne manifestent aucune intention de changer de style de vie et d'apprendre les rudiments de la civilisation occidentale. Pourtant, ils croient à un monde parallèle au leur, peuplé d'esprits bons ou démoniaques invoqués opportunément pour rendre compte des événements heureux et malheureux. Cette tribu indienne témoigne à la fois du parallélisme entre l'évolutivité d'une civilisation et sa richesse symbolique, et de ce qu'elle ne peut malgré tout se passer d'un monde imaginaire donnant sens au réel, évitant que son chaos insignifiant n'entrave par trop l'épanouissement paisible de la société.

Les autres ethnies amérindiennes, au même titre

que de nombreux peuples sibériens mongoloïdes et les Inuits, dont l'origine est commune, se référaient avant la colonisation à un univers supranaturel de même ordre que celui des Pirahãs, un au-delà avec lequel les chamanes communiquaient grâce à diverses pratiques magiques et ingestion d'hallucinogènes. Au cours de la transe chamanique ainsi induite, l'officiant se transformait en animal (jaguar, vautour planant en Amérique latine) pour contacter les esprits et intercéder en faveur des leurs confrontés à des problèmes ou difficultés sinon insurmontables. Le chamanisme s'est le plus souvent enrichi d'une culture diversifiée adossée à une mythologie élaborée dont témoigne un art spécifique souvent éclatant, en Sibérie aussi bien qu'en Amérique centrale et du Sud, précolombiennes.

L'art du paléolithique, les sculptures et les peintures rupestres suggèrent fortement que les peuples d'alors, en particulier les aurignaciens, puis leurs successeurs, avaient, il y a quarante mille ans déjà, des pratiques symboliques relevant du chamanisme. On note en effet des représentations animalières multiples mais non strictement représentatives de la faune côtoyée et chassée. Des images d'hommes-animaux évoquent les transformations magiques des transes chamaniques.

L'évolution menant des traditions fondées sur une médiation magique avec un au-delà surnaturel, aux religions élaborées, avec leurs règles, leurs lois, leurs liturgies, leurs récits fondateurs de plus en plus riches, leurs docteurs et leurs servants, a sans doute été progressive : les personnages du sorcier et du grand prêtre restent souvent mélangés et les pratiques magiques n'ont jamais totalement disparu.

La transition du paléolithique au néolithique

déconnectant en partie les peuples de la prégnance de la vie sauvage, de ses animaux et de ses dangers, ainsi que la stratification et la spécialisation sociales croissantes, ont été favorables à l'édification des religions. Libérée des contraintes de la recherche permanente de nourriture, la caste des prêtres a pu alors s'individualiser et se fortifier, à côté de celle des soldats et des corporations de marchands, d'artisans et d'agriculteurs. En contrepartie, le fait religieux, dont on ne peut cependant acquérir de preuve formelle avant l'apparition de l'écriture, en Mésopotamie, dans la vallée de l'Indus, puis en Égypte, deviendra une force socialisante d'une considérable efficacité, vecteur d'autorité et de normes.

Au total, le mythe, ancêtre des religions, a dû constituer un passage nécessaire au progrès des sociétés composées d'hommes confrontés au chaos de la nature et à la terreur de la mort. Il en a résulté des civilisations riches de leurs symboles, de leur art et de leurs normes. Le rire a été un moyen d'échapper à la contrainte excessive que ces normes imposaient sans cela à la liberté et à la créativité humaine. Facteur de sédition de toute autorité, il a pu contribuer à la déprise religieuse du monde et, de toute façon, s'est révélé un puissant vecteur de l'impression de bonheur.

8

Heureux comme un poisson dans l'eau

Sinon à tourner sans fin dans le bocal posé sur le guéridon du salon – mais qui sait ? – le poisson est au moins, dit-on, heureux dans l'eau vive de la rivière passant par des sous-bois ombragés. Cachées sous les pierres ou abritées sous les nénuphars, à l'affût des insectes imprudents qui se poseront, mangeant à leur faim, nageant sans entraves et se reproduisant avec efficacité, la truite et la perche réalisent pleinement leur nature.

Le bonheur animal

Imaginons qu'il soit possible d'analyser l'activité neuronale par imagerie cérébrale et de doser les neuropeptides sécrétés chez notre poisson en liberté dans son élément ; mais aussi chez la mésange fêtant la levée du jour au printemps, appelant sa compagne à la saison des amours ; chez le cheval au pré, que visite le cavalier au petit matin, lui apportant le picotin amélioré pour l'occasion de quelques carottes ou pommes ; chez le chien harassé que, au retour de la chasse, le maître flatte devant un bon feu crépitant dans la cheminée ; chez le bonobo tout occupé à développer ses liens avec un congénère apprécié, par le coït et l'épouillage mutuels. Chaque fois, des structures encéphaliques équivalentes, sécrétant les mêmes neuromédiateurs (dopamine, endorphines, noradrénaline, sérotonine) et soumises à des régulations voisines seront stimulées. Elles le sont aussi dans le cerveau d'une femme ou d'un homme éprouvant différentes formes de plaisir.

Chez tous les animaux supérieurs humains et non humains, les stigmates neurobiologiques du bien-être et du stress sont plus ou moins du même ordre et laissent des empreintes mentales susceptibles d'influer sur les comportements ultérieurs. Bien sûr, les zones de l'encéphale mobilisées dans notre espèce par une sensation de bonheur sont, sans doute, plus nombreuses et diffuses que chez le poisson rouge, et même que chez des bêtes plus évoluées que lui sur le plan cérébral. Pour autant, tout indique que les états mentaux associés aux impressions et sensations agréables et désagréables préexistent de plusieurs centaines de millions d'années à l'émergence des primates, en particulier *Homo sapiens*.

La gaieté animale apparaît indéniable. J'ai déjà évoqué les jeux de glisse des chamois du Mercantour. La fête que me fait ma chienne lorsque je la retrouve, les ruades enthousiastes que se permet l'une de mes juments lorsque, après une trop longue période d'inaction dans son box, je la monte pour l'emmener en promenade, ne souffrent aucune équivoque. En Afrique, j'avais au cours d'une tournée en brousse acheté un petit singe à un villageois. Très vite, l'animal sembla s'attacher à moi, se complaisant dans la maison, venant à mes côtés le matin quémander des miettes du petit déjeuner. Il avait pris ses aises. Or il advint que le coquin, un jour où j'avais le dos tourné, chaparda sur la table tout ce qu'on m'avait préparé. Afin de tenter de l'en dissuader à l'avenir, je décidai de lui interdire mon domicile – de le mettre à la porte – pour quelque temps. Je vois encore mon petit compagnon désespéré, agrippé au montant extérieur de la fenêtre, le visage implorant collé à la vitre, tout son être manifestant le désir de retrouver bien vite le confort chaleureux de ce qui était devenu son foyer. Entre son attitude dedans et dehors, toute l'évidence du bonheur ou du malheur animal, de l'aspiration au premier et du rejet du second.

N'y a-t-il donc rien de spécifique dans la manière humaine d'être heureux et malheureux ? Sans doute si, mais il n'est pas aisé de déterminer quoi. La question du bonheur – au même titre que celles de la vérité, de la beauté, de la liberté et du Bien – est au cœur de l'interrogation des philosophes depuis des millénaires, au point que, dans l'Antiquité, la quête du bonheur, en tant que « souverain bien », résume en pratique l'objet de la philosophie.

Bonheur et désir

L'homme sent non seulement, comme les autres animaux, qu'il se trouve bien, qu'il est heureux et content, mais, de plus, il le sait. Plus souvent, il se sait malheureux. Cela signifie qu'il construit, à côté des perceptions et des sensations communes au monde animal, une représentation mentale de ce qu'est et doit être l'état de bonheur, ce qui, en général, gâche tout car cette représentation, produit de l'imagination ainsi que nous l'indique Kant, a une furieuse tendance à avoir toujours un temps d'avance sur le réel, et de la sorte à se dérober sans fin. Le philosophe de Königsberg note en effet dans ses *Fondements de la métaphysique des mœurs* que « le problème qui consiste à déterminer d'une façon sûre et générale quelle action peut favoriser le bonheur d'un être raisonnable est un problème tout à fait insoluble ; il n'y a donc pas à cet égard d'impératif qui puisse commander, au sens strict du mot, de faire ce qui rend heureux, parce que le bonheur est un idéal, non de la raison, mais de l'imagination ». Or cette dernière gambade telle une monture rétive qui ne laisserait jamais le cavalier s'approcher d'elle à plus de quelques mètres, maintenant toujours l'écart par quelques foulées chaque fois que le licol s'approche de son nez.

Est-il impossible d'échapper à une telle malédiction ? Les recettes pour y parvenir sont légion mais il n'est pas certain qu'aucune soit d'efficacité assurée, c'est-à-dire à la fois praticable et de nature à garantir le bonheur. Une première solution est d'en limiter le temps à celui du désir, de l'aspiration à la jouissance. Jean-Jacques Rousseau prête à *Julie ou la Nouvelle Héloïse* ce dessein : « Tant qu'on désire, on peut se passer d'être heureux ; on s'attend à le devenir ; si le bonheur ne vient point, l'espoir se prolonge, et le charme de l'illusion dure autant que la passion qui le cause. Ainsi cet état se suffit à lui-même, et l'inquiétude qu'il donne est une sorte de jouissance qui supplée à la réalité. Qui vaut mieux, peut-être. Malheur à qui n'a plus rien à désirer ! Il perd pour ainsi dire tout ce qu'il possède. On jouit moins de ce qu'on obtient que de ce qu'on espère, et l'on n'est heureux qu'avant d'être heureux. » Plus loin, Julie ajoute que la sensation du bonheur « disparaît devant l'objet même ; rien n'embellit plus cet objet aux yeux du possesseur ; on ne se figure point ce qu'on voit ; l'imagination ne pare plus rien de ce qu'on possède, l'illusion cesse où commence la jouissance. Le pays des chimères est en ce monde le seul digne d'être habité ». Il s'ensuit que « celui qui pourrait tout sans être Dieu serait une misérable créature ; il serait privé du plaisir de désirer ; toute autre privation serait plus supportable ».

La solution proposée par Rousseau rencontre cependant ses limites en ce que le désir à tout jamais inassouvi peut engendrer une frustration insupportable ou finir par être refoulé dans l'inconscient, et se trouver dépouillé de toutes ses vertus, voire, selon l'hypothèse freudienne, se transformer en névrose. L'objet convoité est au final souvent saisi, il perd dès cet instant son pouvoir de séduction et tout est à recommencer. Là réside bien sûr, en matière amoureuse, la clé du donjuanisme, désir de possession s'évanouissant dès sa réalisation et débouchant sur le manque douloureux d'un nouvel objet à poursuivre, et cela de façon itérative, sans que puisse jamais être apaisée la soif d'un corps à posséder.

De même ordre sont les ressorts de la poursuite incessante des honneurs, du pouvoir, de la notoriété, des richesses, des distractions, de l'excitation du jeu, de la nourriture, c'est-à-dire de toute attitude compulsive reposant sur une addiction, dont les drogues classiques ne constituent somme toute qu'une manifestation particulière.

Si en rester au désir n'apparaît au total guère réalisable, reste à le maîtriser ou à le réfréner – ne désirer que ce qu'on a – ou à le démultiplier et à l'assouvir autant qu'il est possible, dans un tourbillon incessant de désirs et de plaisirs ne laissant aucun temps libre pour la déception, la frustration et l'attente. Faire en sorte que se chevauchent les entreprises, chacune à des phases différentes de leur réalisation, afin de se garantir du sentiment douloureux de vacuité qui accompagne l'intermède entre une jouissance atteinte et une autre projetée. Depuis l'Antiquité, les deux stratégies sont vantées. Épicurisme et stoïcisme privilégient l'ataraxie, c'est-à-dire la paix de l'âme tenue à l'écart du tumulte des passions. Seize à dix-sept siècles plus tard, René Descartes en arrivera à des considérations voisines, prenant acte de notre faible influence sur l'ordre du monde, et par conséquent sur ce qu'il advient de nous, il nous enjoindra de changer plutôt nos désirs sur lesquels nous pouvons agir. À ce titre, il manifestera son admiration pour les philosophes stoïciens (mais cela s'applique aussi à l'école épicurienne) « car, s'occupant sans cesse à considérer les bornes qui leur étaient prescrites par la nature, ils se persuadaient si parfaitement que rien n'était en leur pouvoir que leurs pensées, que cela seul était suffisant pour les empêcher d'avoir aucune affection pour d'autres choses ; et ils disposaient d'elles si absolument, qu'ils avaient en cela quelque raison de s'estimer plus riches, et plus puissants, et plus libres, et plus heureux qu'aucun des autres hommes qui, n'ayant point cette philosophie, tant favorisés de la nature et de la fortune qu'ils puissent être, ne disposent jamais ainsi de tout ce qu'ils veulent » (*Discours de la méthode*, 1637).

Pour Épicure, « le plaisir est le principe et la fin de la vie heureuse », fin étant entendue dans le sens de finalité. Cependant, ajoute-t-il « être heureux, c'est savoir se contenter de peu » car « la vie heureuse doit se fonder sur la modération des plaisirs ». L'hédonisme épicurien n'est donc nullement apologie de la frénésie et de la débauche, mais au contraire message de modération, recherche de l'harmonie d'une vie équilibrée évitant les douleurs et satisfaisant aux besoins du corps, sans excès. Seule une telle existence serait de nature à assurer un fonctionnement paisible des « atomes » qui composent les corps, selon cette philosophie matérialiste. Une telle sagesse rejoint dans le fond l'injonction finale du Candide de Voltaire, au terme d'aventures initiatiques riches en passions et fureurs : pour être heureux « cultivons notre jardin ».

La conception stoïcienne du bonheur est du même ordre, mais plus austère encore. Ainsi Épictète, au deuxième siècle de notre ère, nous avertit dans son *Manuel* : « Tu espères que tu seras heureux dès que tu auras obtenu ce que tu désires. Tu te trompes. Tu ne seras pas plus tôt en possession, que tu auras mêmes inquiétudes, mêmes chagrins, mêmes dégoûts, mêmes craintes, mêmes désirs. Le bonheur ne consiste point à acquérir et à jouir, mais à ne pas désirer. Car il consiste à être libre », or la liberté, condition de l'harmonie avec l'ordre divin de la nature à laquelle nous sommes soumis, exige de ne dépendre de personne, d'aucune passion, d'aucune pulsion, d'accepter avec sérénité et détachement tout ce qui advient, et doit par conséquent advenir, tel Job, pauvre et malade, louant le Seigneur sur son tas d'ordures »

Il ne s'agit pas pourtant de résignation : pour les stoïciens, Sénèque, Épictète ou Marc-Aurèle, l'indépendance de l'esprit vis-à-vis des autres et des événements est la condition de l'action libre (autant qu'elle peut l'être dans le cadre d'une conception globalement déterministe) et du bonheur.

À l'autre extrême, les chantres de la jouissance considérée comme bonne en soi et but ultime de toute vie ont comme ancêtres des élèves de Socrate établis dans la colonie grecque de Cyrène, sur la côte libyenne. Actif près de deux siècles avant Épicure, leur chef de file, Aristippe de Cyrène, considère que le plaisir, vu comme « un mouvement doux accompagné de sensations », est la finalité de l'existence, les plaisirs du corps l'emportant sur ceux de l'âme. Appréciés en fonction de leurs résultats, c'est-à-dire des sensations éprouvées, il n'en est pas qui soient honteux. Les plaisirs et les impressions qu'ils induisent sont personnels, leur quête ne doit pas être entravée par le souci d'autrui. Le sage est par nature égoïste. L'effet recherché naît du mouvement, idée en contradiction avec l'attitude jugée statique de l'ataraxie qui sera plus tard prônée par les écoles épicurienne et stoïcienne. La recherche du bonheur – eudémonisme – ne saurait se substituer à celle du plaisir – hédonisme –, auquel elle se ramène d'ailleurs. La vie ne pouvant être faite seulement de jouissances permanentes, le bonheur absolu est illusoire. L'impossibilité de l'atteindre, alors qu'il est la seule chose désirable, conduira d'ailleurs Hégésias, un disciple de l'école d'Aristippe, à préconiser le suicide.

Le désir n'est que le moteur du mouvement menant à la satisfaction, il ne saurait la remplacer

De Cyrène aux Lumières

La pensée occidentale donne l'apparence d'avoir assuré une plus riche postérité aux philosophies grecques qui sont assises sur le bonheur assimilé à une sagesse prudente et tempérante, sachant maîtriser les passions et se satisfaire des limites de la condition humaine, qu'à celles vantant la poursuite forcenée de la jouissance : Aristote, et son souverain bien vertueux, Épicure et Sénèque plutôt qu'Aristippe de Cyrène, dont la figure n'est guère connue hors des cercles académiques (quoique sa réhabilitation soit au cœur de la démarche du philosophe français Michel Onfray). La pensée chrétienne, son pessimisme quant à la possibilité d'être heureux en ce bas monde, sa disqualification des plaisirs du corps dénoncés en tant qu'obstacles à la méditation sur le salut de l'âme et à la communion avec Dieu y sont bien sûr pour beaucoup. Les désirs et les pulsions seront longtemps dénoncés comme des tentations mortifères détournant le sage et l'homme pieux de ses devoirs, menaçant gravement l'autonomie de la raison.

Même un auteur de tradition non chrétienne tel que Spinoza, issu de la communauté juive mais relevant plutôt d'un panthéisme athée, ne tranchera guère avec cette pensée : le bonheur apparaît relever selon lui de la joie d'exister et de persévérer dans son être. Connaître les ressorts de ses désirs, bannir les illusions, et de la sorte être conscient et libre, c'est-à-dire agir selon sa nature, est source de la plus grande satisfaction. Certes, il ne s'agit pas de prôner un ascétisme mortifiant, comme le font certains mystiques : « User des choses et s'en réjouir autant qu'il se peut (non certes jusqu'au dégoût, car ce n'est point s'en réjouir) est d'un homme sage. C'est d'un homme sage dis-je, de se réconforter et de se redonner des forces grâce à une nourriture et à une boisson agréables prises modérément, comme aussi grâce aux parfums, à l'agrément des plantes verdoyantes, à la parure, à la musique, aux jeux athlétiques, aux spectacles et aux autres choses de ce genre dont chacun peut user sans dommage pour autrui » (*Éthique*). Cette vision reste cependant empreinte d'un épicurisme altruiste bon teint plein de modération et Spinoza prend soin de préciser : « Qui ne peut gouverner ses désirs [...] ne peut jouir de la paix de l'âme, de la connaissance et de l'amour de Dieu. » Le philosophe fait sans doute référence, dans ces derniers mots, à la sereine harmonie avec une nature tout entière d'essence divine.

En fait, la revendication du plaisir, source du bonheur, ne s'exprime à nouveau de façon explicite en Europe qu'à partir du XVIIe siècle, presque dans la clandestinité, et au grand jour au XVIIIe, le siècle des Lumières et des libertins. Retrouvant l'inspiration des cyrénaïques grecs, leur valorisation du mouvement impulsé par le désir et leur dénonciation de l'ataraxie, impavidité de l'âme, le marquis de Sade proclame : « Le bonheur n'est que dans ce qui agite, et il n'y a que le crime qui agite : la vertu, qui n'est qu'un état d'inaction et de repos, ne peut jamais conduire au bonheur » (*La Nouvelle Justine*) et, ailleurs dans la même œuvre « tout est bon quand il est excessif ». Crime doit ici être entendu au sens large de la transgression, incluant la débauche.

Choderlos de Laclos et Giacomo Casanova illustrent eux aussi de leur immense talent cette revendication forte d'être libre d'accéder aux plaisirs et, par là, de rechercher le bonheur. Don Giovanni, dans l'opéra de Mozart, se fait l'écho de cette aspiration dans l'air célèbre « Viva la liberta ! ». Casanova, dans l'introduction de ses mémoires (*Histoire de ma vie*), rappelle son appétit de tout : « J'ai aimé les mets au haut goût : le pâté de macaronis fait par un bon cuisinier napolitain, l'ogliopotrida des Espagnols, la morue de Terre-Neuve bien gluante, le gibier au fumet qui confine et les fromages dont la perfection se manifeste quand les petits êtres qui s'y forment commencent à devenir visibles. Quant aux femmes, j'ai toujours trouvé suave l'odeur de celles que j'ai aimées. »

Puis il lance comme un défi, comme la proclamation d'un manifeste : « Quels goûts dépravés ! dira-t-on : quelle honte de se les reconnaître et de ne pas en rougir ! Cette critique me fait rire ; car, grâce à mes gros goûts, je me crois plus heureux qu'un autre, puisque je suis convaincu qu'ils me rendent susceptible de plus de plaisir. Heureux ceux qui, sans nuire à personne, savent s'en procurer, et insensés ceux qui s'imaginent que le Grand-Être puisse jouir des douleurs, des peines et des abstinences qu'ils lui offrent en sacrifice, et qu'Il ne chérisse que les extravagants qui se les imposent. Dieu ne peut exiger de ses créatures que l'exercice des vertus dont il a placé le germe dans leur âme, et il ne nous a rien donné qu'à dessein de nous rendre heureux. » À la fin de sa vie, le séducteur vénitien confirmera avoir, à sa façon, trouvé le bonheur, non pas tant dans les plaisirs divers qu'il consomma avec ardeur jusqu'à ce que l'âge l'en écarte, mais par la mémoire qu'il en garde. Contrairement aux cyrénaïques et à Sade, Casanova ne conçoit la jouissance qu'en communion avec l'autre, et se vante, à juste titre, de n'avoir jamais négligé ou méprisé les femmes, mais au contraire de les avoir éperdument aimées. Il revient à l'homme de donner, affirme-t-il, et aux femmes de recevoir.

Denis Diderot aussi concilie la pensée libertine avec l'altruisme, répudiant de la sorte l'égoïsme cynique d'Aristippe de Cyrène et de Donatien Alphonse

François, marquis de Sade. À côté d'un roman illustrant son goût des plaisirs, tel *Les Bijoux indiscrets*, Diderot met en scène, dans *Le Neveu de Rameau*, l'opposition entre le philosophe (lui, sans doute), et le libertin sans scrupules et sans principes, peut-être en réalité une autre facette du même personnage, c'est-à-dire l'homme libre et généreux qui représente l'un des idéaux principaux des Lumières. Au jouisseur brillant et sceptique, Diderot, le philosophe, rétorque : « Je ne méprise pas les plaisirs des sens ; j'ai un palais aussi, et il est flatté d'un mets délicat ou d'un vin délicieux, et j'aime à voir une jolie femme, j'aime à sentir sous ma main la fermeté et la rondeur de sa gorge, à presser ses lèvres des miennes, à puiser la volupté dans ses regards, et à en expirer entre ses bras [...]. Mais je ne vous dissimulerai pas, il m'est infiniment plus doux encore d'avoir secouru le malheureux, d'avoir terminé une affaire épineuse, donné un conseil salutaire. »

Pour lui, le vrai héros, sans doute heureux, est personnalisé par Voltaire luttant contre l'injustice, mettant tout en œuvre pour réhabiliter le réformé Jean Calas, injustement condamné par le parlement de Toulouse et roué en place publique, en 1762. Le père de *l'Encyclopédie* est de plus un homme de progrès persuadé que la connaissance, les sciences et les techniques permettront d'accroître le bonheur humain. Quant à Saint-Just, fidèle en cela à Rousseau, il fait confiance à l'action du peuple souverain pour améliorer le sort de l'humanité. Il n'y a plus de référence au libertinage individualiste dans sa proclamation : « Le bonheur est une idée neuve pour l'Europe », mais un optimisme progressiste fondé sur l'action collective et les vertus révolutionnaires. Les gens sont malheureux, ils ont le droit de s'en plaindre et le devoir de lutter pour leur droit indéniable au bonheur : « Le but de la société est le bonheur commun », déclare le préambule de la Constitution française de 1793, le gouvernement en est le garant.

Le progrès, moyen du bonheur

L'ébranlement que constitua le mouvement philosophique des Lumières présente un socle commun dans toute l'Europe : le rejet des dogmes et de l'absolutisme, la revendication de l'autonomie du sujet, être rationnel capable par lui-même de se forger des opinions, de décider de sa vie et libre de s'efforcer d'être heureux. Sur ces bases, les itinéraires parcourus et les solutions retenues seront cependant incroyablement divers, du libéralisme économique et politique d'Adam Smith, Hume et Montesquieu au communisme archaïque de Gracchus Babeuf, du libertinage débauché de Sade, à la vertu révolutionnaire de Robespierre et Saint-Just en passant par l'engagement moral de Voltaire ou Condorcet, de l'individualisme le plus irréductible à la promotion des valeurs de l'action collective du peuple assemblé.

Une semblable variété ne saurait d'ailleurs surprendre puisqu'elle reflète celle des consciences qu'il est dans le dessein des Lumières de libérer afin qu'armées de la raison elles puissent tracer elles-mêmes sa route au citoyen. À la suite de la Renaissance, il s'agit d'un puissant mouvement intellectuel de redécouverte des valeurs individuelles qui s'expriment d'abord par l'affirmation du droit de chacun à la liberté et au bonheur, la première perçue comme la condition nécessaire sinon suffisante du second. C'est à ce titre que la proclamation de Saint-Just est emblématique de l'esprit des Lumières et, au-delà, du monde moderne.

Il peut sembler paradoxal que ce bel espoir ait aussi débouché sur la Terreur révolutionnaire en France, archétype des dérives totalitaires des révolutions du XXe siècle, de Staline à Mao Tsé-toung et à Pol Pot. Il ne saurait bien sûr être question de faire de Robespierre l'ancêtre des dictateurs rouges du siècle passé ou de comparer les quelques milliers de victimes des tribunaux révolutionnaires aux dizaines de millions de personnes exterminées en URSS, en Chine ou au Cambodge. Je n'évoque en fait cette filiation qu'à travers le statut commun dans tous ces épisodes des idées de liberté, de bonheur et de mouvement du progrès.

Même lorsqu'elles ont abouti à la plus impitoyable des oppressions, voire à une réaction obscurantiste contre toutes les formes de la créativité intellectuelle comme durant la révolution culturelle chinoise et sous le pouvoir des Khmers rouges, ces abominations s'appuyaient sur le concept de la guerre à outrance contre les oppresseurs et les possédants d'hier (« Pas de liberté pour les ennemis de la liberté ») et sur le devoir de créer les conditions du bonheur authentique pour le peuple grâce à la mise en œuvre d'un processus de progrès social et politique y conduisant nécessairement. En effet, ses règles étant proclamées de nature scientifique, et par conséquent objectives, elles devenaient le moyen certain de connaître la vérité et de conduire au bonheur. Seuls des fous et des tyrans étaient susceptibles de s'y opposer ; les hôpitaux psychiatriques pour les premiers, le goulag et le bourreau pour les seconds.

Au total, la promotion de la raison en tant que clé de la liberté et du bonheur, idéal des Lumières, constitue aussi l'un des fondements du scientisme et des idéologies scientifiques. Ces dernières se sont nourries de la pseudo-évidence qu'existaient des méthodes d'une stricte rationalité assurant l'édification d'une société heureuse. De telles illusions ont abouti à la création de systèmes monstrueux broyant l'individu et bafouant ses droits. L'un des rouages de l'engrenage vers le totalitarisme fut sans doute une confiance excessive dans le pouvoir des savoirs et du raisonnement humains vus non seulement comme des conditions nécessaires à l'épanouissement du citoyen, mais aussi comme la garantie d'y parvenir.

Pour l'immense majorité des hommes des Lumières, la connaissance, les sciences et les techniques sont les plus belles conquêtes de l'esprit humain, les fruits les plus éblouissants de la raison ; elles sont les moteurs du progrès dont Condorcet assure qu'il permet à « l'espèce humaine affranchie de toutes ses chaînes, soustraite à l'empire du hasard comme à celui des ennemis du progrès [de cheminer] d'un pas ferme et sûr sur la route de la vérité, de la vertu et du bonheur ». Grâce à cela, Saint-Simon peut annoncer « l'âge d'or du genre humain [qui réside] dans la perfection de l'ordre social. Nos pères ne l'ont point vu, nos enfants y arriveront un jour. C'est à nous de leur en frayer la route ».

Bien sûr, un tel credo progressiste un peu naïf n'est pas partagé par tous. Jean-Jacques Rousseau, sans doute le philosophe majeur des Lumières françaises, est ainsi plus circonspect. Il pressent avec lucidité que tout progrès comporte sa contrepartie qui en menace les avancées, si bien que l'avenir pourrait être, de ce point de vue, à somme nulle, laissant le peuple souverain maître du jeu : ce sera à lui d'écrire l'histoire future qui n'est pas réductible à ce mouvement ascendant continu vers un terme idéal qu'imaginent nombre de progressistes européens depuis le XVIIIe siècle. Les pouvoirs accrus découlant des avancées scientifiques et techniques peuvent aussi bien être mis au service des tyrans – ils l'ont été si souvent durant le cours du XXe siècle – ou des oligarchies indifférentes au malheur humain, que mobilisés en faveur de l'humanité. C'est bien de la volonté collective que cela dépend, si elle peut et ose encore se manifester.

Cependant, pour la masse des enthousiastes du progrès des siècles passés, des révolutionnaires collectivistes aux saint-simoniens et aux capitaines d'industrie, de la gauche radicale communarde à la droite libérale, de Marx à Tocqueville en passant par Kautsky, la conviction a été forte que le souffle de l'Histoire actionné par le progrès permettrait, avec des hauts et des bas, mais au total de façon inéluctable, d'accroître le bonheur de l'humanité. Après le XXe siècle que les peuples ont vécu, ses heurs et ses malheurs, ses progrès scientifiques et techniques éclatants, son bouleversement des modes de vie, mais aussi ses violences et ses désastres, les incertitudes du lendemain liées à la dégradation de l'environnement et aux inégalités, aux conflits qui persistent ou menacent et au terrorisme, l'idée que le progrès est à lui seul promesse d'amélioration du sort de l'humanité n'a plus guère d'adeptes, au moins dans les vieilles nations européennes.

Une grande partie des forces historiques définies jadis comme celles du progrès est traversée aujourd'hui par la contestation de l'absurdité d'un processus de développement quantitatif où il s'agit de produire « toujours plus » au détriment de l'état de la planète que nous léguerons aux générations futures et sans souci de la place de la personne dans le processus. « Et l'homme dans tout ça ? », telle est l'interrogation en guise de protestation qui fédère ce désamour d'une logique dans laquelle la technoscience apparaît au service exclusif de marchés économiques dont on doute qu'ils aient comme objectif le bonheur humain.

C'est plutôt en face, dans le camp des cadres du système régissant l'activité et les échanges mondiaux, que se recrutent les « progressistes » modernes, les chantres des bienfaits du progrès technique et des mécanismes financiers qui leur sont associés. Dans leur majorité, les libéraux ne garantissent cependant pas que ce sera là le moyen d'édifier une société heureuse, le discours a changé. Ils promettent plutôt de la sueur et des larmes, réclament du courage et de l'abnégation pour l'emporter dans la compétition économique, et ont la pudeur de ne pas annoncer le bonheur. Les lendemains ne chantent plus pour personne.

Le marché du bonheur

La désillusion générale quant au pouvoir de l'action politique d'édifier une société solidaire et heureuse conduit, en Occident, à une profonde modification de l'équilibre institué en son temps par les Lumières, entre l'individu et la nation, le citoyen et le peuple. Puisque l'échec des entreprises collectives à créer les conditions du bonheur apparaît patent, autan
occuper soi-même, seul ou avec les siens, la fan

clan, les copains et la communauté. C'est là une évolution du processus d'individuation porté par l'esprit des Lumières vers l'individualisme des Temps modernes. Cela tombe bien, si l'on peut dire, puisque le consommateur individuel mû par son désir de satisfaire des envies qu'il est aisé de créer de toutes pièces est, nous l'avons vu, l'expression naturelle d'*Homo œconomicus*, acteur et moteur de l'économie libérale, elle aussi fille des Lumières.

La situation apparaît par conséquent idéale : nous nous sommes laissé convaincre de notre impuissance à influer sur le cours des choses. Seule la prise en charge de notre développement personnel nous est ouverte. À nous d'y pourvoir, notamment en assumant notre droit d'accéder aux plaisirs et aux autres éléments constitutifs du bonheur. Les périodiques, ouvrages et manuels se présentant comme des recueils de recettes permettant d'y parvenir sont aujourd'hui parmi les plus grands succès de librairie dans le monde entier. Les archétypes d'enfants, de femmes, d'hommes et de retraités heureux sont imposés partout sur la planète avec l'efficacité des extraordinaires moyens modernes de communication et de promotion. La manière dont il convient que les corps soient sculptés, parés, consommés est expliquée en détail. De même que les loisirs et les distractions sans lesquels il serait impossible aujourd'hui d'être heureux, les objets indispensables qu'il « faut » posséder, etc. L'argent est le sésame d'accès à tous ces bienfaits, les choses et les personnes dont on désire user, ce qui stimule le commerce, augmente la prospérité générale (sinon de chacun individuellement) et confirme le dogme selon lequel la richesse, et tout ce qui permet de l'accroître, au niveau individuel aussi bien qu'à celui du monde, est bonne en soi.

Or, en même temps, personne ne croit réellement qu'il tient avec la société de consommation, même lorsqu'il a les moyens de consommer, les clés du paradis sur terre. *La Nouvelle Héloïse* de Rousseau le pressentait : la sensation de bonheur « disparaît devant l'objet même ; rien n'embellit plus cet objet aux yeux du possesseur ». La belle voiture tant convoitée devient vite un véhicule banal après qu'on l'a achetée ; la nouvelle conquête lasse bientôt ; les encyclopédies, avant Internet, étaient rarement consultées et encombraient les bibliothèques ; nos armoires débordent de vêtements et de chaussures presque neufs que nous n'avons guère portés ; nous ne sommes pas persuadés que caviar et ortolans nous réjouissent plus que saucisse sèche et camembert ; il nous faut des débarras pour accumuler nos emplettes si fort désirées et presque aussitôt négligées. Mais au moins avons-nous espéré posséder cela, puis autre chose, autre chose encore. Chaque fois la déception, suivant de peu l'acquisition, est compensée par une nouvelle envie dont l'excitation nous tiendra lieu de plaisir. La frustration inéluctable associée à la poursuite sans espoir d'un fantasme – la satisfaction durable – induit un comportement compulsif des personnes auxquelles notre société présente une diversité quasi illimitée de « produits » à consommer, artefacts, spectacles, activités diverses, chair fraîche et chère délectable. Il faut éviter que quiconque ait tout ; ce serait mauvais pour le commerce et donc pour le monde, et au total un obstacle à l'idée du bonheur inaccessible mais dont la poursuite doit être le moteur de l'existence de chacun.

La pulsion consommatrice n'est pas seulement

autoentretenue par la nécessité de réalimenter toujours la machine à désirer ; elle est aussi autoamplifiée par un phénomène biologique et psychologique (le second sans doute conséquence du premier) : la désensibilisation progressive. Les cellules vivantes perçoivent les signaux de l'environnement grâce à des molécules protéiques spécialisées localisées, le plus souvent, au niveau de la membrane cellulaire qu'elles traversent de part en part : ce sont les récepteurs. Ils fixent à l'extérieur le composé chimique véhiculant le message (ou, d'autres fois, réagissent à une force mécanique, à la température, à l'acidité ou à la lumière) et transmettent à l'intérieur un signal dont les effets seront de modifier de différentes manières le comportement et les propriétés cellulaires. Or toute stimulation prolongée des récepteurs provoque leur perte de sensibilité ou bien leur disparition de la surface cellulaire, de sorte que le signal perd de son efficacité : pour le maintenir à niveau, il faut alors augmenter la stimulation. C'est un ensemble de mécanismes de ce type qui explique l'addiction aux drogues et l'effet de manque.

Toutes les substances susceptibles d'entraîner une dépendance, les stupéfiants, l'alcool, la nicotine, nombre d'hallucinogènes, ont en commun l'un de leurs modes d'action : l'activation des centres impliqués dans la sensation de plaisir. Cependant, la répétition de la consommation augmente peu à peu le seuil de sensibilité et diminue la durée de l'effet, conduisant à augmenter la fréquence et la dose des prises dans le but de reproduire la sensation désirée. Pis, même, le fonctionnement de base des systèmes neurobiologiques impliqués, c'est-à-dire à l'identique de ce qu'il était avant l'intoxication, ne va plus être possible en son absence totale, induisant un état de manque insupportable. Il existe, sans doute, des phénomènes de cet ordre dans toute consommation compulsive dont le but cesse progressivement d'être le plaisir pour devenir une tentative désespérée d'éviter l'angoisse du vide. Sa manifestation la plus habituelle, à côté de la frustration, est l'ennui.

L'ennui

Si personne ne sait au juste ce qu'est le bonheur, chacun convient en tout cas qu'il exclut l'ennui au même titre, en général, que le malheur et la douleur. Cette observation vaut d'ailleurs aussi pour les autres animaux, comme j'en ai discuté dans le chapitre consacré à la liberté. Un fauve en cage, un cheval ne sortant pas de son box, un animal de compagnie cantonné de longues heures dans sa boîte au cours d'un voyage s'ennuient. Il s'ensuit différents désordres comportementaux bien connus des éthologues et autres spécialistes, telles les diverses sortes de stéréotypies (les tics) qui se développent chez les équidés enfermés et insuffisamment sollicités. Priver un animal de la liberté d'exprimer sa nature – gambader, courir, sauter, avoir une vie sociale – le rend malheureux si on en juge par le faisceau d'indices que sont la tristesse (ou, pour être plus rigoureux, l'absence de manifestations de gaieté), les tics et les stigmates physiologiques du stress. Entre le chien enchaîné, amorphe ou aboyant sans raison, mâchouillant interminablement le bout de bois déposé là, et l'animal exubérant, jouant avec son maître, plongeant dans la rivière pour en rapporter la balle, la présentant fièrement à l'homme, aplati par terre en remuant la queue, nul n'hésite à diagnostiquer l'ennui dans un cas, le bien-être dans l'autre.

Ce retour à nos amies les bêtes permet d'avancer une définition de l'ennui, ou au moins de ses circonstances de manifestation : il y a ennui lorsque l'être est empêché par les circonstances de suivre son inclination, d'exprimer sa « nature », étant entendu qu'elle est, chez nous, bien plus largement que chez les autres animaux, acquise et autoconstruite. Certes, un chat d'appartement dans le petit logis au huitième étage de l'immeuble sera à l'aise alors qu'un chat de ferme ou de gouttière s'y ennuiera ferme, témoignant par là même de ce que nous ne sommes pas les seuls êtres dont les inclinations dépendent de l'acquis et non pas seulement de l'inné. Pour autant, nous n'avons pas de rival quant à notre capacité d'acquérir, à notre sensibilité au milieu culturel et à la richesse des projets que nous sommes aptes à élaborer. L'homme construit en grande partie lui-même sa nature, modelée par ses contacts au sein d'une société de semblables ; il se fixe des objectifs, détermine les objets de ses désirs ou, plus souvent, s'approprie ceux que diverses manœuvres de séduction, amoureuses ou publicitaires, lui ont « proposés ». Je mets ce dernier mot entre guillemets car il ne convient pas, il est trop faible. Cependant, « imposés » serait trop fort. « Primposer » n'existe pas. Dommage !

Quoi qu'il en soit, le jouisseur contraint à l'abstinence, le fêtard dans un trou au centre de la Creuse ou du Wisconsin, le fou du shopping à l'heure où tous les magasins sont fermés, l'amoureux de la philosophie morale grecque ayant accès seulement au relais de presse que l'on trouve dans les gares, l'alpiniste aux Pays-Bas et le marin en Centrafrique « meurent » d'ennui, et ne sont pas heureux. Une activité particulière, physique ou intellectuelle, a fini par être intégrée à leur essence, à leur être profond, sa carence est douloureusement ressentie, elle induit un authentique syndrome de manque, qu'il est malaisé de combler en se fixant *ex nihilo* un désir de tout autre ordre.

Aussi pour échapper à l'ennui convient-il d'avoir plusieurs cordes à son arc, une vie intérieure à côté de celle qui dépend des seuls facteurs extérieurs, c'est-à-dire des objets de désir internes à l'individu, préservés en quelque sorte des circonstances indépendantes de la personne. Cela n'est cependant jamais absolu ; il n'existe pas de forteresses inexpugnables de l'esprit dans lesquelles nous pourrions conserver, comme dans un abri antiatomique, des objectifs délectables qu'il nous serait toujours possible de poursuivre en période d'inaccessibilité de nos autres sources de plaisir. Nous sommes parfois submergés par l'émotion, l'inquiétude, le doute, le ressentiment, flots qui ne respectent aucun sanctuaire de nos pensées.

Alors, même le créateur indépendant, le peintre ou l'écrivain dont la passion possède un but et un moteur propres à l'artiste, se trouvera parfois comme sidéré, incapable de réaliser l'œuvre qu'il croyait porter en lui, à court d'inspiration et de courage pour entreprendre, condamné à la plus insupportable des impuissances, celle de créer. C'est, par exemple, Oscar Wilde, remis en liberté après avoir purgé sa peine de deux ans d'emprisonnement pour homosexualité, en Angleterre, et incapable durant les trois dernières années qui lui restent à vivre d'écrire à nouveau, comme stérilisé par l'épreuve et la crainte de sa stérilité.

Raison, passions et émotions

Les journalistes appellent « marronniers » les sujets récurrents que l'on ressort lorsque l'actualité se languit, au cœur du mois d'août, par exemple : le salaire des cadres, la séduction sur les plages, les plus grosses fortunes, etc. Il est en philosophie des sujets de cet ordre, questions de cours par excellence et sujets d'examen. Les relations entre raison et passions en font partie.

L'idéal stoïcien de l'ataraxie exclut explicitement de se laisser troubler par les émotions et entraîner par la passion : seul est heureux le philosophe qui parvient à n'y pas céder. Kant n'est pas plus tendre avec ces corrupteurs de la raison qui menacent l'être dans l'accomplissement de son devoir. Pour constituer un impératif catégorique, ce dernier se doit en effet d'être indépendant des émotions et des passions, paramètres purement individuels. « Agis comme si la maxime de ton action devait être érigée par ta volonté en loi universelle de la nature » (*Fondement de la métaphysique des mœurs*). De plus, en tant qu'elles obscurcissent l'entendement, les passions s'opposent à l'action vraiment libre.

Descartes au XVIIe siècle observe avec perspicacité que sentiments, émotions et passions sont des manifestations du corps et que, de ce fait, elles s'imposent à nous : il faut faire avec. D'ailleurs, certaines sont bonnes et engendrent la conduite héroïque ou l'œuvre sublime, idée qui sera développée par Diderot. D'autres doivent êtres tenues en laisse, sinon, elles feraient obstacle aux aspirations de l'âme. Pour autant, le philosophe français est conscient de ce que

« les passions ont [...] une fonction naturelle qui consiste à inciter l'âme à vouloir les choses que la nature dit nous être utiles » (*Traité des passions de l'âme*) et il conclut son traité en enfonçant le clou : « C'est d'elles seules que dépendent tout le bien et tout le mal de cette vie : pour les plaisirs que l'âme a en commun avec le corps, ils dépendent entièrement des passions, en sorte que les hommes qu'elles peuvent le plus émouvoir sont capables de goûter le plus de douceur en cette vie. »

Hegel poursuivra au XIXe siècle l'entreprise de réhabilitation cartésienne des passions, développant dans le même temps la contestation du criticisme kantien. Il remarque, avec ironie, que si le respect de la loi morale était le seul mobile des actions humaines, bien peu de grandes choses auraient été accomplies, pas de chefs-d'œuvre ni de découvertes ou d'entreprises individuelles que l'histoire a retenus comme grandioses. Le moteur de toutes ces considérables réalisations a été la passion de personnes ardentes à l'assouvir. « Rien de grand ne s'est accompli dans le monde sans passion » (*La Raison dans l'Histoire*). Hegel voit les passions individuelles comme des ruses de la Raison universelle, de l'Esprit du Monde, transcendance donnant son sens à l'histoire, selon sa philosophie idéaliste.

Après David Hume au XVIIIe siècle, toute la philosophie utilitariste, l'une des bases doctrinales du libéralisme, sera, nous l'avons vu, fondée sur la prééminence des passions qui représentent « un mode primitif d'existence ». La raison aurait été construite par l'homme, au contact de ses semblables, comme un moyen amélioré de les assouvir. De ce fait, la raison n'a rien à dire sur les passions, auxquelles ne s'appliquent pas les outils électifs développés par elle, les notions de logique ou de vérité. Se demander si une émotion esthétique, un désir amoureux, une soif de gloire, une cupidité exacerbée ou une jalousie destructrice sont « vrais » ou « faux » n'a pas de sens. Tout ce qu'il est possible de juger, c'est de la validité du présupposé à la base d'une passion : cette personne est jalouse. Cela est-il justifié, son partenaire lui est-il infidèle ? La réponse, objective, n'a d'ailleurs guère d'importance : quoi que Desdémone dise à Othello, cela ne fera que renforcer la jalousie de ce dernier.

Contrairement à Descartes qui enjoint à la raison de dominer les passions, sans les nier, afin d'en user au mieux, Hume pense que c'est non seulement peine perdue, mais aussi, en pure logique, injustifiable. Il fait ainsi remarquer, dans son *Traité de la nature humaine*, qu'il « n'est pas contraire à la raison de préférer la destruction du monde entier à une égratignure de mon doigt. Il n'est pas contraire à la raison que je choisisse de me ruiner complètement pour prévenir le moindre malaise d'un Indien ou d'une personne complètement inconnue de moi [...]. Bref, une passion doit s'accompagner de quelque faux jugement pour être déraisonnable ; même, alors, ce n'est pas, à proprement parler, la passion qui est déraisonnable, c'est le jugement. [...] Il est [donc] impossible que la raison et la passion puissent jamais s'opposer l'une à l'autre et se disputer le commandement de la volonté et des actes ».

Pour Hume, la législation de l'entendement ne s'étend pas aux actions et aux projets mus par les sensations, les émotions et les sentiments, elle ne peut que les connaître et se mettre à leur service, ce pourquoi elle a été édifiée.

Freud reconnaît lui aussi l'influence décisive de forces pulsionnelles sur l'agir humain, d'autant plus inaccessibles à la raison à laquelle elles s'imposent qu'elles constituent le « ça » inconscient : le moi, idéal des philosophes depuis l'Antiquité jusqu'à Descartes et aux Lumières, n'est décidément pas maître chez soi. L'inconscient freudien diffère cependant des passions au sens classique en ce qu'il en constitue le ressort caché doté d'une certaine rationalité, qu'il revient à la psychanalyse d'élucider afin d'en faire prendre conscience au sujet.

La science moderne a-t-elle quelque chose à ajouter à ce débat philosophique multimillénaire ? Peut-elle prendre position ? En une certaine mesure, sans doute. Une première donnée concerne l'intégration fonctionnelle étroite de différentes zones cérébrales concourant de concert aux différentes opérations cognitives ; certaines d'entre elles sont spécifiquement activées par des émotions telles que le plaisir, la peur ou l'angoisse… La mémorisation d'un événement dépend directement de son incidence émotionnelle. Chez l'animal de laboratoire et chez des témoins humains, on établit ainsi une corrélation entre l'intensité de l'activation de l'amygdale, un des centres des émotions associées au stress, provoquée par la présentation d'une image plus ou moins effrayante et menaçante, et l'efficacité avec laquelle une empreinte mentale – un souvenir – en est gardée. La même chose est vraie pour les sensations agréables. En d'autres termes, les images mémorisées le sont en fonction de leur contenu émotionnel.

Il en est en fait de même pour les décisions a priori

rationnelles, ainsi que l'illustre un paradoxe célèbre. On demande à des personnes ce que serait leur attitude si elles se trouvaient face aux dilemmes suivants : un tramway parvient à un aiguillage. S'il emprunte la voie de droite, il écrasera et tuera cinq piétons. S'il est dévié vers la gauche, le bilan ne sera que d'un mort. Tout le monde choisit, bien sûr, la solution sacrifiant le moins de vies, c'est-à-dire celle d'orienter l'engin à gauche. Cependant, lorsque l'on propose pour éviter le bilan le plus lourd de jeter un passant sur les voies, du haut d'un pont les surplombant, afin de bloquer la machine, avec une pleine assurance de succès, cette possibilité est presque toujours rejetée avec horreur, alors que rationnellement son résultat est le même que précédemment, l'actionnement du levier pour diriger la machine vers la gauche. La charge émotionnelle des deux actions est cependant toute différente. La perspective de commettre un homicide direct en précipitant quelqu'un sous les roues du véhicule s'accompagne d'une intense activation des aires du stress (l'amygdale) et bouleverse l'issue du processus cognitif de prise de décision.

Lorsque l'on suit en imagerie cérébrale par résonance magnétique les régions encéphaliques recrutées par l'exécution de tâches faisant appel à un acquis, par l'élaboration d'un projet simple (choix entre plusieurs possibilités), on repère constamment l'activation de structures impliquées dans la perception et le mouvement (le cerveau anticipe ce qu'ils seront en fonction de la décision retenue), le traitement associatif complexe lié aux fonctions dites supérieures, c'est-à-dire impliquant un raisonnement (cortex frontal et préfrontal), et aussi des noyaux intervenant dans les réactions émotionnelles.

Le neurobiologiste américain Antonio Damasio rappelle dans ses ouvrages (*L'Erreur de Descartes* et *Spinoza avait raison*) l'observation célèbre de Phinéas Gage. Cet ouvrier de chantier américain était occupé, en 1848, à déposer des explosifs dans des cavités rocheuses forées sur l'itinéraire d'une future voie ferrée. À la suite d'une fausse manœuvre, il déclencha l'explosion du dispositif en le frappant avec un pilon métallique dont le manche lui traversa la boîte crânienne, lésant les deux lobes frontaux. De façon surprenante, Gage ne perdit pas même conscience et les premiers médecins à l'examiner notèrent son bon état général et sa capacité à répondre aux questions. Plus tard, cependant, son médecin traitant rapporta son changement de caractère, cet homme réservé et équilibré devenant grossier, capricieux, soumis sans restriction à l'empire de ses passions. Quoique toutes ces données restent aujourd'hui discutées, Damasio les interprète comme une évidence des interactions réciproques entre la perception des émotions et le processus cognitif de décision. Quelle que soit la réalité de l'interprétation en ce qui concerne Gage, de nombreuses observations ultérieures sont en accord avec cette hypothèse. Par exemple, des lésions limitées, d'origine vasculaire ou tumorale, des amygdales, centre déjà évoqué des réactions émotives, paraissent conduire, en l'absence de dégâts corticaux apparents, à d'importants troubles du comportement.

Tout dualisme modernisé de l'âme et du corps, des fonctions intellectuelles et des émotions, de la raison et des passions semble ainsi devoir être rejeté. Imaginons, ainsi que le font des romans de science-fiction, qu'un dispositif permette de maintenir en vie un encéphale humain fonctionnel, déconnecté des autres parties du corps. Même s'il était possible de lui transmettre par stimulus électriques appliqués de façon précise des informations de nature visuelle, auditive, olfactive et tactile sur le monde extérieur, compensant l'absence d'organes des sens, la pensée produite ne serait pas authentiquement humaine.

Chez tout animal, le cerveau et le corps, auquel il appartient et participe, échangent en permanence des messages divers, qui sont chez nous partie intégrante de toutes les opérations mentales complexes. Les plaisirs primaires sont perçus en tant que sensations dont le traitement cognitif, dépendant du souvenir d'expériences antérieures, modifie le pouvoir émotionnel. L'intensité de ce dernier va, en contrepartie, moduler l'empreinte laissée dans l'esprit par l'épisode et, de la sorte, influer dès ce moment sur les pensées, les analyses de situation et les prises de décision. En d'autres termes, la machinerie neuronale, condition matérielle de notre vie psychique, est comme sculptée par le ciseau de la mémoire dont les marques sont fonction des impressions laissées selon les émotions ressenties. Sans elles, l'art n'existe pas. Sans lui, en absence de sensibilité à la dimension esthétique, purement émotionnelle, des choses et des êtres, l'humanisation de nos ancêtres eût sans doute été impossible.

Que serait une raison raisonnante incapable d'intégrer les catégories de la beauté, de l'attirance et de la répulsion, insensible à la séduction et à l'indignation, n'ayant aucune expérience de la rougeur au front, de la bouche qui s'assèche, du cœur qui s'accélère, du souffle qui devient court, des yeux qui brillent, des mains qui deviennent moites, des sexes qui gonflent, de l'oppression dans la poitrine, des larmes qui coulent ? Le déni des passions, définies comme des projets, des désirs et des actions dont les mobiles sont le plaisir et l'émotion qu'on en tire, est toujours voué à l'échec. D'une part, les efforts consentis pour tenir en lisière toutes les sensations, tous les plaisirs du corps sont tels qu'ils témoignent chez les philosophes, les anachorètes, les cénobites et les sages orientaux qui s'y emploient, d'une irrésistible passion, celle de la maîtrise de soi afin d'atteindre une sorte de félicité spirituelle qui leur procure, sans aucun doute – sinon ils échoueraient – une immense joie. D'autre part, résister de toutes ses forces aux pulsions ou bien y céder revient, dans les deux cas, à admettre leur puissance sur l'être. Sans tentation à laquelle résister, il n'est plus d'attitude héroïque et vertueuse. C'est d'ailleurs pourquoi, dans les livres sacrés, les diables de tous poils s'emploient tant à faire succomber les saints : sans ces tentateurs bienvenus, comment prouveraient-ils leur sainteté ?

L'idéal mystique de l'ermite, de l'ecclésiastique, du moine ou de la religieuse est l'exemple particulier d'une passion dont l'objet est un concept intellectuel, c'est-à-dire une représentation mentale, et non la satisfaction d'un plaisir primaire du corps. Pour autant, le corps n'est pas absent de la poursuite d'une telle source de joie. Il suffit pour s'en convaincre d'entendre des croyants fervents décrire leurs émotions en présence des guides suprêmes de leurs religions, ou au cours de certaines célébrations de leur culte ; l'impression du cœur qui se dilate, les yeux qui se mouillent, les bras qui se tendent en un geste exalté d'enthousiasme et d'amour. Mieux même, tout le cérémonial religieux est fondé sur des pratiques propices à engendrer l'émotion : décorum, art, chants, évocations dramatiques ou exaltantes, danses et transes dans certains rites. La célèbre sculpture baroque du Bernin *L'Extase, ou transverbération de sainte Thérèse*, en l'église Santa Maria della Vittoria, à Rome, est à ce titre éloquente. Évoquant le mariage mystique de sainte Thérèse d'Avilá avec le Christ, l'œuvre superbe, l'une des plus belles de l'artiste selon moi, représente une femme en pleine jouissance, sous l'emprise d'un orgasme de l'âme et du corps que la sainte décrit d'ailleurs excellemment dans son autobiographie : « Il plut au Seigneur de me favoriser à différentes reprises de la vision suivante. Je voyais près de moi, du côté gauche, un ange sous une forme corporelle. [...] Il tenait à la main un long dard en or, dont l'extrémité en fer portait, je crois, un peu de feu. Il me semblait qu'il le plongeait parfois au travers de mon cœur et l'enfonçait jusqu'aux entrailles. En le retirant, on aurait dit que ce fer les emportait avec lui et me laissait tout entière embrasée d'un intense amour de Dieu. [... La] suavité causée par ce tourment incomparable est si excessive que l'âme ne peut en déceler la fin ni se contenter de rien en dehors de Dieu » (chap. XXVIIII, 13).

Rien n'apparaît a priori plus éloigné de l'extase mystique que le travail assidu et austère du savant, du chercheur, encore que certains tel Newton ont été mystiques. Ici, la raison seule semble à l'œuvre. Elle légifère sur ce qu'il convient d'observer, permet de traiter les informations recueillies, en infère de nouvelles hypothèses qu'il s'agit alors de confronter à l'épreuve d'expériences de validation, etc. Et pourtant, sans passion, cet exercice incertain, complexe, éprouvant, ne serait accompli par personne. Charles Nicolle, un élève de Louis Pasteur, parlera, pour expliquer un épisode où son maître avait adopté un comportement peu éthique (il avait suggéré à l'empereur du Brésil, Pedro II, de lui permettre d'expérimenter ses candidats vaccins contre la rage sur des condamnés à mort…) « du délire sacré que la passion inspire au génie ».

Ce feu intérieur qui pousse à s'investir corps et âme dans sa recherche, sans ménager son temps et sa peine, en arrivant à négliger les siens, je l'ai connue. Je suis passé par ces périodes de grande détermination, de désespoir, de découragement, puis de renaissance aux premiers signes d'un succès possible. Les nuits blanches, le cœur qui bat la chamade avant de dépouiller l'expérience censée être décisive, puis, dans de rares cas au cours d'une carrière, l'illumination, l'anéantissement temporaire que provoque l'excès d'une sensation de bonheur immense, le besoin de s'asseoir, les bras ballants, incapable de croire à l'immensité de la découverte, puis l'excitation, les pas de danse avec les collaborateurs, les coups de téléphone, les nuits blanches, dans son lit cette fois, tant dormir ferait perdre de la jouissance du moment, un orgasme vrai, là aussi. Que découvrirait-on sans la perspective de vivre et de ressentir cela ?

Par quelque côté que l'on aborde la question, raison, passions et émotions apparaissent être des constituants indissociables et interdépendants d'une même entité, l'esprit humain.

Le bonheur malgré tout ?

Nous tournons depuis un moment autour du concept de bonheur sans en avoir précisé le sens : ce n'est pas par négligence, la chose est malaisée. Il m'a semblé plus facile d'aborder la question dans le monde animal en général, et aussi de façon négative : quels sont les ressorts du malheur et les obstacles au bonheur ? Sans prendre trop de risques, on peut avancer : la contrainte, la privation de la liberté d'être, l'ennui, la douleur, toutes les circonstances physiques ou psychiques génératrices de mal-être et de stress, l'angoisse, la peur, la frustration, l'indignation, l'insatisfaction, la dépression, l'impuissance sous toutes ses formes. Une première condition pour être heureux est, pourrait affirmer M. de La Palice, de n'être pas malheureux.

Cela vaut pour tous les animaux, amenant à soulever le problème du bonheur en dehors de l'espèce humaine. Quand bien même les bêtes ne savent pas si elles sont heureuses ou non, elles le ressentent sans aucun doute, et le manifestent par toute une série de signes qui nous sont familiers. Nous n'éprouvons guère de difficulté à déceler chez elles la gaieté et la santé ou, à l'inverse, l'ennui, le stress et la maladie. La vision spinozienne selon laquelle la joie et le bonheur exigent la libre possibilité de persévérer dans son être, d'exprimer pleinement sa nature, peut s'appliquer au monde animal dans son ensemble, l'homme constituant un cas particulier d'une singulière complexité en rapport avec la richesse de l'être en question et son potentiel d'autoédification.

Chez nos cousins non humains, rien n'interdit d'identifier le bonheur à la capacité non contrainte de se nourrir et de boire, de se reproduire et d'évoluer dans son écosystème – l'eau, le ciel, la forêt ou le pré – sans entrave, selon les stimulations et tentations extérieures et la fantaisie de l'instant. L'origine évolutive de la sensation animale de bien-être va de soi : il s'agit de la poursuite des conditions les plus propices à la perpétuation de l'espèce. Ce mécanisme n'a certes pas perdu de son importance chez les primates du lignage à l'origine d'*Homo*. Si consommer des aliments appropriés quand on a faim, boire quand on a soif et se reproduire n'induisaient pas de sensations agréables, les individus et leur descendance seraient gravement menacés.

Examinons de plus près l'hypothèse selon laquelle le bonheur humain serait de même nature que le bonheur animal, c'est-à-dire correspondrait à une pleine réalisation de l'être induisant, lorsque les capacités cognitives et la conscience de soi qui en découlent le permettent – chez l'homme, par conséquent – un sentiment de plénitude lié à l'accord parfait entre les aspirations et la manière dont le réel est ressenti. Une première approche pour tester cette proposition consiste à énoncer les épisodes de notre vie où nous nous rappelons avoir eu l'impression d'être heureux.

Pour se livrer à une telle introspection, il convient de préciser le sens que l'on accorde aux mots qui décrivent les sensations, impressions et états agréables, c'est-à-dire plaisirs, joie et bonheur. Par touches successives, nous l'avons fait en ce qui concerne les plaisirs, ensemble de ce qui induit des sensations plaisantes liées à une action physique ou intellectuelle, ou bien au désir de sa réalisation. Il en existe une signature neurobiologique et chimique qui est conservée chez tous les animaux supérieurs. Les projets dont la réalisation est susceptible de créer du plaisir chez nos semblables sont d'une diversité reflétant celle des représentations mentales désirables que notre esprit est apte à engendrer.

Il existe des états d'esprit, une humeur, amenant

à appréhender le monde, les gens et l'avenir sous un jour favorable, avec optimisme, à être gai. Ces états mentaux sont souvent provoqués par des plaisirs et, en retour, en induisent la sensation : il s'agit de la joie.

Le bonheur, accord idéal de soi avec soi, du vécu avec ce qu'on en espère, n'est bien sûr pas sans relation avec les plaisirs mais n'apparaît pas pouvoir s'y réduire. De même, les notions de joie, état d'esprit en général transitoire, et de bonheur, état de l'être aspirant à la durée, se chevauchent sans coïncider. On peut se sentir heureux sans être joyeux en permanence.

Demandons à un couple amoureux « nageant dans le bonheur » d'analyser les déterminants de ce dernier tels qu'ils se sont manifestés à l'occasion d'un week-end complice. Ils parleront souvent de la belle journée passée ensemble, en voyage, en promenade, main dans la main, les émerveillements partagés, les souvenirs évoqués et les projets communs échafaudés, les promesses de la vie ainsi imaginée. Le dîner en tête à tête, yeux dans les yeux, les mains qui se frôlent, les genoux parfois, ne sera pas passé sous silence. Avec ou sans pudeur, ils évoqueront peut-être leur belle nuit, le plaisir donné et le plaisir reçu, le visage en sueur de l'autre, ses yeux étincelants, sa bouche entrouverte d'où sortent des gémissements et des serments, le sommeil qui les a pris ensuite tous deux, blottis l'un contre l'autre. Mais aussi, le petit matin lumineux, le chant des oiseaux, le café fumant et l'odeur du pain grillé. Il est exceptionnel que le souvenir d'une journée de bonheur sentimental se réduise à celui de la qualité des ébats qui s'y sont déroulés, illustrant les rapports entre plaisir et bonheur.

Revenons au projet de tester notre conception du

bonheur à l'aune des souvenirs que nous gardons de périodes où il nous a semblé être heureux, de l'image que nous avons construite ou validée d'une vie heureuse. De manière récurrente reviendra l'évocation d'une existence libre et insouciante, en compagnie d'un partenaire aimé, dans une nature belle, en montagne ou à l'orée d'un bois, mangeant à notre faim des mets appétissants d'accès facile, ne souffrant jamais de la soif, dormant tout notre saoul, nous livrant aux activités que nous aimons. Le jardin d'Éden, en quelque sorte, le paradis tel que de nombreuses religions le décrivent. Mais aussi une reproduction assez fidèle des conditions idéales d'épanouissement de la vie animale, justifiant notre intuition selon laquelle le bonheur humain s'enracine dans celui du monde des bêtes. Par là, cette réflexion sur le plaisir et le bonheur s'inscrit à la perfection dans l'objet de cet ouvrage, rendre compte des traits les plus spécifiques de l'être et de l'agir humains, sans négliger leurs origines évolutives au cœur de l'animalité.

L'extension à l'homme de la définition du bonheur animal vue comme la liberté non entravée de réaliser l'essence de l'être renvoie à ce que cette dernière a de spécifique dans notre espèce. Nous avons évoqué cette question au fil des chapitres de ce livre, abordant successivement la relation à l'autre, la passion de la vérité, le sentiment esthétique, l'intérêt économique, la liberté et le sens du sacré. Être heureux doit donc inclure, selon les individus, leurs goûts et leurs choix personnels, le libre développement de ces spécificités.

Ainsi que de nombreux philosophes l'ont reconnu et que chacun d'entre nous peut l'éprouver, il est difficile ou impossible d'être heureux seul, sans partage avec l'autre. Même l'anachorète dans sa grotte au sommet du mont, le sage ermite dans son sanctuaire isolé se vivent en communion avec l'humanité. L'amitié et l'amour jouent un rôle peu contesté dans le bonheur, au point qu'ils en apparaissent pour beaucoup la condition *sine qua non*. Sans le rapport à autrui, pas d'humanisation de primates du genre *Homo*, pas de bonheur humain possible.

Le mouvement vers l'autre prend parfois la forme de l'engagement solidaire illustré par des individualités lumineuses, telle sœur Emmanuelle, et par les différentes formes d'action collective et humanitaire. La joie profonde, le bonheur auxquels un semblable engagement est susceptible de conduire est le thème du second livre de *Faust*, de Goethe, talent universel qui est une autre figure majeure des Lumières. Le Dr Faust jouit pleinement de son pacte avec le diable, il a tout : la jeunesse, les femmes, l'argent, la science. Il sait que lorsqu'il fera connaître sa complète satisfaction, son âme sera emmenée aux enfers. Mais il est loin d'être satisfait. Lassé, dégoûté par l'abondance des plaisirs qu'il consomme sans limites, il aspire à autre chose. Il s'engage alors, corps et âme, avec compétence et courage, au profit des populations des Pays-Bas dont les terres et les habitations sont continuellement dévastées par la mer. Il établit des plans pour la construction de digues solides et protectrices. C'est un succès, enfin Faust est heureux, pleinement heureux. Cependant, après une si belle action, il ne peut plus aller aux enfers, bernant Satan lui-même.

J'ai déjà fait connaître l'exaltation du savant à la poursuite de la vérité lorsque, après des années de doute et un travail surhumain, il lui semble en identifier un nouvel aspect : la découverte réalisée déchire le voile de l'ignorance, amène à contempler la nature et ses lois sous un jour nouveau. Je puis témoigner que c'est là un moyen d'accéder à des joies immenses, de connaître le bonheur.

Le philosophe qui parvient à structurer l'idée assurant la cohérence de sa vision, à l'exprimer par des phrases belles et claires, le musicien ému par la musique qu'il vient de composer ressentent les mêmes sentiments.

Observer des choristes chantant à pleine voix, à l'office ou en concert, est frappant : leur visage est en général empreint d'une expression de joie extatique procédant sans doute à la fois du bonheur d'être ensemble, vibrant à l'unisson, et du ravissement esthétique offert par la beauté du chant et la musique. S'y ajoutent, le cas échéant, l'exaltation religieuse (ou révolutionnaire) et l'émotion ressentie devant le sacré. Parmi les instants privilégiés que je me rappelle avoir vécus, remontent toujours dans ma mémoire : une soirée à l'Opéra de Paris, bouleversé par l'interprétation de l'air de la Comtesse des *Noces de Figaro* par Margaret Price ; une *Madone à l'Enfant* de Raphaël, à la pinacothèque de Dresde, dont mon regard ne pouvait se détacher alors que je me retournais sur elle, à travers l'enfilade des salles. La taille de son image dans mon esprit ne diminuait pas, malgré l'éloignement, elle semblait persister à me regarder, m'insufflant le bonheur de sa beauté ; la muraille de Saladin, le dôme des mosquées, un soleil couchant à Jérusalem depuis le mont des Oliviers ; maints paysages de montagne, mon émotion partagée par qui j'aimais. L'impression de beauté émerveille, enivre, dilate le cœur et transporte l'esprit. Elle est indissociable du bonheur.

Pour d'autres, la vie heureuse ne pourra se concevoir sans l'excitation des affaires, le goût des risques, l'accès aux richesses, ou bien semblera inconcevable sans accès au pouvoir, réalisation de ses ambitions politiques, artistiques ou autres.

Au total, il n'apparaît pas possible de donner des recettes du bonheur puisque ce dernier exige, quoiqu'il ne s'y réduise pas, l'accord harmonieux et durable entre des aspirations et un vécu. Or la diversité de ce à quoi un être humain peut aspirer est immense, même si l'autre, la liberté et la beauté, pour certains le pouvoir, en sont difficilement exclus. Le bonheur du rappeur en Seine-Saint-Denis ou à Manchester, du trappeur en Alaska, n'est pas celui du pianiste classique ou du potier à son tour, qui diffère quant à lui des critères de la vie heureuse pour le fermier du Middle West américain.

Nombre de philosophes désabusés nous conseillent de réfréner nos désirs, puisqu'ils sont, nous dit Descartes, tout ce sur quoi il nous est possible d'agir : aspirer à peu, l'atteindre aisément, cultiver son jardin, en être pleinement satisfait. En poussant la logique à l'extrême, revenir à la simplicité d'une vie animale insouciante, libre et heureuse. Sauf que ce n'est pas là exactement l'essence humaine, qu'il nous est impossible de l'ignorer, et de la sorte d'en être toujours satisfait.

Nous nous trouvons là devant un paradoxe redoutable. *Homo sapiens* a la capacité élective d'échafauder mille sortes de projets désirables, d'avoir l'ambition de les réaliser, d'être frustré – et donc malheureux – de n'y pas parvenir et, de toute façon, de n'être en pratique jamais comblé. La perspective d'un épanouissement complet et durable, d'une réelle complétude, et de la sorte l'idéal du bonheur parfait, sont par conséquent fort illusoires, et cela d'autant plus que la personne est exigeante envers elle-même et sévère dans l'appréciation de la qualité de ses réalisations personnelles. C'est pourquoi une femme intelligente et active, dont la sœur souffrait d'un retard mental lié à une trisomie vingt et un, était justifiée d'affirmer : « De ma sœur et moi, c'est toujours elle qui a été la plus heureuse. » La question est bien sûr celle du niveau de la barre d'accès au bonheur. La placer très haut interdit sans doute de la franchir, mais manifeste aussi la puissance de l'esprit humain. La baisser trop semble peu digne de ce dernier. Que faire, alors ?

Être homme, conscient à la fois de notre animalité et de ses traits spécifiques fondant notre humanité, oser vouloir en réaliser pleinement les potentialités, en communion avec autrui, s'en donner les moyens. Puis, parfois, se retourner sur son chemin et pouvoir se dire que, s'il n'est pas parfait, il n'est pourtant pas insignifiant. En ressentir quelque satisfaction, tenter d'être heureux, en somme…

Post-animalité, post-humanité, postface

La chose, le vivant et l'humain ? Et après ?

Je me suis efforcé, dans cet ouvrage et dans certains de ceux qui l'on précédé (en particulier *Et l'homme dans tout ça ?* et *Raisonnable et humain ?*) de souligner les traits caractéristiques et les mécanismes possibles ou probables de ces transitions : de la matière inanimée aux êtres vivants, l'émergence de la vie animale et au sein de celle-ci le développement des lignages de primates dont un rameau aboutira il y a peu aux *Homo*, et finalement à *sapiens*.

Il est dans l'air du temps de sembler redécouvrir la nature animale de l'homme et, en parallèle, la quasi-humanité des grands singes et de s'en esbaudir. Les orangs-outangs sont capables d'utiliser des outils et de les garder en réserve ; certains proposent de ce fait de leur appliquer les lois édictées par et pour les sociétés humaines, ainsi bien sûr qu'aux chimpanzés et aux gorilles. Cependant, il ne faudrait à ce titre pas omettre les corbeaux et les corneilles, les dauphins et autres mammifères marins, voire les éléphants, eux aussi fort futés.

À l'inverse, un grand journal scientifique tel que *Nature* publie une libre opinion désarmante d'ingénuité : il serait temps de réévaluer la mythologie et les contes de fées, les chansons de geste et les traditions populaires à l'aune des préceptes sociobiologiques. Si la princesse de *La Belle au bois dormant*, si Cendrillon et d'autres épousent leur prince charmant, et réciproquement, c'est poussées par l'instinct sexuel de reproduction et dans le but « d'avoir de nombreux enfants » dotés d'un excellent patrimoine génétique, bien armés de ce fait pour transmettre à leurs descendants les gènes et ceux de leurs parents et assurer de la sorte leur diffusion maximale. La belle affaire ! Qui a jamais douté que l'attrait naturel entre mâles et femelles, entre hommes et femmes, ait aussi quelque influence sur les histoires d'amour, fussent-elles féeriques ?

L'animalité humaine est une évidence, discourir à son propos est d'une grande banalité. Le prodige du processus d'humanisation est ailleurs ; il réside dans la capacité d'un être de prendre conscience de ses ressorts, y compris de ceux dont l'origine évolutive est la plus ancienne, de se les approprier en acquérant l'aptitude à en diversifier les manifestations et à leur conférer une valeur.

Des propriétés telles que la variété des sensations, les émotions, la fantaisie, l'adaptation diversifiée aux événements, la richesse de la communication entre les individus, sont partagées par tous les animaux supérieurs et sont, sans doute, apparues il y a déjà plusieurs centaines de millions d'années. Certains talents encore plus remarquables, l'utilisation, voire le bricolage d'outils rudimentaires, leur usage décalé, et même le recours aux prémices d'un protolangage semblant faire appel à des ébauches de règles syntaxiques et combinatoires (récursion, emboîtement), sont non seulement antérieurs à l'humanisation mais sont notés de plus hors de l'ordre des primates, chez des oiseaux (outils et bribes de langage) et chez les cétacés (communication combinatoire).

C'est en fait l'impressionnante et rapide évolution des capacités cognitives des primates humains qui va conférer à nos semblables une pleine maîtrise de ces talents en herbe, selon un mécanisme d'autoamplification : l'outil de qualité façonné par la main habile témoigne d'aptitudes intellectuelles qui s'accroissent à son contact ; l'interaction humanisante entre les premiers hommes est d'une efficacité décuplée par l'amélioration de la communication entre eux, et de la sorte par l'enrichissement du langage dont les effets retentissent sur les potentialités de l'esprit. Ainsi peut être élaboré un langage plus riche encore, facteur de progrès mental. Des processus dynamiques de ce type expliquent la transition de l'évolution biologique à sa contrepartie culturelle, c'est-à-dire au processus civilisationnel dont les traits déterminants ont été discutés dans les chapitres qui précédent.

Homo faber, le technicien et l'artisan, joua de la sorte un rôle essentiel dans le phénomène d'humanisation des primates *Homo*, puis dans leurs progrès. L'homme moderne et ses succès reposent sur le renforcement réciproque des aptitudes intellectuelles et de la technique. L'avènement des machines à compter, puis des ordinateurs, représente une étape essentielle de ce processus. Cette fois, ce n'est plus seulement le travail de la main, de la vue ou de l'ouïe qui est décuplé, c'est celui du cerveau, de la mémoire et de la vitesse de sa mobilisation, des capacités de calcul, etc.

La rencontre entre les mondes de la technique manufacturière, de la perception des signaux et de l'ordinateur aboutit dans les dernières décennies du XXe siècle à un outil combiné d'un nouveau type, le robot. Il est, quant à lui, prolongement à la fois de la main, des yeux, des oreilles, parfois du nez et du toucher, et du cerveau contrôlant le tout.

L'avènement du robot s'insère dans une logique de développement du pouvoir humain. Pour enfoncer un objet dans un autre, une cheville de bois, un clou ou un rivet, vint d'abord la pierre tenue à pleine main, puis toute la suite des marteaux, eux-mêmes actionnés depuis un couple de siècles par un dispositif mécanique dans les machines-outils dont certains systèmes, utilisés par les maréchaux-ferrants et les forgerons, constituent les précurseurs. Enfin, à l'ère du robot, la nature du travail à effectuer, la force et la direction de la percussion, le type du matériel seront déterminés automatiquement par interactions d'un programme conçu par l'homme, du traitement continu des signaux et, dans les robots les plus modernes, d'un véritable apprentissage de la machine accroissant elle-même sa mémoire et perfectionnant ses procédés.

Avec les robots, les hommes ont sans aucun doute franchi une étape importante dans leurs pouvoirs de maîtriser la nature et de conquérir l'univers. Ce progrès technique constitue aussi une distance supplémentaire établie entre l'homme, concepteur et en principe contrôleur du processus, sa réalisation et son issue. Il y a là de quoi alimenter la mise en garde de tous les philosophes analystes critiques de la technique, Martin Heidegger au premier rang d'entre eux : saurons-nous garder les rênes des dispositifs que nous avons imaginés pour réaliser nos projets ? Les résultats de ceux-ci ne se révéleront-ils pas au total imprévisibles, le cas échéant menaçants ? Les outils et robots conçus pour parvenir à nos fins n'évolueront-ils pas vers une forme « d'autonomisation » qui aboutirait à transformer les objectifs initiaux des ingénieurs, voire à se retourner contre eux ?

Ces scénarios alimentent la crainte fondée d'une aliénation par la technique, d'une perte de la maîtrise et constituent la source d'inspiration privilégiée de la science-fiction. La révolte des robots ! Des humanoïdes indiscernables des êtres humains mais d'une puissance prodigieuse et pratiquement invulnérables. L'ordinateur central d'un engin interstellaire prenant le contrôle du vaisseau pour son propre compte et à ses propres fins… En ce domaine, l'imagination peut se déployer presque sans obstacle.

Outre la fécondité évidente de cette veine romanesque pour les auteurs, elle illustre aussi de façon spectaculaire la réalité du sentiment croissant de dépossession de la maîtrise de leur avenir exprimée par les citoyens. Tout va trop vite, est trop complexe, semble se déployer dans un monde si étrange que le public se trouve relégué au rang de spectateur dont les sentiments oscillent entre l'admiration pour les prodiges d'un univers robotisé et la terreur de ce qu'il devienne de plus en plus incontrôlable, engendrant un monde inhumain, au sens propre de ce terme, et en tout cas post-humain.

De façon paradoxale, ce risque d'inhumanité va de pair avec l'irruption dans la vie courante des robots familiers. Depuis longtemps pensionnaires de l'imaginaire humain, ils investissent aujourd'hui et, sans doute, demain plus encore, l'environnement immédiat des personnes, leurs maisons. Il ne s'agit pas tant des robots soubrettes et valets de chambre, honnêtes, dévoués et impavides que l'on envisageait déjà à l'orée du XXe siècle, que des nouveaux automates de compagnie bénéficiant des progrès de l'informatique et de l'intelligence artificielle.

Des artefacts de chiens, des gnomes, des baigneurs et des poupées réagissant aux sollicitations de leurs maîtres, apprenant à les « connaître », leur manifestant une palette de « sentiments ». Ces nouveaux robots ludiques se situent en position intermédiaire entre le jouet inanimé, dont la valeur n'est que le reflet de sa signification pour l'enfant, et l'animal vivant doté d'une existence propre. Le toutou machine est destiné à mimer une affectivité canine, qui ne représente en fait que ce qu'en imagine le fabricant qui l'a conçu pour s'adapter au mieux à son propriétaire. L'enfant dispose ainsi d'un jouet certes plus interactif et stimulant que le nounours d'antan, mais qui remplace une « individualité animale », en une certaine mesure irréductible aux désirs des maîtres, par un dispositif non pas apprivoisé, mais programmé par un esprit humain afin de s'insérer au plus près des désirs et rejets de son possesseur. La personne en manque de compagnie se voit proposer un ami idéal, qui ne sent pas mauvais et ne souille pas la moquette, ne risque pas de mordre le gamin, ersatz narcissique d'une vie animale dont on a gommé l'animalité.

Un stade de plus, et c'est l'*alter ego* robotisé qu'il sera peut-être, dans le futur, possible de se procurer, un autre soi-même débarrassé de toute l'incertitude inquiétante liée à ce qu'il est un autre. Juste ce qu'il faut de sens de la contradiction pour qu'il ne soit pas trop ennuyeux, jamais agressif, miroir complaisant et valorisant de soi. En quelque sorte, des solutions à la solitude qui ne prennent pas le risque d'introduire le loup dans la bergerie, c'est-à-dire l'autre, l'étranger. Un apaisement des affres liées à une société de plus en plus individualiste sans chercher à en contester l'évolution, la machine pour remplacer le lien social qui se distend.

D'un autre côté le huis clos entre l'homme et son robot, si c'est jamais ce vers quoi nous nous dirigeons, constitue une situation expérimentale unique pour tester l'influence sur la personnalité des gens d'un large remplacement de l'interaction sociale par le contact avec une machine intelligente, investie cependant des présupposés des programmateurs et concepteurs.

Imaginons, pour pousser le tableau à son paroxysme, une société ou chaque individu serait en relation avec un robot procédant des compétences complémentaires, jugements et désirs des techniciens, informaticiens, sociologues et spécialistes du marketing qui ont contribué à le créer et à le doter de ses spécificités. De même, en tant que consommateurs, ces créateurs de robots n'interagiraient avec le reste de la société que par leur intermédiaire.

Le réseau interindividuel serait systématiquement interrompu, entre chaque personne, par un engin interactif traitant la communication en fonction de ses propriétés imposées par l'homme. Une autre vision de cet ensemble serait d'ailleurs celle d'un réseau de robots dans lequel se trouveraient intercalés des humains psychologiquement modelés par leurs échanges avec la machine. Nous nous approchons alors du fantasme de la prise de pouvoir par les robots… Mais, à vrai dire, ne sommes-nous pas dès maintenant proches d'une telle situation avec le développement d'Internet et des ordinateurs individuels d'ores et déjà interlocuteurs privilégiés de bien des internautes ?

Les accros de la Toile ne font déjà plus qu'un avec leur machine nécessaire à leur entrée dans un monde virtuel qui s'est peu à peu substitué à l'autre, celui de la vie réelle. À ce niveau de symbiose entre l'homme, l'ordinateur et l'univers artificiel qui leur est devenu spécifique, c'est à l'avènement d'un être hybride que l'on assiste, un équivalent authentique des cyborgs de la science-fiction, une image plausible de cette post-humanité annoncée et dénoncée par nombre de penseurs de la fin du XXe siècle.

Ici, la technique cesse de constituer un moyen au service de la volonté humaine, elle s'impose à elle, la remplace par un centre de décision chimérique procédant de l'esprit et de la machine dont l'interaction fusionnelle a engendré une nouvelle sorte d'être. Certains s'interrogent : est-ce là un diagnostic des Temps modernes, ou bien encore une prévision ?

L'avenir est sans doute plus ouvert que cela et les scénarios évoqués ci-dessus sont loin d'être inéluctables. Ces engins d'un nouveau type que constituent les robots, les ordinateurs et les réseaux peuvent sans conteste constituer des outils remarquables pour permettre à l'humanité de réaliser plus efficacement ses desseins, d'atteindre les objectifs qu'elle s'est fixés.

Encore importe-t-il que les citoyens désirent quelque chose, qu'ils fixent une finalité au progrès, celle d'une société plus juste, plus propice à l'épanouissement de vies authentiquement humaines. Il convient pour cela de ne pas se résigner à la construction d'un avenir régi par des lois vaguement transcendantales, les gènes, le marché et la technique, sur lesquelles personne ne pourrait plus agir. En réalité, le monde de demain dépend de nous tous, si nous osons le vouloir et le construire. Avec l'aide des robots, pourquoi pas ? La singularité humaine de notre animalité nous le permet, elle ne le garantit pas.

Table

L'Homme, ce roseau pensant...

Cet ouvrage a été imprimé par

FIRMIN DIDOT
GROUPE CPI

Mesnil-sur-l'Estrée

pour le compte de NiL éditions
24, avenue Marceau, 75008 Paris
en janvier 2007

La photocomposition de cet ouvrage
a été réalisée par
Interligne

N° d'édition : 47492/01 – N° d'impression : 83192
Dépôt légal : janvier 2007

Imprimé en France